王朝的诞生

大明王朝诞生记

郑云鹏 著

中国书籍出版社
China Book Press

图书在版编目（CIP）数据

大明王朝诞生记 / 郑云鹏著. -- 北京：中国书籍版出版社, 2022.9
ISBN 978-7-5068-9015-1

Ⅰ.①大… Ⅱ.①郑… Ⅲ.①中国历史—明代—通俗读物 Ⅳ.①K248.09

中国版本图书馆CIP数据核字(2022)第079959号

大明王朝诞生记

郑云鹏　著

丛书策划	王志刚
责任编辑	王志刚　彭宏艳
责任印制	孙马飞　马　芝
封面设计	东方美迪
出版发行	中国书籍出版社
地　　址	北京市丰台区三路居路97号（邮编：100073）
电　　话	（010）52257143（总编室）　（010）52257140（发行部）
电子邮箱	eo@chinabp.com.cn
经　　销	全国新华书店
印　　刷	三河市顺兴印务有限公司
开　　本	710毫米×1000毫米　1/16
字　　数	214千字
印　　张	17
版　　次	2022年9月第1版　2022年9月第1次印刷
书　　号	ISBN 978-7-5068-9015-1
定　　价	56.00元

版权所有　翻印必究

序　言

关于朱元璋开国史事，有三件，这里有兴趣谈一下。

第一件事，关于朱元璋的容貌。历来流传有两种：一种是面如满月，相貌堂堂；一种是长脸凹面，满脸麻子，畸形丑陋。本书作者说，前者才是朱元璋的真实相貌，后者则是想象。我对此说深表赞同。

在古代，相貌对一个政治人物其实相当重要。红巾军为了给自己找个领袖以作号召，招揽人心，邹普胜、彭莹玉等人硬是把本来不过一个小商贩的徐寿辉给拥戴成了天完政权的皇帝。原因就是徐寿辉长得相貌堂堂、仪表非凡。

长得好，别人一看就有亲附仰慕之心；长得丑陋畸形，别人一看就有厌鄙憎恶之意，这是人性使然，古今通例。当然，相貌是一块敲门砖，仅仅是第一步，后续发展是好是坏，就要看真实能力了。但无论如何，有时候这块敲门砖起到的是必不可少的作用。

朱元璋完全是白手起家，从乞丐、和尚崛起成为一方领袖，再后来成为大明开国皇帝。能力出类拔萃自不必说，但他姿貌雄伟，许多人一见之下，就能对其刮目相看，比他权力高的愿意提拔他，后来比他身份低的愿意跟随他，也是一个重要原因。毕竟能力品格，需长时间相处才能见识体会得到。乱世之中，哪有那么多的时间，让别人对你有兴趣长时间观察琢磨。朱元璋要是什么天潢贵胄，自带号召力或强大资源，那就罢了。可他投奔濠州义军之时，就是个一文不名的白丁，他拿什么来吸引别人的注意，获得崛起之机会？他就算能力再出众，只当个小兵，那也很难在短时间内显示发挥。

是什么能令义军一见之下，就觉得他迥异常人？是什么能让郭子兴初次见面，就视之为应当招揽的豪杰，并愿意把义女许配给他？若说这些士兵或郭子兴是慧眼如炬，能透过表象看到本质，能有卓越的洞察力看到朱元璋异于普通落魄投军者的才华天资，这未免把他们想得太英明了。千里马常有，而伯乐不常有。识人之明，那是需要超凡智慧才能做到的。大部分人其实都是肤浅的，外貌才是他们判断人的第一根据。朱元璋一到濠州就引人注目，郭子兴一见到朱元璋，就视为豪杰，收为亲随，后来还收做女婿。那不可能是因为朱元璋超出常人的丑陋相貌，而只能是因为朱元璋超出常人的帅气英武。

恐怕朱元璋中老年时期的脸如满月的画像，并不能刻画出朱元璋青年时期帅气英俊。那么民间传说中朱元璋的丑陋相貌又是怎么回事情呢？本书说是清朝时期故意丑化朱元璋之所为。当然，清人之推波助澜作用是有的，但朱元璋的丑陋画像，在明代时就有流传。如张瀚的《松窗梦语》有这么一段话：

> 余为南司空，入武英殿，得瞻仰二祖御容。太祖之容，眉秀目炬，鼻直唇长，面如满月，须不盈尺，与民间所传奇异之象大不类。相传太祖图像时杀数人，后一人得免。意者民间所传，即后一人所写，未可知也。

则在明代已经流传朱元璋所谓的奇异之象，多半就是现在我们看到的那个凹陷脸弯下巴的图，还流传朱元璋为此杀画师之谣言。当然，我们现在在看到的朱元璋丑相或者大半是清朝时绘制的，未必是张瀚看到的。

还有一种说法是那个凹长脸的图像是朱元璋本人故意为之。因为他觉得此画像长得像龙的脸——长长的，当中凹陷。我认为这种说法不可信。毕竟历代帝王画像，没有哪一个是画成这副畸形凹陷的模样，以此来附会自己是真龙。以朱元璋的智慧，更不会愚蠢到认为人要长成凹陷畸形的脸，才是所谓的"龙颜"。若依此论岂不是还要给自己画条尾巴，才算真龙天子？

按我的判断，之所以明代就有朱元璋丑陋画像流传，应该还是朱元璋在位时期，得罪的人太多。于是就把朱元璋各种丑化了，包括画作。在明代中期，风气自由，侮辱丑化当朝皇帝都是家常便饭，更别说朱元璋了。这类东西更是从地下走上台面，大肆流传了。

第二件事，韩林儿被廖永忠淹死之事。这事情，民国时明清史专家孟森分析得很清楚。朱元璋根本不存在杀韩林儿的任何动机。如果他要杀韩林儿，那当初为何冒着巨大风险、顶着刘伯温的反对，把韩林儿救回来呢？

韩林儿对朱元璋不存在任何威胁，他手下的将领，都是朱元璋一手带出来的，你就是逼着那些将领去给韩林儿效力，他们都不干。至于他手下那些文人谋士，更对韩林儿鄙夷不屑。朱元璋根本不必担心韩林儿威胁他的地位。至于韩林儿是名义上的龙凤政权皇帝，是小明王，这更好办。曹丕知道用不着杀汉献帝刘协，只需要让刘协搞个禅让仪式就行了；司马炎知道用不着杀曹奂，让曹奂搞个禅让仪式就行了。这么简单的办法，朱元璋会不知道？就算他不知道，他身边那些娴熟掌故的文人会不知道？刘协还是四百年汉朝正儿八经的皇帝呢，在三国时期还拥有巨大号召力，就这样，搞了禅让，曹丕也就放心地让他当山阳公去了，活到五十多岁，比曹丕还多活了近十年。

韩林儿比之刘协如何？朱元璋犯得着杀他吗？倪文俊和陈友谅之所以要杀徐寿辉，那是因为徐寿辉有势力，资历威望比他们大，割据四川的明玉珍都还尊奉徐寿辉呢，禅让也搞不起来。

孟森说韩林儿是廖永忠自作主张杀的，这也未必。最有动机杀韩林儿的是朱元璋政权里那些曾经仕元的文人，他们一向对红巾军恨之入骨，对属于红巾军体系的龙凤政权也是左一个贼，又一个盗。朱元璋若是举行禅让仪式，让韩林儿传给他帝位，那史书上龙凤政权就是正统，而这些曾经为元政权卖命，参与镇压红巾军者，臭名千载难洗。这些人对韩林儿恨之入骨，必欲除之而后快，这不是什么猜测，而是彰明昭昭的客观事实。若说这些人唆使廖永忠杀掉韩林儿，当近于真相。

第三件事，过去许多人为了丑化朱元璋，把陈友谅、张士诚之类都给美化成爱民如子、深得民心的大善人。朱元璋消灭陈友谅、张士诚，受到当地人民的拼死抵抗，甚至陈友谅、张士诚政权覆灭后，当地人民怀念不已，朱元璋还为此报复。

应该说相信这些话的人，是缺乏基本的辨析能力的。军阀割据时期，任何政权为了生存，都必须最大限度地调集人力、物力服务于军事目的，对民间的剥削压榨是相当厉害的。若要做个比较的话，那是远远超过被人说成横征暴敛的明末时期。明末以全国之物力，征税供养十万前线实战之军队，百姓怨声载道，从皇帝到大臣被清流骂得狗血喷头。而陈友谅、张士诚呢？张士诚按史籍记载，至少有二十万的军队。至于陈友谅更多，据记载有六十万以上的军队。在这两个军阀政权统治下，人民那才是真的被敲骨吸髓，压榨到最大限度。当然，朱元璋当时作为割据政权，境内人民也是相当辛苦的。但朱元璋和其臣属至少军纪严明，本人生活也算尽可能简朴。而陈友谅、张士诚这二位的统治集团就过着奢侈糜烂的生活，大量民脂民膏被挥霍。

不愿意给朱元璋当官的媚元文人杨维桢都曾揭露张士诚政权下人民的惨苦生活：

周仁，即周铁星，刺敛臣周佽也。张氏亡国，亡于其弟士信，趣亡于毒敛臣周佷。佷，山阳铁冶子，以聚敛功至上卿……周铁星，鞭算箕敛无时停。开血河，筑血城，血战舰，血军营。刮民膏，唧民髓，六郡赤骨填刍灵。（《铁崖古乐府补》卷六，《四库全书》第1222册）

另一些亲元的文人也都有记录张士诚集团下人民的惨苦情形以及张士诚集团的奢侈淫靡。如《乐郊私语》中说：

张氏既归命本朝（指其投降元廷），兄弟拜太尉、平章之命，十九年七月，大城武林。起子、松、嘉、湖四路官民，以供畚筑，海盐一州发徒一万二千，分为三番，以一月更代，皆裹粮远役。而督事长吏复藉之酷敛，鞭朴捶楚，死者相望。本年十月迄功，凡费数十百万。（姚桐寿《乐郊私语》《中国野史集成》第12册）

长谷真逸的《农田余话》中记载：

起第宅，饰园池，畜声伎，购图画，唯酒色耽乐是从。民间奇石名木，必见豪夺。如国弟张士信后房百余人，习天魔舞队，珠玉金翠极其丽饰。园中采莲舟楫以沉檀为之。诸公宴集，辄费米千石。本皆起于寒微，一时得志，肆情纵欲，一至于此。（《农田余话》，《丛书集成新编》第87册）

此外，张士诚集团最初占领苏州时，就杀戮抢掠，陶宗仪在叙述张士诚统治苏州前后经过的《纪隆平》里说：

明旦，缘城而上，遂据有平江路。二月壬子朔也，劫掠奸杀，惨不忍言。……毁承天寺佛像为王宫，易平江路为隆平郡，立省院六部百司。凡有寺观庵院、豪门巨室，将士争夺，分占而居，了无虚者。（陶宗仪《南村辍耕录》）

所谓爱民如子、深得民心的张士诚集团的真相就是如此不堪，至于陈友谅就不必细说了。

以上三件事，在朱元璋开国史事里常被提起，大多数人也都可能对此产生误区，所以借本书的"序言"特别提一下。郑云鹏兄写的这本《大明王朝诞生记》，条理清晰，详略得当，叙述了明朝正式建立之前的关键历史事件，同时也介绍了各方势力的相关背景，分析其政策得失。语言通俗，叙述简明。不失为一本了解明朝开国史事、增进知识的有益读物。读者可在不知不觉、一气呵成的阅读中对这段历史有较为深入的了解。

杜车别

2019 年 6 月 16 日

引　子
谁说白手不能起家？

说起历代王朝创业的艰难，没有哪个能超过大明王朝的。

为何这样说？首先拿开国皇帝朱元璋来说，他出身于赤贫的农民家庭，最悲惨的时候差点儿饿死。身无分文，地无一垄，真可谓绝对的白手起家。但就是这样一个没有任何社会根基、出身于社会最底层的草根，开创了一代强盛的大一统王朝。并且，大明王朝的功业不次于历史上的任何强大王朝。

与历史上其他朝代的开创者相比，朱元璋开创大明王朝确实不容易。秦朝秦始皇承继祖上几代秦王的积蓄和努力，用了十年统一六国；汉高祖刘邦斩蛇起义之后，六年内便战胜项羽，一统天下；但与朱元璋相比，开国难度还是不可同日而语。隋、唐、宋帝国的开创者都是通过"禅让"方式继承帝位，只是统一天下的过程中有所征战而已；元王朝武力值惊人，从元太祖成吉思汗到元世祖忽必烈，经过了几代人的努力，通过了四十多年的战争，才灭了顽强抵抗的南宋，创业确实不易，但是还是不能比肩明太祖朱元璋。

与其他开国帝王相比，朱元璋面临的敌人十分强大。有张士诚、陈友谅、方国珍、陈友定这些南方群雄，他们或者兵力强盛，或者占据财富之地，都是十分难缠的对手。而北方的元帝国，更是中国历史上军事最为强大的王朝，它征服了欧亚众多国家，拥有着令人惊讶的赫赫武功！

在面临如此强大的对手时，朱元璋和他的文臣武将们又是如何白手起家、披荆斩棘，最终创立一代强盛王朝的呢？

现在，就让我们从头说起，叙述这一段富有传奇色彩的大明王朝开国历史吧！

目　录

序　言 1

引　子　谁说白手不能起家？ 1

第一章　元帝国危机重重 1
　　一、元王朝盛极而衰 3
　　二、朱重八困苦少年 7
　　三、流浪僧恰逢白莲 9

第二章　投红巾由兵为帅 11
　　一、天下反遍地红巾 13
　　二、濠州城命悬一线 20
　　三、朱公子巧结姻缘 23
　　四、锋芒露才华初显 26
　　五、故地游招兵买马 31
　　六、苦难尽终为大帅 41

第三章　占应天稳固根基 55
　　一、巢湖师雪中送炭 57
　　二、采石矶遇春发威 59
　　三、战集庆终获根本 65

四、礼贤士九字箴言 ……………………………… 69

　　五、刘伯温恰逢明主 ……………………………… 77

　　六、固应天以窥天下 ……………………………… 94

第四章　张士诚屡次发难 ……………………………… 99

　　一、盐贩子舍命起义 ……………………………… 101

　　二、常州城血海战场 ……………………………… 103

　　三、胡大海被刺殒命 ……………………………… 109

　　四、李文忠威震浙江 ……………………………… 114

第五章　陈友谅好战覆国 ……………………………… 121

　　一、陈友谅枭雄发迹 ……………………………… 123

　　二、太平城花云死义 ……………………………… 131

　　三、应天城友谅败走 ……………………………… 138

　　四、征江州西线得胜 ……………………………… 146

　　五、不顾险安丰救驾 ……………………………… 153

　　六、朱文正力保洪都 ……………………………… 160

　　七、鄱阳湖血战沙场 ……………………………… 167

　　八、夺武昌汉国覆灭 ……………………………… 175

第六章　张士诚丧师亡身 ……………………………… 179

　　一、破红巾元廷复兴 ……………………………… 181

　　二、朱元璋自称吴王 ……………………………… 190

　　三、削羽翼南北并举 ……………………………… 193

　　四、小明王瓜步沉舟 ……………………………… 204

　　五、攻平江十月围城 ……………………………… 206

第七章　日月明新朝开基 ·················· 215
　一、平东南后顾无忧 ···················· 217
　二、北伐军攻克大都 ···················· 226
　三、大明朝开基应天 ···················· 245

后　　记 ································· 253
参考文献 ································· 254

大明王朝
诞生记

第一章
元帝国危机重重

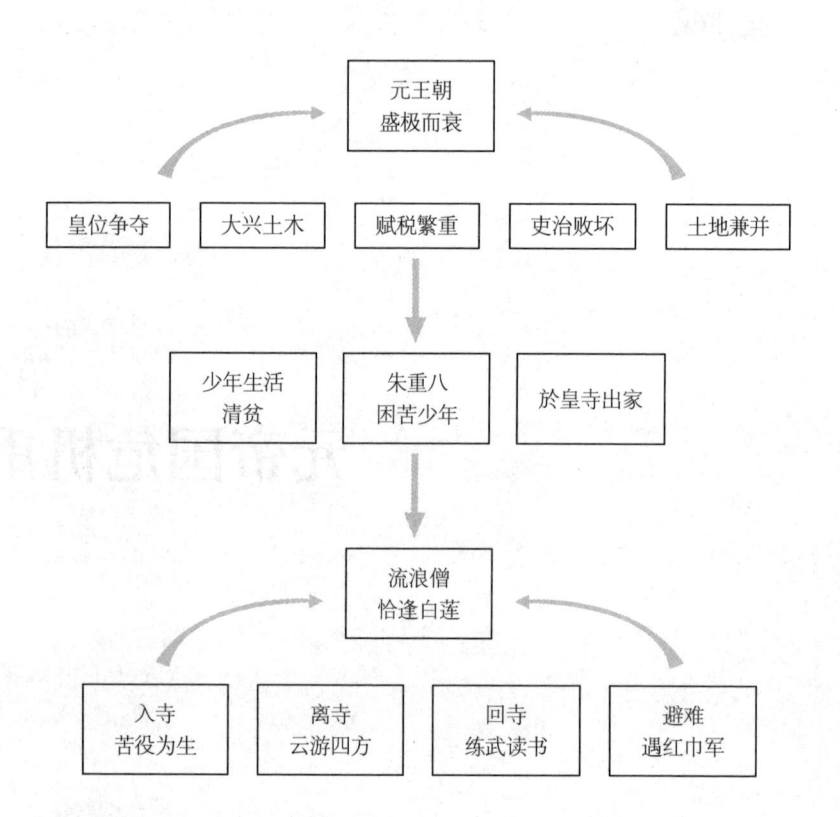

```
                    ┌──────────┐
              ┌────→│ 元王朝    │←────┐
              │     │ 盛极而衰  │     │
              │     └──────────┘     │
              │          │           │
   ┌──────┐ ┌──────┐ ┌──────┐ ┌──────┐ ┌──────┐
   │皇位争夺│ │大兴土木│ │赋税繁重│ │吏治败坏│ │土地兼并│
   └──────┘ └──────┘ └──────┘ └──────┘ └──────┘
                         │
                         ↓
   ┌──────┐         ┌──────┐         ┌──────┐
   │少年生活│         │朱重八 │         │於皇寺 │
   │清贫   │         │困苦少年│         │出家   │
   └──────┘         └──────┘         └──────┘
                         │
                         ↓
                    ┌──────────┐
              ┌────→│ 流浪僧    │←────┐
              │     │ 恰逢白莲  │     │
              │     └──────────┘     │
   ┌──────┐ ┌──────┐ ┌──────┐ ┌──────┐
   │入寺   │ │离寺   │ │回寺   │ │避难   │
   │苦役为生│ │云游四方│ │练武读书│ │遇红巾军│
   └──────┘ └──────┘ └──────┘ └──────┘
```

一、元王朝盛极而衰

众所周知，元太祖成吉思汗和其子孙曾经发动过几次远征，其武力强大，兵锋远至欧洲，欧亚大陆各个国家无不屈服在他们的武力之下。之后，强大的蒙古帝国又灭亡了金、西夏和南宋，一举结束了中华大地持续三百多年的分裂状态，广袤的领土、强大的武力，使得元帝国成为公元13—14世纪世界上最为强盛的帝国。但是，这样一个依靠武力征服建立的王朝注定不能维持长久的稳固与强盛。盛极而衰，于罗马帝国如此，于元帝国也是如此。

至元三十一年（1294年）正月，元世祖忽必烈病逝于大都。他在位时期，可谓元朝鼎盛阶段。他攻灭南宋和大理政权，发兵远征日本以及爪哇等东亚、东南亚国家，使元朝成为亚洲一些国家的宗主国。元世祖在位期间，文治武功赫赫可观。

忽必烈的太子真金早亡，真金之子铁穆耳被立为皇太孙。四月，铁穆耳继承大统，是为元成宗。元成宗才能平庸，难以比肩祖父忽必烈，但是元成宗依靠忽必烈时代的老臣完泽、不忽木、哈剌哈孙等人辅佐，停止了元世祖时代征伐日本和安南的政策，内政一切遵循元世祖定下的成规，国家倒也相对安定，被称作"守成之令主"。

自从成宗之后，元朝国势每况愈下，特别是元中期之后，元帝国危机四伏，成了随时可能喷发的火山口。1308—1333年，仅仅二十多年间，皇帝就换了八个，皇位的争夺空前激烈。为了争夺皇位，甚至发生了两都之战这样大规模的内战。在激烈的皇位争夺战中，一些权臣又乘机把握朝政。如元仁宗时权期，权臣铁木迭儿三次入相，独揽大权。元文宗时期，帖木儿娶了泰定帝皇后为妻，掌握大权，肆无忌惮。元武宗之后的皇帝多是穷奢极欲，荒淫无道。元武宗为了收买人心,常常将官位作为礼物馈赠给臣下。大德十一年（1307年），元武宗不经过中书省直接授予了八百八十多人官职。

元朝皇帝多信奉佛教，他们为了自己祈福，大兴土木，将国库挥霍一空，然后加征赋税，百姓们因此负担沉重。元武宗又提高喇嘛僧人的地位，如果有人胆敢殴打喇嘛，就砍断手；胆敢辱骂喇嘛，就将舌头割掉。这些喇嘛仗着法律上的特权为所欲为，无恶不作。

元朝中后期吏治极端败坏，贿赂公行、卖官鬻（yù）爵的现象层出不穷。贪官们毫不顾及百姓死活，只知道疯狂聚敛财富；而军队也因武备松弛逐渐失去了往日的战斗力。

在经济方面，元中期之后的土地兼并十分严重，赋税剥削加重，导致社会矛盾激化，各地农民起义和边远地方叛乱此起彼伏。元朝皇帝经常对皇亲、贵族、功臣和寺庙用赐田方式来保持其经济特权，如元文宗曾经赐给西安王阿剌忒纳失里平江田地三百顷，赐给鲁国大长公主平江等处官田五百顷，赐给燕帖木儿平江官地五百顷。元顺帝时期，权臣伯颜前后得到了赐田两万多顷。贵族、官僚疯狂掠夺土地，造成了大量无地的流民。元朝末年担任过陕西行台中丞的张养浩曾经写过一首《哀流民操》的长诗，对流民生活做了生动的描述：

哀哉流民！为鬼非鬼，为人非人。

哀哉流民！男子无褞袍，妇女无完裙。

哀哉流民！剥树食其皮，掘草得其根。

哀哉流民！昼夜绝烟火，夜宿依星辰。

哀哉流民！父不子厥子，子不亲厥亲。

哀哉流民！言辞不忍听，号哭不忍闻。

哀哉流民！朝不敢保夕，暮不敢保晨。

哀哉流民！死者已满路，生者与鬼邻。

哀哉流民！一女易斗粟，一儿钱数文。

哀哉流民！甚至不得将，割爱委路尘。

哀哉流民！何时天雨粟，使女俱生存。

哀哉流民！

由此可见，失去土地的流民生不如死，真正是活在人间地狱！

另外，元朝的赋税和差役也比较沉重。除了正税之外，还有各项苛捐杂税。

元朝甚至还存在驱口现象。驱口也就是因在战争中被俘虏、可以供驱使之人。另外，还有一些是因为债务抵押、犯罪或者受饥寒灾荒影响而沦为驱口。驱口就像牲口一样，可以被主人任意买卖。元朝法律规定，驱口杀伤主人的处死，杀死主人的凌迟处死；主人杀死了驱口则只需要杖责八十七，如果是因为醉酒杀死驱口的还罪减一等，将被杀驱口全家放良就可以免罪。山东东平路有一个叫作张歹儿的小军官，因为丢了马匹，就将驱口李留住和其妻燕粉儿打死，最终仅仅是将李留住全家放良了事。元朝法律还规定，主人打死其他人的驱口杖责一百七十，而私自宰杀牛马法律上杖责一百，可见在元朝法律中，驱口与牛马差不多。

在元朝法律体系中，佃户的地位也很低下。如果地主打死佃户，只需要杖责一百七十下，征烧埋银五十两；如果是佃户打死了地主，判处死刑。地主可以私自用刑，对佃户任意凌辱，甚至折磨致死。在浙江黄岩地方，佃户看到了地主连作揖都不行，必须要低着头让地主走过去自己才能走。有些地区的佃户和驱口没有太多差别，如江南有些地方，佃户生男孩儿，就给地主继续为佃户；而生下女孩儿，则为婢女，或者充当小妾。在峡州路甚至出现了将佃户当驱口一样随便买卖，或者随田典卖的情况。佃户遇到水旱灾害或者婚丧嫁娶，不得不向地主借高利贷，到期了又不能偿还，结果只好用妻子、儿女来抵债，或者沦为驱口，背井离乡。

公元1333年，元明宗之子妥懽帖睦尔继承了皇位，是为元顺帝。即位之初，元顺帝颇为节俭，他将每天御膳羊肉的用量减少了一半，一年下来就节约了三百五十只羊以上的宫廷伙食开支。除此之外，他还裁减了宫女、宦官，并节省了御膳和御装。

登基之初的元顺帝也十分喜爱学习。他常在宣文阁和大臣们商量国家大事，另外还重用汉族和少数民族知识分子。

元顺帝即位之后面临着每况愈下的政治经济状况。从泰定帝时期元朝就面临着各种自然灾害的考验：西北连续发生雨雹和地震，甚至影响到了湖北地区；东南从浙江东边到苏北沿岸不断发生海啸；华北则发生雨雹山崩，并且时常蝗虫成灾。泰定帝之后引发的内战，使得元帝国本来运转正常的国家机器失去了效率和作用。中原大地四处流传着"天雨线，民起怨；中原地，事必变"这样的民谣。元顺帝登基之后，就发生了山东陈马骡、河南胡闰儿和广东朱光卿三次农民起义。

面对各地民变，权臣伯颜提出根治民变的办法竟然是将汉族张、王、刘、李、赵五大姓氏全部杀光。好在元顺帝还保持了一丝冷静，关键时刻表示了反对，才让中原大地免遭屠戮。后来，元顺帝将伯颜流放，伯颜也在流放途中病死。在除掉伯颜过程中立下大功的脱脱成为元顺帝最信任的大臣之一。脱脱是元帝国少有的文武全才，他不仅有政治才能，还擅长书画。脱脱第一次担任丞相期间，元顺帝在他的辅佐下，实行了一系列改革：恢复科举、平反冤狱、整顿吏治和降低盐税……这些政策获得了朝野上下的一致称赞。至正四年（1344年），脱脱被解除了中书省右丞相职位，这跟他地位过高、名声过大，元顺帝对其有所顾忌有关。

后来，元顺帝在丞相哈麻和秃鲁帖木儿等人引诱下，喜欢上了大喜乐的淫乱之戏。君臣之间杂处，甚至男女裸处，丑闻传到了宫廷之外市井之中。另外，元顺帝还亲手设计龙舟，其精巧令人惊讶，遂有"鲁班天子"之称号。

元顺帝又精选十六个宫女，称作"十六天魔舞"，让她们身披璎珞，头戴着象牙二佛冠，然后载歌载舞，供他和亲信们观赏。

二、朱重八困苦少年

元文宗天历元年（1328年）九月十八日未时，濠州钟离东乡燃灯集金桥坎的一户农家中，传出了一阵响亮的婴儿啼哭声，一个农家男孩儿来到了这个世界。按照兄弟排行，这个男孩儿叫作朱重八。

当时的元王朝正处于各种内争和钩心斗角之中，没有人会想到这个诞生在农家的朱重八，在日后会北伐中原最终推翻大元帝国，成为元王朝的掘墓人！

这一年朱重八的父亲朱五四已经四十七岁了，而母亲陈氏也已经四十二岁，两个人可谓是老来得子。朱五四是一个老实巴交的农民，他做事勤恳，能吃苦耐劳，靠着整日里不停歇的辛勤劳作来养活一家人。

朱重八虽然出生于这样一个贫苦的农家，但是他的童年还是很快乐的。他有三个哥哥、两个姐姐，父母对他十分疼爱。因为父母是老年得子，母亲的营养状况又不好，所以朱重八一生下来就十分瘦弱，幼年的朱重八体质很差，时常生病，而且三四天都不会吃奶，得了肚胀病，差一点儿要了命。朱五四十分着急，四处求医诊治。但是来了几个郎中，却丝毫不见朱重八圆鼓鼓的肚子消下去，朱五四急得茶饭不思，彻夜难眠。这一天，朱五四对着窗外发愣，实在想不到用什么办法来给儿子治病，几天来的焦虑和失眠使得此刻的朱五四实在难以支撑，他昏昏沉沉地抱起孩子来到一个庙里找和尚医治，但是庙里却一个和尚都没有。朱五四回到家后，看到自家房檐下有一个和尚坐在小板凳上面壁，他连忙将孩子的病情告诉了和尚。这个和尚微微一笑，说："不要紧，孩子到了今天晚上子时就会吃奶的。"朱五四听后大喜过望，连忙对和尚说："佛门对这孩子有再生之德，将来就让他做一个僧徒回报佛祖吧。"那和尚点点头，突然间却不见了踪影。朱五四想去追，脚下却异常沉重，难以迈步……当朱五四醒来时，他发现原来这是南柯一梦。恰好这时到了子时，梦中那个和尚的话果然应验了：重八竟然在母亲怀中吃起奶来了！没过几天，朱重八肚胀的病也不治而愈了。

虽然出生时候的病好了，但是天生体质差的朱重八还是经常生病。朱五四想起了自己在梦中的承诺，就打算将儿子送到寺庙中。陈氏舍不得，此事就这样被暂时搁置了。

朱五四夫妇对朱重八十分疼爱，他是家中幼子，又自幼聪颖活泼，夫妇二人就狠狠心，拿着家中省吃俭用节约下的一点儿钱，供他读了几个月的私塾。后来，朱五四为了给大儿子朱重四、二儿子朱重六娶媳妇花去了不少钱，再加上两个女儿出嫁的嫁妆，朱五四一家又落入了一贫如洗的境地。朱五四无奈，只好让三儿子朱重七到别人家入赘做了上门女婿。家里经济情况不好，朱重八也只好辍学了。朱五四租种地主刘德的十几亩地，他也将朱重八拉了过来，给刘德家看看牛、放放羊，赚点儿零花钱，稍微贴补一下家用。

朱重八的童年虽然贫苦，但是他十分快乐。这个孩子对双亲十分孝顺，常常能体会父母的用意，十分懂事。母亲陈氏看到这个小儿子与他的三个游手好闲的哥哥相比，真的是很有出息。陈氏就经常和丈夫朱五四说："人们都说我们家要生个好人，现在我们其他儿子都不能治理产业，难道他们所说的好人就应在重八身上吗？"

朱重八的平静生活被一场天灾给彻底打破了。至正四年（1344年），淮河流域遭遇了罕见的大旱灾，连续几个月没有下雨后，又不知从哪里来了一群蝗虫，将残存的一点儿庄稼全部吃光。旱灾和蝗灾让人们受尽煎熬，可怕的瘟疫又暴发了。

厄运降临到了朱五四一家。先是六十四岁的朱五四连日来只能靠糠菜、草根树皮充饥，老人家身体极度虚弱，结果染上病于四月初去世了。不幸接踵而至，母亲陈氏和大哥朱重四也先后染病相继离世。短短的几天之内，十六岁的朱重八经历了家破人亡的人间惨剧，原来热热闹闹的一大家人现在只剩下了他和朱重六、大嫂王氏以及她的儿子、女儿五口人了。靠着刘继祖的施舍，朱重八和哥哥重六才得以安葬了双亲。为了活命，大嫂带着一对儿女回娘家避难去了。家中便只剩下了朱重八和重六兄弟两个相依为命。不久，邻居汪氏大娘建议朱重八去寺庙出家为僧，说不定还能有口饭吃，继续活下去。

于是，朱重八在汪大娘的帮助下，到了於皇寺出家。

三、流浪僧恰逢白莲

寺庙内的高彬法师在汪氏大娘的央求下，同意接受朱重八做弟子。据说他给重八取了一个法号：如净。按照寺庙内的规矩，凡是没有受过戒的还不能算正式的和尚，只能称作小沙弥，需要在寺庙中做一些扫地、上香、敲钟、煮饭、洗衣和挑水的苦活儿累活儿。

朱重八本来是一个极有主见、十分自信的人，但是经过了父母亲人离世的沉重打击之后，他尝到了无依无靠、生计艰难的滋味，他开始变得十分珍惜现在的寺庙生活：虽然清苦，但是毕竟能有一口饭吃，不致饿死。他学乖了，变得唯命是从。给法师洗衣做饭，看管鸡鸭，这些都是他日常的功课。他对寺庙中所有的师伯、师叔、师兄、师弟都一味顺从，生怕得罪了他们，自己就会被逐出寺庙。

朱重八从早到晚不停地干活儿，吃的只是师兄们剩下的残羹冷炙。就算这样，在入寺不到两个月后，因为寺庙中也缺乏粮食，朱重八等寺庙中的很多僧人都被高彬法师打发去云游四方，其实就是为了活命四处乞讨。

云游途中的朱重八尝遍了人间冷暖。有一次，他远远看到一个门前立着石头狮子，周围都是青砖围墙的大户人家，摸一摸因为一天没有吃东西而咕咕叫的肚皮，他就想上前去要一口饭吃。结果还没有来得及登上台阶，一条恶犬突然冲了上来，准备咬他，他被吓得拔腿就跑。后来，朱重八总结了经验，每次快到大户人家门口的时候，他就用力敲击木鱼，口中高诵佛号。那些看门狗见了也就不再狂叫，就这样，朱重八每次化缘也都有一些收获。

从庐州到固始，再西行到了信阳，向北走到汝州、陈州，向东经过鹿邑、亳州，最后来到颍州。三年的流浪生涯，朱重八走遍了皖西、豫东八九个郡县，那里的风土人情令他大开眼界。

在朱重八三年行走江湖的过程中，他接触到了白莲教。白莲教起源于佛教净土宗弥陀净土法门，得名于公元5世纪初期东晋庐山慧远的白莲社。南宋初，昆山人茅子元创立了白莲教，改教信奉阿弥陀佛，相信只要口念阿弥陀佛，人死后就可以往生西方极乐世界。茅子元要求信徒做到三皈和五戒，做到素食，信徒又被称作"白莲菜人"。

元政府对白莲教有过严禁，但是因为元统治者多是佛教信徒，也有时会承认其合法地位。此后，白莲教成了反元人士利用的工具，他们宣传"明王出世"，号召大家建立一个光明世界。朱重八在流浪途中也接受了这种思想，这对他以后的起义有着重要影响。

厌倦了流浪生活，朱重八重新回到了於皇寺内，他开始练武读书，打算青灯孤影，在此了却一生。没想到濠州城被红巾军占领，这些人在於皇寺放了一把火，使得朱重八只能外出避难。几天之后，他又回到了一片废墟的於皇寺。恰巧此时镇压红巾军的元军在附近到处抓人，他们没有本事对付红巾军，就随便抓一些老百姓说他们是红巾军。

濠州城内有一位朱重八的故交加入了红巾军，他写信劝说朱重八入伙。朱重八一时间拿不定主意，打算通过占卜来判断吉凶，最后他下定了决心投靠红巾军，因为说不定还能在乱世中混口饭吃！

大明王朝
诞生记

第二章
投红巾由兵为帅

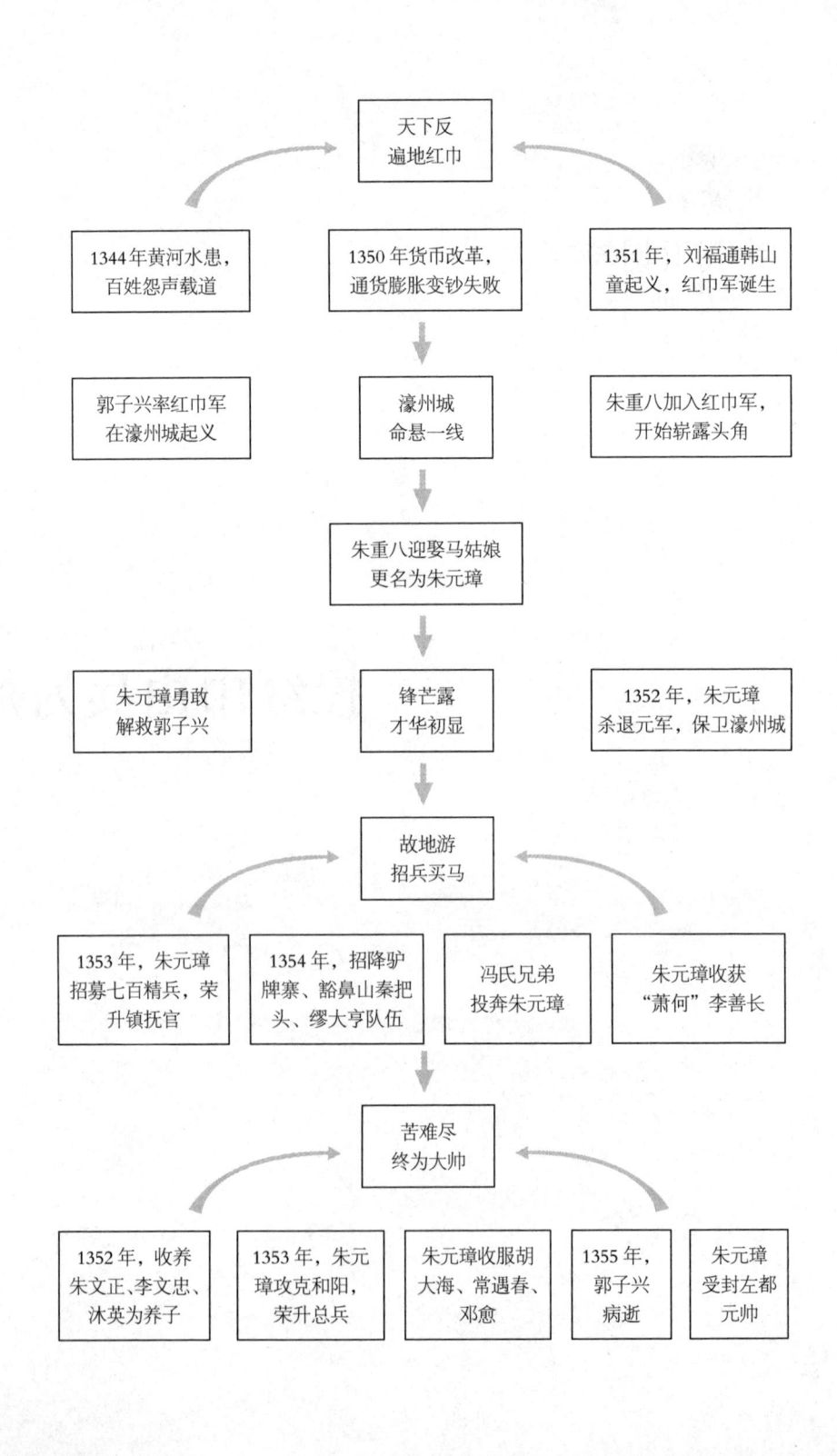

```
                    ┌─────────────┐
                    │  天下反     │
                    │  遍地红巾   │
                    └─────────────┘
    ↙                     ↓                     ↘
┌──────────────┐   ┌──────────────┐   ┌──────────────┐
│1344年黄河水患,│   │1350年货币改革,│   │1351年,刘福通韩山│
│百姓怨声载道  │   │通货膨胀变钞失败│   │童起义,红巾军诞生│
└──────────────┘   └──────────────┘   └──────────────┘
                          ↓
┌──────────────┐   ┌──────────────┐   ┌──────────────┐
│郭子兴率红巾军│   │  濠州城      │   │朱重八加入红巾军,│
│在濠州城起义  │   │  命悬一线   │   │开始崭露头角  │
└──────────────┘   └──────────────┘   └──────────────┘
                          ↓
                    ┌──────────────┐
                    │朱重八迎娶马姑娘│
                    │更名为朱元璋  │
                    └──────────────┘
                          ↓
┌──────────────┐   ┌──────────────┐   ┌──────────────┐
│朱元璋勇敢    │   │  锋芒露      │   │1352年,朱元璋 │
│解救郭子兴    │   │  才华初显    │   │杀退元军,保卫濠州城│
└──────────────┘   └──────────────┘   └──────────────┘
                          ↓
                    ┌──────────────┐
                    │  故地游      │
                    │  招兵买马    │
                    └──────────────┘
```

| 1353年,朱元璋招募七百精兵,荣升镇抚官 | 1354年,招降驴牌寨、豁鼻山秦把头、缪大亨队伍 | 冯氏兄弟投奔朱元璋 | 朱元璋收获"萧何"李善长 |

```
                    ┌──────────────┐
                    │  苦难尽      │
                    │  终为大帅    │
                    └──────────────┘
```

| 1352年,收养朱文正、李文忠、沐英为养子 | 1353年,朱元璋攻克和阳,荣升总兵 | 朱元璋收服胡大海、常遇春、邓愈 | 1355年,郭子兴病逝 | 朱元璋受封左都元帅 |

一、天下反遍地红巾

在朱重八回到於皇寺自学清修之际，元王朝内外交困，如同一座随时可能爆发的火山。

至正四年（1344年）五六月间，天降暴雨，整整持续了二十天多没有停歇，黄河在白茅堤和金堤决口，济宁路、曹州、大名路和东平路所属沿河州县变成了一片泽国。百姓流离失所，苦不堪言。

洪水长时间得不到控制对于元帝国来说是致命的，因为长期淤塞的黄泛区会阻断京杭大运河，导致南粮无法北运，这就意味着元帝国的这条南北输血大动脉将彻底失去作用。

在这种情况下，眼看没有活路的百姓们也不甘心坐以待毙，纷纷揭竿而起，反抗元朝暴政。元朝方面，监察御史张祯惊叹道："灾异频发，盗贼四处蜂起，如果朝廷不振作，恐怕有唐末藩镇的祸害。"

面对自然灾害，元帝国的应变能力过于低下。不但对于救灾毫不作为，就是面临各地造反的起义者，元政府也无力镇压。集庆路花山有造反者三十六人，官军数万，竟然不能消灭，反而为其所败！最后，竟要借助当地的盐帮，才勉强镇压下来。按照这个趋势，东南五省租税之地，恐怕再也不归元帝国所有。

面对黄河水患和东南各地民众起义，元顺帝不得不再一次任用之前令自己颇为忌惮的脱脱。脱脱复任中书省右丞相，他在应对政敌之余，将主要精力放在了两件事情上：货币改革和治理黄河。

本来，元帝国凭借最擅长的货币改革，每次都能将帝国从崩溃的边缘挽救回来。但是脱脱这一次实行的货币改革，因为帝国缺乏强大的物质基础做支撑，导致了空前的通货膨胀。

自从元武宗海山上台之后，元帝国出现了纸币发行量猛增、币值不断下跌的情况，并且之后的历代皇帝都大量印钞，这给元顺帝造成了巨大压力。同时，社会上伪钞横行，钞法已经破败不堪。

至正十年（1350年）四月，左司都事武琪建议变革钞法，吏部尚书契哲笃支持变钞，而且还提出了具体的改革方案。针对他提出的方案，脱脱召集了中书省、枢密院、御史台等官员一起商议。会上进行了激烈的争论，集贤大学士兼国子祭酒吕思诚极力反对这一方案，却被脱脱所压制，因为他下定了决心要进行变钞以挽救帝国。

元顺帝批准了中书省的变钞方案，具体办法就是通过印造"至正宝钞"，新钞一贯合铜钱一千文，或至元宝钞二贯，而至正交钞的价值比至元宝钞提高了一倍，两种钞票一起并用。同时，还发行了"至正通宝"钱，与历代的旧币通行，钱钞并行，以钱来充实钞法。但是，出乎脱脱意料的是，至正十一年（1351年）新钞和通宝一起发行，结果出现了通货膨胀的现象。物价涨了十倍之多！

变钞失败有两个原因：一是钞票所用料纸质量很差，很容易腐烂而导致无法长久用于兑换；二是印刷过多，导致购买力大降。当时大规模的农民起义此起彼伏，战事十分频繁，军费支出激增，大片地区成了战场或者被起义者攻克，这就是使得元政府的赋税收入大幅减少，只有靠印发钞币来维持经济。这样一来，最初规定的一贯新钞值铜钱一千文就成了根本不能兑现的承诺，到了至正十二年（1352年），一些地区一贯新钞只能值铜钱十四文！

朝廷发行的新钞百姓根本不愿意使用，形同废纸，郡县贸易甚至恢复到了以物易物的阶段。因为钞法败坏，脱脱规定凡是不使用新钞的人，都要处以严刑。但是社会经济的运行规律，岂是严刑峻法所能控制。粮价贵如珍珠，百姓们已经没有了活路，造反虽然风险极大，但总比坐以待毙强。于是，因为变钞导致社会矛盾进一步加剧，民间反抗浪潮愈演愈烈！

脱脱做的第二件事就是治理黄河。因为黄河水患长时间得不到控制，黄泛区的饥民和流民们纷纷起来反抗朝廷，有的劫持商旅，有的打击官府，当地官员束手无策。至正四年（1344年）七月，山东私盐贩子郭火你赤造反，他的队伍活动在山东、山西和河南一带；至正六年（1346年）六月，福建汀州连城县罗天麟和陈积万造反，湖南吴天保带领瑶民起义；至正七年（1347年）十月，元帝国境内已经发生了二百多起民众起义。到了至正八年（1348年）三月，辽东的锁火奴和辽阳的兀颜鲁欢分别自称是大金国子孙，起兵反元；至正九年（1349年），冀宁平遥等县发生了曹七七起义；至正十年（1350年），铅山、真州和泰州等地都爆发了民众起义。

面对民众的不断起义，至正六年（1346年）二月，元朝廷在济宁设立了行都水监，命贾鲁为行都水监使，专门负责治理黄河水患。

贾鲁是河东高平人，曾经两次中举，泰定元年（1324年），他出任东平路的儒学教授，后来担任了潞城县尹，之后升为户部主事。他还没有上任，便因为服父丧回籍，不久后被起用为太医院都事。他曾经参与脱脱主持的编修《宋史》工程。他比较关心百姓疾苦，曾经上疏指出当时的富户兼并流民和贫民人口，导致国家赋税收入流失的情况。之后，贾鲁出任监察御史，提出御史奏事应该直接呈报给皇帝，而不是经过其他官员，这也是为了防弊考虑。在他出任工部郎中后，因其提出关于工程建设的十九条建议，元顺帝任命他为行都水监。

贾鲁实地考察了黄河之后，绘制了地图，还提出两点建议：一是修筑北堤，以便节约工程费用；二是疏通河道和堵塞并举，使黄河向东复其故道，这样可以事半功倍。但是，当时他的建议并没有被朝廷采纳。

直到脱脱上台之后专门召开治河讨论会，贾鲁以都漕运使身份再一次提出了自己的主张，脱脱当即同意。工部尚书成遵等人极力反对，脱脱置之不理，他说："事有难为，就如同疾病难治，自古以来黄河之患就是难治的疾病，现在我就要根除这个疾病！"脱脱的出发点是好的，他希望通过根治黄河来结束天下盗贼横行的局面。

第二章 / 投红巾由兵为帅 /

脱脱的主张取得了元顺帝的支持。至正十一年（1351年）四月，元顺帝下令治理黄河，以贾鲁为工部尚书，总管治河事务，调集了汴梁、大名等十三路的民工十五万人，庐州等地的驻军两万人来助工。治理黄河从四月二十二日开工，七月完成了疏凿，八月二十九日放黄河水入故道，到了九月开始了堵口工程，十一月十一日工程完成。贾鲁按照他的疏塞并举、先疏后塞的方案，成功完成了黄河的治理。

贾鲁治理黄河的工程是成功的，但是这是在元帝国民变四起、国力衰落的情况下进行的大规模工程，反造成了一系列严重的后果。在治理黄河之前早就有人提出："山东饥民满地，民不聊生，如果此时聚集二十多万人在其地，恐怕日后的忧患比河患还要严重啊！"但是，元顺帝、脱脱和贾鲁等人对此置若罔闻，他们继续黄河治理工程。民间传出了"丞相造假钞，舍人做强盗。贾鲁要开河，搅得天下闹"这样的讥讽诗句。历史的诡异在于它的重复性。当年隋炀帝开通大运河也是功在后世的伟业，只可惜在当时的情况下，运用民力过度，造成了天下大乱。贾鲁治理黄河也是如此，这项工程惠泽到明朝初年，不过，对于当时的元帝国来说，确实是红巾军大起义，加速帝国灭亡的直接导火索。

在黄河洪水泛滥的几年内，两岸的贫苦农民不断遭受水患和瘟疫的打击。现在，官府强征他们充当民工，到了工地上，那些官吏用皮鞭抽打民工，高强度的劳作导致民工手足流血、肌肉崩裂，每天官府发给的伙食钱又很少，就这样，还经常遭到贪官污吏们的克扣，因此工地上怨声载道。当时民间还流行一首《醉太平小令》：

堂堂大元，奸佞专权，开河变钞祸根源，惹红巾万千。官法滥，刑法重，黎民怨。人吃人，钞买钞，何曾见？贼做官，官做贼，混贤愚，哀哉可怜！

当时有一个名叫韩山童的白莲教首领。他的祖父韩学究因为以白莲会烧香惑众，在元武宗至大元年（1308年）朝廷禁止白莲教时，从栾城被流放到了永年县。这次流放并没有改变韩山童家族的宗教信仰，出生在这样的家庭，韩山童一直以"弥勒佛下生"和"明王出世"自居。这种以宗教方式组织民众的手段，使得一时间江淮和河南等地的百姓纷纷追随。韩山童最早的一批信徒包括罗文素、盛文郁、杜遵道、王显忠、韩咬儿等人。民间的白莲教主在宣教时，往往将明教、弥勒佛和道教相互渗透。在元朝末年红巾军起义之前，南北方白莲教教主都宣称"弥勒佛下生"，韩山童则宣称"明王出世"，他们的目的就是要贫苦民众相信：一旦弥勒佛下生、明王出世，就能迎来光明的极乐世界。

而此时的元政府因为开河、变钞二事，变得更加岌岌可危。韩山童等人决定利用这一时机起义。贾鲁的治河工程开始后，韩山童等人到处散布民谣"石人一只眼，挑动黄河天下反"，同时命人暗中凿了一个独眼石人，在背上刻上了"莫道石人一只眼，此物一出天下反"几个大字，然后埋在了即将挖掘的黄陵岗附近的河道上。

至正十一年（1351年）四月，民工们在河道上挖出了这个独眼石人，消息不胫而走，一时间整个沿河工地都知道了这个消息。人们普遍觉得，天下就要大乱了。韩山童等人在起义之前，做了相当严密的舆论准备，除了在黄河工地埋下了独眼石人之外，他还表示自己就是宋徽宗赵佶的八世子孙，他的得力部下刘福通则自称是南宋将领刘光世的后裔。起义者以复兴宋王朝为号召，打出了"虎贲三千，直抵幽燕之地；龙飞九五，重开大宋之天"的旗号。这些政治口号充分利用了当时元帝国境内尖锐的民族矛盾；而对于各地贫民和灾民来说，更具有吸引力的是他们要改变元帝国"贫极江南，富称塞北"的局面。这就是要打破长期以来元帝国为了繁华大都的需要，对于江南经济敲骨吸髓般剥削的局面。

第二章 / 投红巾由兵为帅 /

五月初三，韩山童等人在白鹿庄聚义。杜遵道当众大声宣布："今天，我们到这里来就是要祭旗告天告佛祖，宣布我们红巾军正式成立。后天，端午节正午时刻，我们各路兄弟同时并起，直捣大都，将北鞑子赶出中原！"说完此话，有人牵过来黑牛白马，几个壮汉用绳索捆绑好，一刀下去，鲜血喷出，流入准备好的盆子里面。然后有人端上台去，韩山童、刘福通和杜遵道几个首领各自饮下了血酒，然后用牛马的血来祭旗。不过，他们没有想到的是，有叛徒出卖了他们，导致元军赶来镇压。一番激战后，韩山童当场被擒获。刘福通保护着韩山童的妻子和儿子韩林儿等人杀出了重围。

韩山童、刘福通在颍州起义的消息传遍了中原大地。虽然韩山童被杀了，但刘福通带领部众依然坚持战斗。五月初三，刘福通攻占颍州。因为其队伍全都头裹红巾，身穿红色战衣，打着红色旗帜，因此被称作"红巾军"，又称"红军"。因为起义者多信奉白莲教，烧香拜佛，所以又称作"香军"。

对于刘福通的起义，元政府十分震惊，他们派出当时奉命监督治河民工的同知枢密院事赫厮、秃赤带兵前去镇压。这些军队有六千人，是号称精悍、善于骑射的色目人军队——阿速军。但是这支部队的两名主帅都沉迷于酒色，他们的部下军纪很差，一路上就知道沿途抢劫百姓。当他们与红巾军对战之际，赫厮看到了漫山遍野的红巾军阵容，心生胆怯，不敢对敌，他对着手下人大喊："阿卜、阿卜！"也就是快跑的意思，说完之后，他回头就跑。手下六千多人见主帅都走了，都不想卖命，纷纷撤退。

刘福通带领大军随后追杀，结果赫厮在上蔡被杀死，刘福通乘机占领了朱皋、罗山、真阳、确山、舞阳、叶县等地。九月，刘福通攻下了汝宁府、息州、光州，仅仅用了四个月就控制了今天安徽、河南大部分地区，红巾军兵力增长到不下十万人。刘福通的队伍开始向着中原腹地进军。汴梁路同知黄头、尚乘寺卿那海赶到了项城县，黄头被红巾军俘虏，最终因为不投降而被杀，而那海带着儿子伯忽都、侄子阿刺不花向着红巾军发起自杀性冲锋。除了那海之外，安东万户朵哥和千户高安童在颍州中了红巾军的流矢而亡。

刘福通红巾军攻克了中原大片城镇，元帝国统治者深感震惊。至正十一年（1351年）九月，元顺帝派出了右丞相脱脱的弟弟御史大夫也先帖木儿为知枢密院事，协同卫王宽彻哥带领十几万人前去对付红巾军。

也先帖木儿和宽彻哥缺乏军事才能，并没有取得成效。元帝国不断调兵遣将，终于在至正十一年（1351年）十二月，攻下了上蔡，捉住了红巾军最早的领导人之一——韩咬儿。他被官军押到了大都处死。同时，元帝国江浙行省平章教化和济宁路总管董抟宵也攻下了安丰。安丰之战中，红巾军遭受了惨败，出现了死尸遍及二十五里的惨景。

到了至正十二年（1352年）正月，面对元政府的大军围剿，刘福通所部红巾军渡过黄河，以当地义军领袖韩兀奴罕所部为先导，他们迅速攻克了滑州、浚州，在开州建立了新根据地。

红巾军进军到了河北，这本来是元军彻底剿灭他们的一次良机。因为开州等地一马平川，这地形十分有利于蒙古骑兵作战。不过，面对如此良机，元顺帝却错失良机，出现了用人不当的失误。

至正十二年（1352年）三月，元顺帝任命太不花为河南平章，命知行枢密院事巩卜班带领着驻守大都的"侍卫陈友谅军"和"爱马鞑靼军"两支部队南下作战。

身为皇亲国戚的太不花向来能征善战，到任不久，就击败了红巾军韩兀奴罕所部，收复了南阳和汝宁等城池。但是另一个将领巩卜班虽然手握精锐的近卫部队，却长期在邢台以南的沙河北岸驻防。他日夜沉迷于酒色，天天醉卧不醒，试问，这样的"糊涂虫"带兵，岂能成功？

/ 第二章 / 投红巾由兵为帅 /

刘福通得知这个消息，决定以巩卜班这里作为突破口，来寻求战场上的转机。刘福通的反击很成功，他成功地杀死了巩卜班，击溃了元军。

至正十二年（1352年），元顺帝将前线的指挥权交给了也先帖木儿，令他带领三十万精兵回到沙河前线。这样一支看似强大的军队，却上演了一场军中夜惊的闹剧。所谓夜惊就是在睡眠之中突然尖叫或者哭喊，这是一种高度紧张导致的精神状态，在军旅之中极其常见。不过，因为军人们长期处于高度紧张之中，如果夜晚听到突然响动就会发生全营的骚乱，这被称作"啸营"。也先帖木儿面对这种突发情况，毫无处置经验，结果导致全军丢去军资器械和粮草车辆逃跑的情况，最终只收拢了散兵几万人回到开封，驻军在朱仙镇一带。

刘福通起义之后，各地受到压迫的群众纷纷响应。除了我们前文提到的徐寿辉和彭莹玉之外，在徐州还有芝麻李的起义。芝麻李和邓州王权等人红巾军被称作"北琐红巾军"，而孟海马等人被称作"南琐红巾军"。当然，还有不信奉白莲教，也不属于红巾军的起义者，例如至正八年（1348年）十一月起兵的浙东私盐贩子方国珍。

当时的起义烽火遍及大江南北，当时有一首诗描述了各地红巾军杀官吏富户的情况：

天遣魔军杀不平，不平人杀不平人，
不平人杀不平者，杀尽不平方太平。

二、濠州城命悬一线

在元朝的暴政压迫之下，天下百姓纷纷揭竿而起，濠州城也不例外。当时的濠州城义军首领名唤郭子兴，此人经历颇为传奇，他远祖本是中兴大唐的名将郭子仪第六子郭暧，到了元朝初年，郭家祖先迁徙到了山东曹州，到郭子兴父亲的时候，又举家迁到了今安徽定远一带。

郭子兴的父亲以算卦为生，四处流浪，人称"郭半仙"。这位郭半仙倒也有些本事，他为人预言吉凶祸福，多有灵验，这一点不同于那些江湖骗子。但是占卜这行收入极其不稳定，为了自己的后半生考虑，郭半仙做了一件不是很地道的事。有一次，郭半仙听说当地富户有一个女儿为婚事发愁。这位富家小姐为什么会遇不到如意郎君呢？原因在于这位富家小姐是个盲人，身体还有缺陷，这位小姐又不肯降低择偶标准，于是就一直未能成婚。富户为了女儿的婚事成天唉声叹气。经过一番精心准备，郭半仙主动登门拜访，运用他那三寸不烂之舌，加上平时行走江湖的占卜之术，说动了富户，也打动了他的女儿。就这样，郭半仙凭借自己的伶牙俐齿娶上了富户女儿，过上了幸福生活。婚后，这位富家小姐一连为郭半仙生了三个儿子，第二子就是郭子兴。

郭半仙运用自己的占卜之术，为自己的三个儿子都算了一卦，结果卦象显示郭子兴是最可能大富大贵的，因此，郭半仙对二儿子也就格外看重。

郭子兴跟他的兄弟们一样，只喜欢舞刀弄枪，不喜欢读书；他崇尚游侠，仗义疏财，喜好结交天下豪杰之士，当时有人称他是"小柴进"。

郭半仙出身卑微，尽管是名将之后，但到了元朝末年，也已经没有人理会这些陈年往事了。郭家在当地经常受到地方官吏的欺压和勒索。郭子兴本是豪侠之人，一气之下就加入了白莲教，他在等待一个机会推翻这个不公平的社会。

终于这个机会来到了。至正十二年（1352年），也就是刘福通起义之后的第二年，郭子兴见时机成熟，便会同好友孙德崖、鲁某、俞某和潘某聚集了几百人准备起义，他们假扮成商人混进了濠州城内。到了深夜时分，他们趁着守卫的官兵松懈，一举杀死了地方官，占领了濠州城。

郭子兴和他的四个伙伴都自称元帅，既然正式起义，必然成为官府围剿的对象。于是，大家聚集在一起，商量下一步的行动计划。

孙德崖首先提出自己的看法："濠州已经在我们手中，接下来我们应该乘胜攻占附近州县，扩大地盘，增强实力，以便对付官府征剿。"听到这话，俞某等三人频频点头。但郭子兴有他的打算，他侃侃而谈："孙老弟说得有道理，不过，我们现在立刻攻打其他城池，恐怕会因实力不足而折损自己的力量。"

孙德崖略感失望，他反问道："郭大哥有何高见？""我觉得应该先守住濠州城，稳固后方，这样才能避免成为朝廷的首要目标，还能躲过其他起义队伍的关注。"孙德崖等四人尽管心中不满，但是毕竟郭子兴是起义大首领，他们又没有太好的谋略，只好暂时答应了下来。

郭子兴等人起义，朝廷还是派出了军队镇压。元将彻里不花带兵来围攻濠州，但是此人是一个无能鼠辈，他害怕红巾军，不敢直接攻城。彻里不花在离城很远处扎下了营寨，派出手下人到城外捉拿一些无辜百姓，在他们头上缠上红巾，说他们是乱贼，然后杀掉或者当作俘虏冒功请赏。城外的百姓们遭此浩劫，怨声载道。

郭子兴倒也有些头脑，他利用这个形势，在城内四处张贴安民榜文；他还派人四处散播："满城都是火，府官四散躲。城里无一兵，红军府上坐。"郭子兴深知宣传的重要性，正是这样的口号四处散播，附近受到元兵迫害的乡民们纷纷来投奔郭子兴。不久，郭子兴手下就聚集了一千多新兵。郭子兴凭借自己的头脑和谋略，影响和声望超过了其他四位元帅，当然，这五个人也是面和心不和，各怀心事，都想成为濠州城的老大。此后，他们还为此闹出很多事端，这是后话，暂且不提。

上文提到由于彻里不花的元军四处迫害乡民，朱重八在於皇寺无法容身，被迫来到濠州城投靠红巾军。当时，郭子兴等人刚刚举起义旗一个多月。也就是至正十二年（1352年）闰三月初一这一天，身着僧衣的朱重八来到了濠州城下。

当时的濠州仍然处于元军的包围之下，守城的红巾军十分戒备。他们看到一个穿着破僧衣、身材高大魁梧的和尚朝着城门方向走来。守城士兵高声喝问他是做什么的。朱重八也不回答，只是嚷着要见主帅。守兵们起了疑心，以为他是元军奸细，就将他捆绑了起来。有人说要结果了他。眼看朱重八就要性命不保了，情急之下，他使出了浑身力气，大喊道："我是来投军的，我要见你们大帅，跟他当面说明意图！"也是巧合，当时郭子兴正在巡城，正好听到了这一声大喊，他骑马来到了出事地点，看到了一个状貌奇伟、声若洪钟的高大和尚。看着这位仪表堂堂的大汉，郭子兴心下有几分喜欢。朱重八见了郭子兴，毫不畏惧，朗声说道："明公欲成就大事吗？为何命手下捆绑壮士？"郭子兴问他："你愿意投军吗？"朱重八连忙点头称是，并且说是红巾军中一位好友写信推荐他来的。郭子兴命人将朱重八所说的好友传来，经过询问，确定无疑。

就这样，朱重八通过了考验，并成了一名红巾军战士。朱重八脱下了僧衣，换上红战袄，头裹红巾，每天苦练武艺。郭子兴每次作战将他带在身边，而朱重八也没有让郭子兴失望，他作战勇敢，立下了不少战功。渐渐地，朱重八开始崭露头角。

三、朱公子巧结姻缘

说起这郭子兴，眼光不错，但是抱负有限，他并没有夺取天下之志向，只想守着濠州城这一亩三分地，做一个自由自在的土皇帝。时间久了，郭子兴发现这个土皇帝还真不好做。

原来，郭子兴出身豪富，见多识广，而且文武兼备，算是名义上的濠州城大首领；而孙德崖等四个起义伙伴则是一群粗鲁之人，他们觉得自己也是老资历，对郭子兴其实并不服气。四个人暗中计议，打算夺了郭子兴的权。郭子兴对此冷淡处理，他渐渐懒得过问军队事务，开始在家里享福。五个领导人召开的会议，郭子兴也懒得参加，即使偶尔去几次，也多是不欢而散。

郭子兴看似逍遥，其实内心也很惧怕，他担心丢失了权力，自己就会成为其他四个元帅手中的玩物，任他们处置。自己的几个儿子不成器，指望不上，而新来的九夫长朱重八他倒是十分看重。不过，这朱重八又非久居人下之人，他虽然职位低，但是身边总有一群人围着他，其中甚至包括职位高于他的千户汤和。

朱重八打仗的时候冲锋在前，从不计较个人安危；得到了战利品后，不管是否贵重，全部上缴给元帅；就是平时的赏赐，他也都说是大伙的功劳，将这些平分给战友，从不独占。朱重八还认识一些字，略通文墨，大伙有一些文笔之事，也多乐于请他帮忙。就这样，朱重八投军才几个月，就在军中树立了好名声。郭子兴对这些看在眼里，也十分信任和欣赏他。

郭子兴打算培养朱重八作为心腹之人，他经常叫朱重八来内宅议事。有一天，郭子兴与朱重八谈了一些军务之后，随口问道："你今年二十五岁，年纪不小了，怎么还没有成家？我为你设法找寻一门好亲事吧！"朱重八受宠若惊，连忙起身道谢。

晚上回家之后，郭子兴回到内室，与妻子小张夫人谈起了此事。女人家最擅长保媒拉纤，小张夫人也是个有见识的，她平日里也观察朱重八，觉得他非池中之物。于是，她对丈夫说："现如今天下大乱，豪杰并起，正是收揽人才为我所用之际。我看这个朱重八，言行举止非凡，是一个人才。眼下我们放着一门亲事不做，还到哪里去寻？不把他招到自家门下，还便宜外人不成？"郭子兴见她说这些，恍然大悟，想到了自己的义女马姑娘。

原来，郭子兴有三子二女，长子早年战死，次子郭天叙，三子郭天爵，另外，小张夫人生有一女，尚且年幼。此外，他膝下还有一义女，其父姓马。马姑娘的父亲马公本是宿州闵子乡人士，与郭子兴是过命的交情。郭子兴起义之时，这位马公决定也到宿州起义，与郭子兴遥相呼应。临行之际，他将女儿托付给了郭子兴。不料，马公回宿州不久就身亡了。郭子兴十分伤心，更加怜惜马姑娘孤苦，将她视为自己的亲生女儿一样对待。郭子兴夫妇也经常挂念，一定要为义女找一门称心如意的亲事，不辜负马公重托。现在，小张夫人提到此事，郭子兴也觉得朱重八配得上自己的义女，于是两人就商定了此事。

次日，郭子兴召见朱重八，说明了这段婚姻之意。朱重八因为经常出入郭子兴内宅，见过这位马姑娘几次，她比自己小四岁，人长得并不特别漂亮，但是也说得上端庄秀美，品德贤淑；而且她还喜欢读书，尤其是历史书。读史使人明智，马姑娘日后能成为一代贤后，自然与她早年的修养爱好密不可分。

朱重八自幼孤苦，郭子兴如此厚爱，自然是感恩戴德，立刻答应了这门亲事。一段美好姻缘就此注定。朱重八和马姑娘的婚礼在几日后隆重举行，从此朱重八成了郭子兴的女婿，全军上下也对他另眼相看，称呼他为"朱公子"。

虽然这门亲事是指定婚姻，某种程度上来说，还可以称之为政治婚姻，但是值得庆幸的是，朱重八和马姑娘二人十分恩爱，并且这种恩爱伴随了他们的一生。

夫妻二人宴尔新婚，恩爱非常，却有两人对此颇为不满。这两人就是郭子兴的两个儿子郭天叙和郭天爵。他们一直瞧不上朱重八的贫贱出身，这下无端成了自家之人，与他们称兄道弟，他们更加不满；而郭子兴对朱重八的宠爱，更让他们醋意大生，一心想除之而后快。这两个人在郭子兴面前进谗言，说朱重八恃宠而骄，暗藏祸心。郭子兴耳朵根子软，架不住两个儿子轮番进言，心中也开始多了一些疑虑。

有一次，郭子兴召开军事会议。朱重八侃侃而谈，但是所谈与郭子兴意见冲突，郭子兴勃然大怒，下令将他幽禁到了别室。郭天叙和郭天爵觉得机会难得，就想乘机除掉朱重八。他们暗中嘱咐伙夫，不许给朱重八送饭，打算将他活活饿死。一天过去了，朱重八在幽暗的小黑屋里面水米未进。

得到消息的马氏十分着急，她偷偷去了厨房，乘着别人不注意，拿了一块热腾腾刚出锅的炊饼，想送给丈夫吃。不料刚走出了厨房，就撞见了小张夫人，她连忙将炊饼藏进怀中。小张夫人见她紧锁眉头，热汗直流，连忙询问，才知道事情原委。她命马氏取出炊饼，那热腾腾的炊饼已经将马氏胸口烫伤。小张夫人于心不忍，命伙夫送饭给朱重八。

当天晚上，小张夫人劝说郭子兴不要听信谗言离间。郭子兴本是没有主意的人，他听了夫人的话，也觉得朱重八是被冤枉了，于是将其禁闭解除。

这是这对患难夫妻经历的第一次生死考验，日后在战场上、在人际关系上、在处理国家大事上，马氏还会为丈夫献言献策。俗话说：一个成功男人的背后，往往会站着一位了不起的女人。有如此贤妻相助，这是朱重八的幸运，也是日后大明王朝的幸运，而马氏也凭借其贤德，成为与东汉光武帝阴皇后、唐太宗长孙皇后、元世祖察必皇后并列的"四大贤后"之一，为后世所称颂。

四、锋芒露才华初显

在与郭子兴义女成亲之后，朱重八觉得自己的名字太过于土气，于是给自己取名——朱元璋，字国瑞。这个名字暗含推翻元朝之意，这也是他一生的抱负和志向所在。此后，我们行文就可以称他为朱元璋了。

一支队伍的到来，给看似平静的濠州城带来了一场风波，而朱元璋的才华也在这次考验中得以展现。

至正十二年（1352年）九月，元朝丞相脱脱带兵十万攻下了红巾军占据的徐州城。当时这一支红巾军的首领叫李二，他是邳州人，外号称作"芝麻李"。这个外号是有来历的，并不是因为他喜欢吃芝麻或者家里是卖芝麻的，而是有一年家乡闹灾，他家里正好藏有一仓库的芝麻，于是开仓救济灾民，由此得到了众人拥戴，得到了这个称号。

当时元朝廷征民工治理黄河，导致人心动荡。芝麻李和邻居赵均用商议起义，他们又一起找到了彭大，三人联络同乡好友，一共才八个人，就决定共举大事。

至正十一年（1351年），芝麻李和赵均用等八人假扮成修治黄河的挑夫，其中四人混进了徐州城内，另外四人在城外接应。到了半夜时分，城内的四人到处点火，并且大声高呼，城中顿时乱作一团。守城的元军弄不清楚状况，不知道有多少人起义，四处逃跑。芝麻李乘机捉拿了州官，就这样八个人夺取了徐州城，堪称乱世中的一段传奇。

徐州城对于当时的元朝来说意义重大。徐州是京杭运河上的重要枢纽，关系到江南运送到大都城的粮食安全，万万不能有所闪失。朝廷听说徐州丢失，命中书省右丞相脱脱征剿。脱脱招募了一支民兵和盐丁组成的六万人队伍，因为他们都身着黄衣黄帽，所以被称作"黄军"。六万人加上此前围攻的元军，一共十万大军，将徐州城团团包围。

至正十二年（1352年）九月，起义刚一年的芝麻李等人遭到了灭顶之灾，脱脱听从了宣政院参议也速的计策，日夜以巨石作炮，

第二章 / 投红巾由兵为帅 /

轰击徐州城。就这样，徐州城被元军攻下，为了报复，元军进行了残酷的屠城，无数徐州百姓惨遭毒手。混战之中，芝麻李不知所踪。不过，他手下有几队人马侥幸突围，其中有一支是赵均用和彭大带领的，他们无处可投，转战千里，来到了濠州城下。

郭子兴听说彭大、赵均用来投，十分欣喜，命人开城迎接，并设宴款待。席间，突然探马来报，说元将贾鲁带兵追赶而来，并打算一举攻下濠州城。

郭子兴大惊失色，连忙问部下如何应对。朱元璋起身回道："元军乘胜追击，势头正盛，不如固守城池不出战。等他们锐气消退，自然可以以逸待劳，出奇制胜。"但赵均用和彭大主张出城与元军对战，杀他们一个下马威。郭子兴点头称是。

于是一众人等到了濠州城外与元军对敌。没有想到，正如朱元璋所料，元军势头强劲，一个冲锋便将红巾军杀退。元军乘胜追赶，打算一举拿下濠州。多亏了朱元璋带领手下精锐，拼死抵抗，才将元军杀退。朱元璋带兵日夜坚守，才使得濠州城暂时无恙。

彭大这人富有谋略，郭子兴回到濠州城后，彭大将他请到府上密议，将后队退兵的责任推到了赵均用身上。郭子兴对此深信不疑，他从此开始厚待彭大，对赵均用则轻视冷落。赵均用也不是省油的灯，他由此恨透了郭子兴，打算进行报复。

赵均用得知孙德崖等人与郭子兴不和，于是刻意接近孙德崖，劝说他除掉郭子兴，然后奉其为主帅。孙德崖早有意取郭子兴而代之，他也反过来离间说："郭子兴只知道彭大，不知道将军呀！"赵均用更加愤恨，濠州城内暗流涌动，矛盾一触即发。

有一次，朱元璋出城执行公务，赵均用和孙德崖乘机密谋将郭子兴捉拿。按照他们事先的商定，孙德崖派人请郭子兴来开会，郭子兴没有戒备之心，打算前去。汤和提醒他小心有诈，等朱元璋回来再说。郭子兴却嘲笑他胆小："有彭大将军在，孙德崖和赵均用能把我怎么样？"说完，他翻身上马就走。

郭子兴刚到孙德崖帅府即被扣押，遭受了一番毒打，然后被关进了一间小黑屋。看样子，郭子兴性命危矣。

不久，朱元璋得知了这个消息，他连忙赶回濠州。在半路上，他遇到了一位旧友，那位朋友得知了事情原委，劝阻他说："他们既然敢于扣押郭元帅，必然也要将你一网打尽，你去不是自投罗网吗？"朱元璋深知郭子兴一向对自己厚待，而自己心中早就将他视作义父。在紧要关头，如果放弃营救郭子兴，不但自己的良心说不过去，而且这更是一种失策，因为没有了郭子兴的照应，自己也必然势单力孤，为人所灭。想到这里，朱元璋不顾朋友的劝阻，快马加鞭赶往濠州。

朱元璋风尘仆仆地到了郭家之后，家里已经没有主事之人，只有郭子兴的几个小妾和两个儿子。小张夫人和马氏当时在外打听消息，也不在家中。

郭天叙和郭天爵拿不定主意，就向朱元璋求救。朱元璋冷静地分析道："大帅平时厚待彭大而薄待赵均用，此事必然是赵均用指使，必须要请到彭大才能解围。"于是，他们连忙到彭大家求救，彭大是直性子，听到这话，立即拍案而起："有我在，我看谁敢动郭大帅！"

彭大领头，朱元璋等人跟随，一起飞奔至孙德崖帅府，却被守门士兵拦住。朱元璋见情势危急，大喊一声："弟兄们，打退这些人，赶紧营救元帅！"众人一起上前，将门卒打散。朱元璋率先冲入了孙府，此刻，孙德崖和赵均用正在厅内密议。他们看到朱元璋手持兵器，满脸怒容地带兵闯了进来，知道他肯定是来营救郭子兴的。二人故作镇静，上前假惺惺地问："朱公子来此有何指教？"朱元璋厉声呵斥："现在元军围城，大敌当前，你们却还想着加害主帅，意欲何为？！"彭大这时候也厉声斥责二人，二人哑口无言。朱元璋不顾他们，带人闯入了内宅寻找，终于在后院小黑屋内找到了已

第二章 / 投红巾由兵为帅 /

是遍体鳞伤的郭子兴。朱元璋背起郭子兴走了出来。

朱元璋在走出孙府之前，意味深长地对孙德崖说："君与郭大帅同时举义，有莫逆之交，为何听信了谗言，自相残杀？"接着，他又指责赵均用："你既然诚心来投，郭大帅又热情收留，为何恩将仇报？你本应该和郭大帅共谋大业，而不是挑拨离间。希望以后不要再做这些事情！"孙、赵二人自觉理亏，哑口无言，只好眼睁睁看着朱元璋将郭子兴带走。

多亏了朱元璋的果断勇敢，濠州城的一场危机得以化解。从此郭子兴感念朱元璋的救命之恩，对他更加信任了。

这时候，城外的元军也没有闲着，他们在贾鲁带领下，对濠州进行猛攻。从至正十二年（1352年）冬一直到次年春天，濠州城整整被围困了七个月。城中已经到了断粮的绝境，朱元璋为了守城，日夜操劳，无比劳累。马氏心疼丈夫，把口粮省下来都给丈夫吃，自己则吃糠咽菜，就这样勉强撑了下去。

此刻城中正应该万众一心，渡过难关，郭天叙却还想着陷害朱元璋。在一次军事会议上，郭天叙向几位元帅建议，派朱元璋攻打附近的含山、灵璧二地。元军的军粮集中在那里，如果攻占，说不定元军就会解围而去。

朱元璋心中明白，这是郭天叙借刀杀人的毒计，但他表面却不动声色，起身对诸位将领说："如果各位元帅认为此计可行，我愿意前往。但是元军最近刚停止了猛攻，恐有久攻不下、弃城而去的打算。此时如果我们急于突围，反而暴露城内粮草紧张的实情。如果突围不成，元军反攻，反而会导致城破。希望各位三思而后行。"

几位元帅听了之后，也觉得有道理，但是赵均用想乘机除掉朱元璋，便当众表态："朱公子所言虽然有些道理，但是兵法讲究出其不意，攻其不备。元军围城日久，早就失去了戒备之心，如果此时我们杀出，一定可以大获全胜。"

郭子兴听赵均用说得也有道理，于是命朱元璋精选五百士兵，趁夜偷袭元军大营。贾鲁在五月间突发急病，死在了战场上，这时候元军刚刚易帅，军心不稳。

朱元璋命十几个壮士击鼓鸣金，以壮声威，三万多睡梦中的元军被惊醒。他们不清楚红巾军有多少人马，自乱阵脚；而朱元璋带着这五百壮士，在元营中驰骋纵横，杀得元军叫苦不迭。

就这样，朱元璋夜袭元营，迫使敌军撤退，濠州城的围困终于解除了。这一战，也是朱元璋从军后打得最精彩的一战。

五、故地游招兵买马

虽然元军撤走了，但是因为被长期围城，濠州粮食短缺。朱元璋派人到定远用盐换取了一些粮食，帮助大家渡过难关。经过这一次围城之战，朱元璋也深深明白了一个道理：困守孤城是十分危险的，必须要扩大地盘才能获得更多主动。

可笑的是，在元军退去之后，彭大竟然自称"鲁淮王"，赵均用自称"永义王"，这明显是鼠目寸光之举，早晚会成为"出头鸟"，遭到元军的再一次打击。

朱元璋在众人还在欢庆胜利的时候，就抽空回到了故乡钟离，进行招兵买马。乡亲们踊跃报名，区区几日就有七百多人投效。虽然人数不多，但是卧虎藏龙，其中很多人都成了后来明朝的开国将帅，下面就先说其中最有名的徐达。

徐达，字天德，出身普通农家，他比朱元璋小四岁，是钟离人，朱元璋的同乡。他自幼沉默寡言，但是富有谋略；他家虽是农家，却是小康之家，于是也有机会读到了《六韬》《三略》这样的兵书。这样一个富有才略的小伙子，却生性腼腆，但是他又不甘平庸，立志要做出一番成就。

至正十三年（1353年）初，徐达托人到处打听，希望投奔一位明主。有人说郭子兴帐下的朱元璋十分了得，此时正在四处招兵。时年二十二岁的徐达就投奔到了朱元璋帐下。起初，徐达也不了解朱元璋为人秉性如何，只是抱着试一试的态度，经过一番接触，他确信自己遇到了明主。

第一次见面，徐达就给朱元璋留下了深刻印象，两人秉烛夜谈，越聊越投机，有相见恨晚之意。在当时红巾军中，武艺高强者有之，勇敢善战者也不缺乏，但是通晓兵法的确是凤毛麟角。徐达就是富有兵法韬略之人，他的才干也将在日后渐渐显露。

徐达投军后，仔细观察朱元璋，觉得此人雄才大略，是一代雄主。于是，徐达就时常有意无意地向朱元璋灌输一些王霸之道，劝说他早日脱离他人掣肘，独自发展。

本来朱元璋并没有那么大的追求，在徐达的不断劝说下，他开始有了更高的目标，那就是有朝一日，统一天下，成为一代开国之君！有如此宏大的目标，自然需要付出百倍千倍的努力，朱元璋深知这一点，他此后的行事更加谨慎，时时刻刻在为这个目标而努力。

朱元璋带着新招募的七百精兵来到了濠州城，郭子兴十分高兴，将他提升为镇抚官。

朱元璋得到了提升，却很长一段时间没有进一步的行动。徐达看在眼里，十分焦急。有一天，朱元璋正在整理文书，徐达突然闯入，他看四下无人，凑到了朱元璋耳边说："主公您不想成就大事吗？何必在此久居人下，碌碌无为。"朱元璋如实回答："我也知道久居此处不是长久之计，但是羽翼未丰，无法展翅高飞啊！"徐达进一步提出，现在郭大帅过于宽厚，而彭大、赵均用又包藏祸心，濠州是个危险的地方，万一行事不慎重，必然会祸及自身。徐达劝说朱元璋前去攻打定远，因为定远是郭子兴故乡，一旦打下，会让郭子兴有不少面子。但是朱元璋又担心带领人马众多，会让郭子兴起疑心。徐达建议他只从中挑选最精干的二十多人，其他人一律留下。于是，朱元璋在众人之中精挑细选出徐达等二十四人，准备攻打定远。

这二十四人是：徐达、汤和、吴良、吴祯、花云、陈德、顾时、费聚、耿再成、耿炳文、唐胜宗、陆仲亨、华云龙、郑遇春、郭兴、郭英、胡海、张龙、陈桓、谢成、李新、张赫、张铨、周德兴。其中三人在明朝建立后被封为公爵，其他二十一人都被封为侯爵，可以说是朱元璋的创业班底了。

朱元璋意气风发，打算带上这些人南下攻打定远，没想到走到半路，他生了一场大病，只好又折回濠州养病。

至正十四年（1354年）春天，朱元璋大病初愈，他得知了一个消息：定远驴牌寨有三千多兵马，这是一支当地人的民团武装。这些人孤立无援，断了粮草，想来投靠濠州，又有所犹豫。郭子兴有朋友在那里，这是一个收揽他们的好机会，但是又没有合适的人选去说降。朱元璋听到之后，觉得这是个绝佳的扩充红巾军势力的机会，他让马氏搀扶自己来到了郭子兴的房间。他说明了来意，郭子兴说："我也知道此事非你去不可，只是你大病初愈，身体虚弱，怎么能经受这样的劳苦？"朱元璋果断回应："如果失去这个机会，被别人抢先一步，到时候后悔也来不及了！"郭子兴看他态度如此坚决，就问他需要带多少人。朱元璋回答说，人多反而会引起对方疑心，十几个人足够了。

于是，朱元璋挑选了费聚等两名骑士，加上九名步卒，一行共十二人，马不停蹄地赶往驴牌寨。

费聚是朱元璋挑选的二十四名主力之一，字子英，五河人，自幼学习技击，朱元璋在濠州与他结为莫逆之交。

当时正是盛夏之际，天气酷热，加上一行人赶路又太急，朱元璋中暑了，幸运的是并无大碍。六天之后，他们来到了定远宝公河一带，隔着河水已经看到了民团的营地。

朱元璋部下众人见对方剑拔弩张，声势浩大，心中有所畏惧。朱元璋安慰众人："敌众我寡，现在想走也无法脱身。你们不要害怕，跟随我入营观察动静。"说完，朱元璋下马步行，渡过宝公河。

他们一行人来到了驴牌寨门，有二十多名寨兵挡住了去路。其中两个将领高声喝道："来人有何贵干？"朱元璋回答："我们从濠州来与你家主帅商议大事。"将领听后回去禀告，不久，寨主出来迎接众人。

众人坐定之后，寨主问道："诸位远道而来，郭大帅必然有所命令？"朱元璋回答："郭大帅与您有旧交，最近听说贵军缺乏粮草，特意派我们来相报，如果您等愿意跟随郭大帅，就一起前往。"寨主当即允诺，并互留了信物为证。朱元璋将他随身所带香囊给了寨主，寨主则回赠了牛脯。寨主约定三日后整军归顺。朱元璋自己带人先回，留下费聚等候，与寨主一起启程。

没有想到三天之后，情况有所变化。费聚汇报说，寨主打算向别处移动。朱元璋连忙带领三百士兵赶到了驴牌寨，对寨主说："你受到了别人的侮辱，还没有报仇。郭大帅说你难消此恨，特意派我带来三百人马，助你一臂之力。报仇之后，再一起北行不迟。"寨主对朱元璋的话将信将疑，朱元璋当即决定用计巧取。他想方设法将寨主骗出了大营，然后讲明了利害关系，寨主眼看被扣留，也只好答应了下来。在众人走出十里地开外，朱元璋命一个事先被买通的寨中之人拿着寨主的令牌回到大营传令：大帅已经在前面布置了营地，众人立刻转移。于是，寨兵们就奉命开拔了。他们临行之际，朱元璋手下之人一把火烧将驴牌寨烧了，这样，三千人的后路就被断了。朱元璋将这三千人收入自己帐下，可谓如虎添翼。

接下来，朱元璋再接再厉，又招降了豁鼻山秦把头，得到了士兵八百多人。有了这将近四千人马，朱元璋有底气了，他想做一件自己之前一直想做而没有能力完成的事情。濠州东南百余里的横涧山上聚集着一支民团队伍，首领叫作缪大亨，他名字叫作大亨，家里是否腰缠万贯不知道，但是手下有七万多人马却是真的。在乱世之中，这确实是一位兵强马壮的"大亨"啊！

缪大亨之前参与过元军围攻濠州的行动，因此结怨于郭子兴等人，听说近日驴牌寨被对方兼并，便加强了防范，而出乎他意料的是，仅仅七天之后，朱元璋就来上门挑战了。

这天夜间，朱元璋派出手下得力将领花云带兵奇袭了横涧山，缪大亨被俘虏，在朱元璋的劝说下归降。缪大亨手下七万多人，除去老弱，有精壮者两万多人可用。朱元璋深知这些人之前缺少训练，战斗力不强，他给众人训话："你们人数众多，为何被我所击败？因为你们之前没有军纪，将士们不能勤练。今后你们要勤学苦练，严守军纪，我们一起努力，建功立业！"众人异口同声回应道："唯公所命是从！"此后，朱元璋对他们加以训练，使之成了一支劲旅。

朱元璋接连收降了地方势力，威名大震。横涧山之战后，他建议郭子兴向南发展，因为北面是刘福通友军地盘，元朝在南方的统治相对薄弱，比较容易攻打。郭子兴欣然应允，就这样，朱元璋带领人马向南进发。

大军到了妙山时，冯国用和冯国胜兄弟来投奔。说起这冯氏兄弟，可不是等闲人物。他们出身于耕读之家，是当地出名的读书人。二人自幼熟读兵书，富有韬略。当时他们看到天下大乱，就在家乡结寨自保。二人久闻朱元璋大名，在其大军到来之际，便前来投奔。

朱元璋见二人是读书人，就向他们请教平定天下的良策。冯国用虽然年龄不大，才三十出头，但是对天下大势却是了然在胸。他沉默半晌，说出了六个字："有德昌，有势强！"

听到这六个字，朱元璋有些困惑不解，冯国用进一步解释道："南边的金陵，有虎踞龙盘之势，历代帝王定都之处。从当前的形势来看，应该先攻下金陵，在那儿定都，然后派诸将四处攻打，救民于水火，倡仁义于四方。如此，天下之势不难平定。"

冯国用的这一番议论，颇有当年诸葛亮"隆中对"之风。对于当前的朱元璋来说，金陵是最近的大战略要地，地势险要，粮草充足。如果能够攻下，必然可以为将来夺取天下打下坚实的基础。这番话可以说为将来朱元璋的发展定下了战略方向。朱元璋听了这番话之后，十分震撼，他器重冯氏兄弟的才干，坚定地将他们收入了帐下。

冯国用确实是一个难得的人中之杰，朱元璋对他无比信任。只可惜，至正十八年（1358年），冯国用在军中病逝，时年仅仅三十六岁，天不假年，让人生出郭嘉早殇之叹！冯国胜的才干并不逊色于兄长，只是常年的军旅生涯使得他成了一个不守军纪的武夫。冯国胜后来因为避讳朱元璋的字号"国瑞"，而改名为冯胜，关于此人，后文我们还要提及。

在冯氏兄弟的示范效应之下，定远一些结寨自保的地方武装，如吴复、丁德兴等人也纷纷来归附朱元璋。其中丁德兴跟随朱元璋出征洪山寨，他带领几百人首先攻入了寨中，擒获了首领，招降了几千人马。可见，丁德兴是一名能征善战的将领。

朱元璋还没有攻打定远，帐下就已经是人才济济。不过，这还不是结束，在定远的昌义乡，朱元璋又得到了一位叫作毛麟的名士。更让朱元璋惊喜的事情还在后面。

大军进发滁州途中，一位身着儒生服饰的中年男子求见，此人正是被朱元璋誉为己之"萧何"的李善长。

李善长，原名元之，后小明王为其更名为善长。祖籍歙县，生于元仁宗延祐元年（1314年），比朱元璋年长十四岁。他幼年曾经在歙县的灵金山苦读诗书，等他年龄稍长一些后，他发现元朝统治者实行四等人制，鄙视儒生，便放弃了科举之路，转而学习一些更为实用的学问，例如读一些兵家和法家著作，学习其中的计谋权变。

李善长还深受当地经商风气的影响，他弃文经商，在徽州和定远一带发家致富。他娶了定远富户王家之女为妻,从此在定远安家。因为富有谋略,加上家资巨富,李善长成为附近知名的人物。

在动荡的元朝末年,李善长静观其变,等待时机。他的大舅哥王濂加入了刘福通的红巾军,他却认为是操之过急;郭子兴在濠州举义,他依然不动;直到他听说了朱元璋的事迹,才深深为这位明主的人格魅力所感染。于是,在朱元璋大军到来之际,四十二岁的李善长投入了他的军中。

两人初次见面,李善长作揖之后却良久一言不发,只是盯着朱元璋的相貌反复观看。朱元璋也被他看得有些尴尬,这时候李善长突然脱口而出:"总算是天有日、民有主了!"这句话让朱元璋十分受用,便问计于李善长。李善长特意提出:"主公您祖居沛县,和汉高祖刘邦同乡,山川王气,正应在您身上啊!"朱元璋心中暗喜,表面却不动声色,他问:"依照先生看,这天下的战乱什么时候才能结束?"李善长沉吟一刻,慢条斯理地回答:"汉高祖出身布衣百姓,但是豁达大度,知人善任,不贪图财物,不烧杀抢掠,用五年就成就了帝业。当今的局面和秦朝末年相似,只要您效仿汉高祖,天下很快就能平定。"

朱元璋听了这番高论,心中豁然开朗,他也知道历史上有一位平民出身的天子刘邦,只是没有刻意研究其事迹。这番听了李善长的谈论,想起自己也是平民出身,而且又和刘邦是同乡,他暗中打定了主意,日后一定要处处效仿汉高祖,成就一番伟业。

在朱元璋看来,李善长很有可能就是他的"萧何",于是当即任命李善长为记室,相当于秘书官,一切的军中机要、谋划都听从李善长的建议,他还希望李善长能为他调和诸将之间的关系。朱元璋说:"当今天下大乱,群雄并起,没有像先生这样富有谋略的人是不行的。我看到群雄中有些负责管理文案和谋划的人,利用机会来诋毁将帅,最后导致人心离散和败亡。希望先生以此为戒,协调

/ 第二章 / 投红巾由兵为帅 /

诸将关系，让大家同心同德，共图大业。"李善长连连拱手称是。从此，李善长成了朱元璋的心腹之人，成了他的后勤部长和军师。

李善长在朱元璋军中的作用也确实很像萧何之于刘邦的作用，他成了军队的大管家。日后有不少人来投靠朱元璋，李善长先对他们进行观察审核，然后报给朱元璋决定去留和安排。李善长还利用自己的口才，在闹矛盾的将领之间进行调和，化解矛盾，让双方都满意和解。

自从有了李善长，朱元璋的队伍凝聚力空前加强，而这时候郭子兴也听说了李善长的名声，想将他召来为自己所用。但是李善长却坚持跟随朱元璋，以自己才疏学浅为由推辞，拒绝了郭子兴的邀请。

李善长当然不仅仅是大管家，有时候他还显示出自己的军事才能。有一次，朱元璋带领主力出战，只留下了一些老弱病残给李善长留守。结果元军突然来袭击，李善长设巧计击退了元军。事后，朱元璋连连称赞他的才干。

朱元璋的成功有很多因素，一个不可或缺的重要因素，就是他手下有一帮能干的文武人才。正是在这些人才的帮助下，朱元璋才得以攻城略地，实现自己的宏伟蓝图。

至正十四年（1354年）七月，朱元璋带兵攻打滁州。这支军队的先锋乃是朱元璋麾下的猛将花云。花云在民间名声赫赫，在小说《明英烈》中也是一个重要角色。朱元璋和花云会同几名骑兵先行，突然遇到了数千名元军围攻，花云高举手中长矛保卫朱元璋，然后又拔剑出鞘，骑马飞驰到敌军阵中。元军看到这个黑面大汉，纷纷躲避，口中连连惊呼："这个黑将军太勇猛了，不可与他争锋啊！"朱元璋的大队人马乘机攻占了滁州城。

朱元璋打下滁州不到一个月，彭大和赵均用派人来督促朱元璋分兵把守盱眙和泗洪一带，作为濠州的屏障。不过，这一次朱元璋并没有听从他们的指令，他找理由推辞，迟迟不动。没过多久，濠州城内彭大和赵均用发生了内斗，双方死伤惨重，彭大也被杀死，他的儿子彭早住继承了鲁淮王之位，但也只不过是赵均用所控制的傀儡而已。赵均用俨然成了濠州城之主，郭子兴也只能仰其鼻息，夹起尾巴来做人。

朱元璋担心老丈人的安危，派人到赵均用那里恩威并用，进行说和，而赵均用也忌惮于朱元璋的实力，暂时不敢对郭子兴动手。

郭子兴乘机带着手下万余人逃离濠州，来到滁州投奔女婿。郭子兴在朱元璋陪同下检阅了三万人的军队，他看到这支军队号令严明、盔甲鲜明、训练有素，心中十分欢喜。

郭子兴这人也是越老越糊涂，才来到滁州没有多久，心中就生出了许多疑虑。他心想，自己现在虽然投奔女婿，但毕竟也是寄人篱下，女婿的军队如此强大，和自己的人马相比有天渊之别，女婿会怎么看待自己？女婿心中还有自己这个老丈人和大元帅吗？

恰巧，郭子兴手下的一些将领也对朱元璋充满了嫉妒，他们一起进谗言，说朱元璋作战不力，而且对郭子兴多有怨言，瞧不起郭子兴这个大帅。郭子兴耳朵根子本来就软，众口铄金，三人成虎，大家都这样说，就不由得他不信了。他开始对朱元璋多有猜忌，渐渐剥夺他的兵权，而且还将他的属下抽调到了自己帐下使用。

郭子兴开始向朱元璋要李善长，李善长向朱元璋表达了自己决不离开的意志。朱元璋也深受感动，他向李善长问计，如何摆脱目前的困境。李善长建议他通过夫人马氏向小张夫人说说情，然后李善长又去买通郭子兴手下的将领。

朱元璋听了之后，连连点头称妙。尽管郭子兴步步紧逼，朱元璋却没有半句怨言，他对老丈人更加恭敬有礼。马氏将自己的全部积蓄都用来"孝敬"了小张夫人，而李善长也通过来回运作，说服了郭子兴手下很多将领，大家也渐渐改变了对朱元璋的态度。在众人的努力下，郭子兴对女婿的态度有了大大的改观。

第二章 / 投红巾由兵为帅 /

至正十四年（1354年）十一月，赵均用和孙德崖驻守在六合的军队遭到了元朝丞相脱脱大军的围攻，形势十分紧急。万般无奈之下，二人派出使者来到滁州求救。朱元璋隔着城门和来使交谈，然后请示郭子兴是否开门放人进来。郭子兴本来对赵、孙二人就有旧冤，此刻说什么也不让使者进城。朱元璋耐心地向老丈人分析利害，他指出六合与滁州相邻，唇亡齿寒，如果六合落入元军手中，滁州也难以守卫，千万不能因为个人恩怨耽误了大局。

在朱元璋苦苦劝解下，郭子兴才答应了救援六合之事。到了第二天升帐议事，平时那些侃侃而谈的将领们，此刻都成了缩头乌龟，没有一个敢主动请缨救援六合，还是朱元璋主动请求带兵前往。郭子兴知道此去凶险，建议女婿祈祷神灵并占卜吉凶。

朱元璋却笑着说："凡事可行与否，都是依据道理来决断，不必去问神灵！"

朱元璋带上耿再成等几名亲信将领出发了。朱元璋带着人马到了六合外围，在瓦梁搭建堡垒，目的在于和六合守军相互呼应。元军围困六合的军队至少有十万之众，他们精锐善战，朱元璋的堡垒几次差点儿被元军拿下。朱元璋这下明白六合是难以援救了，还是先脱身为妙。但是元军骑兵居多，自己带兵退出，必然会被追击，从而损失惨重。到底怎么样才能全身而退？朱元璋在苦苦思索着。

第二天，元军的阵前出现了一幕奇观：上万名杀气腾腾的元军看到红巾军阵中只有几十个妇女，她们各个身强力壮，尤其是嗓门儿很高。她们用最恶毒、最难以入耳的语言咒骂元军。元军哪里见过这种场景，他们暂时忘却了进攻，远远围观这一怪事。

这时候，朱元璋的营垒之中放出了一群牛，妇女在其中追赶，而两旁是士兵们在护卫。就这样，朱元璋的军队大摇大摆，旁若无人地从元军眼前走过。元军之所以没有敢于立刻追赶，是因为摸不清楚对方的状况，他们也由此错过了最佳的追歼机会。

等元朝将领明白过来之后，立刻命人追击，但是朱元璋已经在撤军的路上为元军准备了一份大礼。他在离滁州城不远的山涧旁边设置了伏兵，命耿再成带人引诱元军来追赶。等到元军前锋过了山涧之后，朱元璋亲自率领伏兵杀出，将元军杀了一个措手不及。大批元军丢盔弃甲，狼狈而逃。

这一战充分展现了朱元璋的军事才能。胜利之后，朱元璋并没有骄傲，他冷静分析局势，觉得下一步滁州极有可能成为元军重点打击的目标。于是，他未雨绸缪，命一些滁州百姓带着粮食还有先前缴获元军的马匹一起归还给元军。他还让人带话给元朝将领："滁州现在的军队是百姓们为了自保而建，一直听从朝廷号令。之前有人去六合，是因为听信了谣言，把朝廷军队当成了叛匪。滁州城内是顺民，将军应该集中精力攻打高邮的巨寇，为何分兵攻打我们善良百姓呢？"

元军将领知道这是谎言，但是现在整个元朝遍地狼烟，官兵们疲于奔命，已经无力应对。多个敌人多堵墙，反正朝廷现在也不把这伙贼人当成重点剿灭对象。于是，元军将领也就睁一只眼闭一只眼，解除了对滁州的包围，滁州的危机得以暂时化解。

六、苦难尽终为大帅

朱元璋在义军中崭露头角，乃至他日后的成功，都与他的努力和天分密不可分。此外，也正如我们前文所说，他的妻子马氏也起到了很大的作用。

马氏不仅仅贤惠，以一个贤妻的标准严格要求自己，在生活上对朱元璋照顾得无微不至，同时，她还极有见识，经常能为丈夫出谋划策。

朱元璋在军务上有一些拿不准的事情，经常会找妻子商议。朱元璋从军后，抱有安民平天下之志，但是仗打了不少，天下依然纷乱，不知道何时是尽头。朱元璋焚香祷告，希望能感化上天，早日降下圣主解救受苦受难的苍生百姓。同时，他也希望那个圣人就是自己。

马氏看到这些，她对丈夫说："现在天下群雄并起，天命还不知道最终归属到谁身上。但是我觉得要成功，一定不能乱杀人。对于困难者，我们要帮助；对于危难者，我们要救助；对于生活困难者，我们要救济。只有这样，我们才能凝聚人心，而民心所向，就是天命所归。有一些人只晓得杀害无辜，掠夺财物，这些人一定会受到上天的惩罚，还谈何夺取天下！"马氏的这一番见识不俗，让朱元璋十分欣赏，此后他的所作所为也正是按照妻子的建议行事的。

朱元璋带兵出征，一般都会将军中重要文书交给马氏保管。马氏也管理得井然有序，不管朱元璋何时问起，都能对答如流。在战争闲暇时，马氏带领着女眷为前方打仗的战士们缝补衣服。在朱元璋大军南渡长江的时候，马氏担心元军会乘机攻打后方，她不等朱元璋下令，就携带将士们的家眷向南转移。后来，果不出她所料，元军突然袭击后方，家眷们因为她的先见之明而躲过一劫。

马氏还有一个重要贡献，就是她为朱元璋抚养了二十多个养子。这也是朱元璋学习历史上一些成功皇帝的先例，让这些养子作为心腹安插在各处战略要地，用以加强对将帅官员的监督。朱元璋的这些养子多是能征善战之人，其中佼佼者有朱文正、李文忠（朱文忠）、沐英、平安等人。

朱元璋在滁州驻军的时候，经常思念自己失散的亲友，派人四处寻找。后来得到的消息是二哥朱重六已经故去多年，只剩下一个寡嫂，而二姐和三哥也离开了人世。朱元璋感到十分难过，当年父母养育他们兄弟姐妹六人，如今只剩下他一人在这孤独的人世间。不过，略微让他感到一丝安慰的是：至正十四年（1354年）十月，大嫂带着侄子朱文正和侄女从淮东赶来投奔。朱元璋对大哥朱重四的为人虽然心有不满，但是朱文正毕竟是朱家仅存的幼年男性，在离散了整整十年之后，看到朱文正已经成长为健壮的小伙子，朱元璋不禁热泪横流。喜事接踵而来，这一年十二月，二姐夫李贞和其子也来投奔朱元璋。保儿当年只有十五岁，还比较怕羞，没有见过什么世面。当他看到舅舅那一身华丽的衣服的时候，觉得十分喜欢，就上前拉住朱元璋的衣角。朱元璋感慨不已，脱口而出："外甥见舅如见娘！"说完之后，一时哽咽无语。朱元璋见外甥幼年丧母，对他十分怜惜，就将他改姓为朱，取名文忠，也将他收养为自己的养子。

尽管当时的朱元璋只有二十六岁，但是他对朱文正和朱文忠[①]这两个孩子的教育十分投入。在教他们读书习武之外，朱元璋还让他们跟随自己历练军政事务，而在生活起居方面，则由马氏全面负责。

说起养子沐英，那可是明初大名鼎鼎的风云人物。他幼年身世孤苦，与朱元璋很相似。沐英是定远贫苦农户之子，父亲早逝，他跟随母亲艰难度日，家境十分贫寒。至正十一年（1351年）五月，由于江淮之间红巾军和元军的战事不断，为了躲避战祸，百姓纷纷流离失所。母亲带着沐英逃难，可是不久她就死在了逃难路上，只留下沐英一人孤苦无依。至正十二年（1352年），八岁的孤儿沐英流落到了濠州城，朱元璋见他身世可怜，不禁想起了自己的经历。正好当时朱元璋和马氏膝下无子，夫妻二人便将沐英收为养子。朱元璋夫妇对沐英视同己出，教他识文断字的同时又教他武艺兵法。就这样，沐英跟随朱元璋南征北战，在战斗中不断学习成长，终于成了一名卓越的军事将领，为大明王朝的建立和稳固立下了赫赫战功。

除了这三位比较有名的养子之外，朱元璋膝下还有平安、道舍

第二章 / 投红巾由兵为帅 /

---

① 1366年，杭州平定，朱元璋留朱文忠镇守杭州，就地加封他为荣禄大夫，浙江等处行中书省平章政事，并恢复李氏之姓，从此更名李文忠。后文叙述中多用李文忠。

（何文辉）、柴舍（朱文刚）、马儿（徐司马）、金刚奴、也先、买驴、真童、泼儿、老儿、朱文逊、王驸马等。这些义子长大成人后，朱元璋命他们协同诸将分守各处要津。

朱元璋在滁州期间遇到了一件烦心事，那就是老丈人郭子兴也不知道哪根筋不对，竟然想学别人在滁州称王，当一回土皇帝。

朱元璋听到之后十分焦急，他知道现在的局势就是枪打出头鸟，称王意味着就要成为元朝廷的重点剿灭对象，他连忙找到郭子兴进言道："大帅，这件事应该从长计议。滁州四面环山，过于狭小，不是久留之地。等到我们占领了大一些的城池，再考虑此事不迟啊！"郭子兴见女婿极力反对，也只好暂时收起了这个想法。

此事一解决，朱元璋松了一口气，接下来一个将领的投奔让他欣喜不已。此人十分奇特，首先，就是他的相貌，此人面黑臂长，状如铁塔；其次，他的身世也十分奇特，他的祖籍竟然不是中原，而是那万里之遥的波斯国；此外，他还是一位色目人的后裔，不过到了他这一代，已经被同化成了中华之人。此人就是虹县人胡大海，他原来以卖油条为生，只是小本生意没有多少发展，在乱世之中，胡大海空有一身本领，却无处施展。在投靠了朱元璋之后，胡大海才得以展示自己的能力，他虽然大字不识一个，却为朱元璋举荐了刘基、宋濂等名士。此外，胡大海治军也是十分严明，他经常挂在口头的话就是："我曾是个武人不知书，但我知道三件事：不乱杀人；不掠夺妇女；不焚烧百姓住所。"

胡大海对朱元璋一片至诚，忠心耿耿。有一次，胡大海的一个儿子因为违反军中不得私自酿酒的规定，要被判处死刑。胡大海当时在外作战，有人就劝说朱元璋从轻发落，可是朱元璋对军纪要求十分严厉，他说："我宁可让胡大海背叛我，也不能使法令不执行。"说完，他亲手处死了胡大海之子。胡大海对于朱元璋的决定并没有怨恨，而是深明大义，十分支持。只可惜，后来胡大海死于叛军之手，如果他能活到明朝开国之后，也是可以封公爵的人物。

回过头来，我们再说滁州城里的朱元璋。至正十三年（1353年）春，滁州城内人马众多，但是粮草却十分有限，一群人坐吃山空，导致了粮草危机。郭子兴连忙召集众人商议下一步的发展方向。有的将领建议攻打六合，有的说向西攻打富庶的庐州，还有的建议杀回濠州灭掉赵均用。对于众将的意见，朱元璋都不赞同，他还是坚持他的想法，那就是向南发展，夺取金陵。但是这只是一个长远目标，需要一步步来完成。想到这里，朱元璋欲言又止。

这次讨论会并没有得出一个统一结论，于是郭子兴又召集诸将再一次讨论。不过，这一次朱元璋推辞说有病，没有参加。郭子兴知道女婿主意多，再三派人来请，朱元璋推托不过，只好参会。郭子兴让女婿表态，朱元璋只好说出了自己的想法："向其他地方发展是对的，我十分赞成。但是六合现在归附了张士诚，他势力强大，我们现在还不能碰。庐州方面，元军防守严密，无懈可击。而濠州是红巾军地盘，不可内斗，让元军有机可乘。现在看来，只有和阳可以攻打。不过，和阳城虽小却十分坚固，所以我们要用计智取。"

郭子兴问如何智取？朱元璋胸有成竹地说："我们先前攻打琅琊山民寨时，得到了三千多件写着'庐州路义兵令'的号令牌。我们可以挑选一些精兵化装为庐州路义兵，然后准备假的印信，带着军资去和阳，偷偷进城内去。然后，我们再派出一路人马，悄悄尾随其后，等前队人马进城后，来一个里应外合，就可以攻下和阳了。"众人听了之后，连连称赞此计甚妙。

郭子兴派出自己的小舅子张天祐带人化装先进入和阳，然后命耿再成带一路人马随后接应。于是，这些人按照朱元璋的布置，带着鸡鸭牛羊等慰问品，穿着所谓义兵的衣服出发了。和阳方面的元军听说有人来慰问，自然十分热情，直接出城来迎接了。他们在城外大寨热情款待张天祐的队伍，不过，问题来了，张天祐带人在这

第二章 ／投红巾由兵为师／

边胡吃海喝，侃大山吹大牛，却忘记了自己的使命，又没有及时派人去联络耿再成，耿再成这边等得焦急，就失去了判断。耿再成以为张天祐已经入城了，至于为什么没有派人发消息，肯定是遇到了麻烦。想到这里，耿再成再也坐不住了，他带兵立即杀到了和阳城外。

和阳城的守将是脱脱的弟弟，元朝河南行省平章也先帖木儿。手下人飞报说有贼军来攻城。也先帖木儿连忙命手下紧闭城门，然后派出一队精兵迎战。耿再成作战不力，受伤中箭，红巾军抵挡不住元军进攻，纷纷败退。眼看朱元璋的计划就要因为张天祐的失误而彻底失败了，这时张天祐从酒醉中醒了过来，想起自己的使命并不是来这里做客吃饭，而是要攻城打仗。想到这里，张天祐命手下兄弟们给追击的元军一顿痛击。元军这才知道这伙打着庐州义兵旗号的所谓友军是化装的，便打算撤回城内死守。如果元军成功撤回，朱元璋的计划将彻底失败。张天祐深知利害得失，于是带人拼命追赶元军，竟然赶在元军前面冲到了小西门。城上的守军还没有来得及放自家人入城，眼见红巾军杀来，赶紧往上拉吊桥。关键时刻，汤和以飞一般的速度冲了上去，挥手一刀将吊桥绳索砍断，就这样，张天祐带人从小西门杀入了和阳城内。城内元军的人数不到千人，不是红巾军对手，一番激战后，也先帖木儿逃跑，和阳落入了红巾军之手。

和阳被攻下的消息还没有传送到滁州，朱元璋担心事情有变，便打算亲自带兵去攻取和阳。等到了和阳，才发现和阳已经被攻下，一时间欣喜不已，派人回滁州报捷。

然而，喜事之余也有坏事发生。张天祐在夺取了和阳之后，他没有想过如何在此立足固守，还是按照自己以往的土匪习气行事，下令手下进行抢劫搜刮财物。相形之下，朱元璋对部下严格约束，出榜安民，城中的人心才得以暂时安定。

不久，元军又来进攻，打算夺回和阳。朱元璋干脆带兵杀了出来，将元军打了个落花流水，追赶了很远才回城。郭子兴见和阳已经稳稳握在了自己手中，十分高兴，将女婿封为了总兵，镇守和阳，和滁州互为支援。

朱元璋虽然升职，却高兴不起来。原来，他这一次带来和阳的将领很多都是郭子兴的老部下，大家的资历都比他老，对他有些不服气。为了试探众人的反应，朱元璋暗中命人将议事厅的座位换成了一个长长的木榻，这样一来，众将议事就只好坐在一起了。

到了议事的那天，朱元璋召集众将。诸将落座完毕，只剩下最左边的一个座位为他留着。元朝时期，以右为尊，左为末席。这意思很明显了，大家都不服气朱元璋这个总兵。

朱元璋也不恼怒，像没事人一样径自坐在了末席。开始议论军事了，那些"抢位王"们，说起正事来却一个个结结巴巴或者闭口不言，说不出个所以然来。只有朱元璋落落大方，侃侃而谈，将当前的军事形势分析得十分透彻。诸将这才对朱元璋有些佩服。

朱元璋深知要让众人心服口服，只凭口才不行，要付出实际行动。他召集众将商议城池防守事宜，最终决定要加高加厚城墙，于是，他命各将领负责一段城墙的维修，规定日期内必须完成。到了工程交工的时候，各个将领负责的那一段都没有完成，只有朱元璋亲自负责的城墙修缮完工。朱元璋知道整治众将的机会到了，他召集大家来议事厅开会，众将也知道自己的工程没有完成，心中有一些发虚。正在他们小声嘀咕的时候，朱元璋进来了，他满脸怒容，命人搬来一把椅子，坐在了首席。然后朱元璋命人拿出了郭子兴的任命文书，他十分严厉地大声说道："我这个总兵是大帅亲自任命的，既然担任这个职务，就要对和阳城军政事务负责到底。什么事情都要有规矩，如果各位以后都像维修城墙这样玩忽职守，以后怎么得了！"说完之后，朱元璋与众人"约法三章"，申明了军纪，诸将听了之后，纷纷表示日后一定听从总兵指令。

军纪严明之外，朱元璋也十分重视安民和民心所向。张天祐在攻进和阳的时候，烧杀抢掠，做了不少坏事，也害得不少百姓家破人亡，妻离子散。有一次，朱元璋发现一个七八岁的孩子站在他的府门外，不停地向里张望，他十分好奇，就上去询问，那孩子说在等自己的爹爹。"你爹爹在哪里？"朱元璋问道。"在军中养马。"小孩儿怯怯地回答。朱元璋又问他娘亲何在，孩子哭着说："我娘被人收入军中已经很久了，她和爹爹不敢相认，只能假说是兄妹。我不敢进去，又想念双亲，因此在此偷偷等候。"这一番话让朱元璋不禁想起了自己的悲苦经历，心中酸楚不已。朱元璋立即召集众将，严厉训斥，如果有人掠夺别人妻女，导致夫妇离散的，必须立刻放回去。如果胆敢违抗命令，严惩不贷。诸将知道朱元璋令出必行，只好按照他的命令来做。

到了第二天，朱元璋将城中男子和被掠夺的女子集合在一起，让他们彼此相认。于是，夫妇相认，许多家庭得以破镜重圆。经过此事，城中百姓也对这位朱总兵纷纷称赞不已，民心得以稳定。

至正十五年（1355年）二月，十万元军突然来进攻和阳。朱元璋带着城内一万多将士苦苦坚守三个月，他不仅坚守孤城，还时常带人出去攻打元军，到了酷暑之际，元军也难以支撑，就主动撤军了。这一次，多亏了朱元璋事先派人修缮城池，稳定民心，否则十万元军很容易就攻下小小的和阳城。不过，经过这一番激战，和阳城也粮草耗尽，朱元璋只好寻求向外发展。

当时，和阳周围的形势十分严峻。元朝太子爱猷识理达腊、枢密副使和民团元帅陈野先在新塘、高望、青山、鸡笼山等地驻防，随时都有可能进攻和阳。朱元璋知道坐守孤城不是长久之计，他主动出击，攻下了附近的一些元军营寨，并获取了敌人的粮草，和阳城的粮草危机才得以缓解。在朱元璋进攻鸡笼山的时候，元军再一次乘机攻打和阳，多亏了李善长带兵设伏将他们击退。

和阳外围的元军撤退后不久，濠州城孙德崖的部队也在闹粮荒，他听说朱元璋在和阳发展得不错，于是带着人马来和阳求助。孙德崖让部队驻扎城外，自己来见朱元璋，说住几个月就走。朱元璋担心其中有诈，本想拒绝，又担心孙德崖人马众多，会激怒他，进而引发冲突。于是，他只好暂时答应下来。滁州城的郭子兴得到了消息，说女婿竟然接纳了自己的死对头孙德崖。他没有仔细打听，就火冒三丈，不由分说地带着人马赶往和阳。朱元璋得知消息，预计郭子兴夜晚时分到达，他对部下说："大帅这次来问罪，估计夜间可至。有消息一定禀报给我，我亲自开门迎接。"果然，郭子兴夜间到了和阳，敲打城门要进入。恰好守城官兵和朱元璋有矛盾，他并没有预先通报朱元璋，就自行开门迎接郭子兴。郭子兴在府中坐定后朱元璋才得到消息，他连忙赶来拜见岳父。朱元璋见郭子兴脸色铁青，一言不发，正在生着气。朱元璋也不说话，只是跪下请罪。郭子兴叱问朱元璋是否知罪，朱元璋不急不躁，冷静地为岳父分析当前的形势："孙德崖虽然过去与大帅有仇，但是现在他人马众多，一旦打起来，我们不一定是对手。"郭子兴听了这话，才知道有些冤枉了女婿，朱元璋并没有和孙德崖勾结一气。

郭子兴气消了很多，不过，郭子兴连夜赶到和阳的消息传到了孙德崖那里。孙德崖也十分惊惧，连忙找到朱元璋对他说："你岳父来了，我得到其他地方去了。"朱元璋知道事情不妙，暗中派人禀告岳父，让其早做准备，另一方面，他又问孙德崖为什么走得这么急。孙德崖回答道："我和你的岳父无法相处，所以才要走的。"朱元璋仔细观察孙德崖的表情，看不出他有什么异常，于是顺水推舟说道："两军守城，现在一军全部离去，恐怕有人会借机生事。你应该留在后面，让军士们先行离去。"孙德崖也感念朱元璋救济粮草之恩情，又见他这番话说得有理，就答应了下来，他让自己的部队先行撤离，自己在后面压阵，这样才避免了与郭子兴部队发生

第二章 / 投红巾由兵为帅 /

冲突。

不过，该发生的还是发生了。孙德崖军中一位熟人邀请朱元璋去送一下他的朋友，朱元璋看到孙德崖在旁边，也不便拒绝，就答应了下来，带着耿炳文和吴祯出城相送。朱元璋见出城已经有一段距离了，就打算告辞回去。没想到这位熟人再三相劝，邀请朱元璋陪着自己再送一下朋友，于是朱元璋又送了一段。就在这时，一匹快马从城中飞驰而来，报告朱元璋说城内两支队伍已经交手了，死伤惨重。朱元璋知道情况紧急，连忙翻身上马，飞奔回城。可是，孙德崖军中部下看到这一幕，大喊捉拿朱元璋，于是，一帮人在和阳城外大道上纵马追逐朱元璋。一开始的时候朱元璋的马飞快，将这些追兵远远甩在了身后。不料，在快到和阳城的时候，迎面来了几百个人，个个手持刀枪，拦住了去路。这些都是孙德崖的部下。朱元璋急忙抽刀准备迎战，却发现自己忘记佩戴刀剑了，他只好单骑闯入对方阵中，才发现有一些是认识的友人。这些人没有伤害他，但是有一人抓住他的马缰绳不放，质问他："你们城中的士兵为什么杀害我们的兄弟？"朱元璋说："我因为送朋友出城，城中之事我不知道。"众人不听他解释，拉着他的马就往前走。朱元璋说："你们这么多人看我一个人，何必如此呢？"有一个熟人说："松开他的马缰，一起前行也不妨。"朱元璋见别人放开了缰绳，心想，这正是逃离之际，便连忙用力抽打坐骑，马狂奔而去。身后众人紧追不舍。朱元璋虽然身着盔甲，但还是被身后的追逐者用枪尖刺伤，身上血迹斑斑。追赶了有十几里路，朱元璋的坐骑被刺中，翻身落马被追兵团团围住。众人举枪打算刺杀朱元璋，千钧一发之际，一个与朱元璋交情不错的朋友拦住了众人。朱元璋才得以从地上爬起，友人让他同骑一匹马前行。走了大概十五里，他们会合了之前出城的大部队，孙德崖的弟弟看到朱元璋，十分恼怒，给他套上了枷锁，还一边骂一边打算抽刀砍杀朱元璋。危急时刻，有一个与朱元璋有旧交的张姓友人上前抓住了他的手腕，对他说："现在孙大帅在和阳，生死未卜，万一他没有事，先杀了朱公子，郭元帅肯定不能饶过孙大帅。不如我们留着朱公子做个人质来交换孙大帅。"就这样，朱元璋又躲过一劫。张姓友人飞奔入和阳城，他看到孙德崖戴着锁链，正在和郭子兴对案而饮，于是他回来向孙德崖的弟弟如实禀告："您兄长安然无恙，我们不能伤害朱公子。"但是，孙德崖部下还愤愤不已，打算谋杀朱元璋。为防万一，这位张姓友人夜间就与朱元璋同寝，以便守护。

第二天，这支队伍行进到了麻湖边，朱元璋被扣押在湖中的小岛上过了一夜。次日，朱元璋被挟持到了船上。行进之中，徐达等几人奉郭子兴之命来到，他们说要以孙德崖交换朱元璋。孙德崖的弟弟一开始不同意，经过那位张姓友人极力斡旋，才最终达成了协议。徐达留下，然后交换朱元璋先回和阳，郭子兴等到朱元璋到达，然后放孙德崖出城，换回徐达回城。经过这番安排，朱元璋终于脱离险境，回到了和阳，一场冲突至此平定。

不过，郭子兴本来是想消灭孙德崖，以报仇雪恨。没想到女婿朱元璋被扣押，只好为了解救他而换人，眼看着仇人安然无恙地出城。郭子兴闷闷不乐，后来甚至夜不能寐，以致郁闷成病，在这一年五月病死了。

综观郭子兴一生，也算是一代豪杰，他最大的功绩就是提拔了朱元璋。当然，朱元璋也没有忘本，后来追封老丈人为"滁阳王"，建庙祭祀。朱元璋又娶了郭子兴和小张夫人生的女儿，她为朱元璋生下蜀、谷、代三王，被称作郭惠妃。

郭子兴死后不久，他的冤家孙德崖竟然派人来到滁州。当然，他这次来不是学那诸葛亮吊孝哭周瑜的，他是来找郭天叙商量事情的。郭天叙听了这个事情之后，不禁暴跳如雷。是什么事情？原来，孙德崖竟然想接管郭子兴的部队。

第二章 / 投红巾由兵为帅 /

郭天叙自己也拿不准主意，就派人到和阳给妹夫朱元璋送信，让他给拿个主意。朱元璋让郭天叙转告孙德崖，他们早晚要离开老家向南方发展，所以无法接受孙德崖的"美意"！

孙德崖得信后，也就死了这份心。话说北方的刘福通龙凤政权创立后，急需各方豪杰支持。恰好他们也得知了郭子兴病逝的消息，于是刘福通和杜遵道派人来到滁州、和阳来安抚这支红巾军队伍。张天祐想攀高枝，于是就跟随龙凤政权的使者去了亳州，接受了小明王韩林儿的册封。张天祐从亳州回来，也带回了小明王的旨意：册封郭子兴之子郭天叙为都元帅，张天祐为右都元帅，朱元璋为左都元帅。张天祐还宣布以后一律要用"龙凤"年号，奉小明王为宗主。

朱元璋虽然做了元帅，这一天的到来对他来说也确实不容易。从投军时的一无所有，到现在一步一个脚印，苦尽甘来，才做到了一方元帅。但是他只是这一支队伍的第三把手，一切行动还要听从郭天叙和张天祐安排，这也让他内心十分不满。在接受封号的时候，他脱口而出："接受封号就要听从别人指挥，大丈夫岂能处处受制于人？"这是朱元璋的内心表白，这句话压抑在他心中也很久了。不过，虽然他是这样说了，但是内心却很明白：现在的形势是自己的队伍还不够强大，先接受小明王的封号，可以利用他的旗帜为自己掩护，借助其威望发号施令。于是，他还是和郭天叙、张天祐一起接受了这个封号。从此，朱元璋也正式成为韩宋政权属下的一名统帅了。朱元璋虽然名义上位列第三，但是按照他的功绩和威望，实则是和阳红巾军的领导者。郭天叙年轻，缺少经验和功绩；而张天祐只是一介武夫，缺乏谋略。所以，朱元璋也没有把这两个人放在眼里。

这时，又有两位将领加入了朱元璋的队伍，使得朱元璋如虎添翼。第一位名叫邓愈，原名邓友德，本是虹县龙须里人。其父邓顺兴，重视气节，讲究信义，武艺高强，因此被乡民们推举为团练，组织团兵保境安民。邓友德魁梧健壮，自幼勤练武艺，怀有平定天下之志向。因为元朝官府黑暗，邓氏父子的这支队伍开始与官军作战。在至正十三年（1353年）的一次战斗中，邓顺兴死于元军之手，邓友德的兄长邓友隆接管了这支队伍。不久，哥哥病逝，时年十六岁的邓友德接过兵权，率领人马与元军作战。他足智多谋，每次战斗都冲锋在前，颇有拼命三郎的气势。他的勇猛在元军中都广为传播。泗州和灵璧等地的百姓闻风归附，纷纷寻求他的保护。至正十五年（1355年），十八岁的邓友德听说了朱元璋的大名，带领手下前来投奔。朱元璋十分欣赏这位少年英雄，对他十分信任和器重，亲自为他更名为邓愈，并且任命他做行军总管。邓愈本身富有亲和力，和诸将相处得不错，因此全军上下都很喜欢他。

　　第二位投奔朱元璋的豪杰名叫常遇春，怀远人，出身于贫苦农民之家。他不甘心一辈子做个农夫，于是就跟人学习武艺。因为家贫无力支付学费，他就靠多干活儿来赚钱学艺。常遇春为人刚毅直率，富有勇力，双臂长如猿猴，而且射术高超。元末乱世，群雄并起。常遇春因不满生活现状，立志在乱世有所作为，于是投奔活动于怀远、定远一带的绿林大盗刘聚。刘聚见常遇春有勇力，就让他当十夫长，并引为心腹。常遇春经常跟随刘聚拦路抢掠，入宅为盗。最开始他觉得十分新鲜，既能大碗食肉，又能分得银两，颇有些梁山好汉的潇洒。但是数月之后，常遇春发现刘聚只知打家劫舍、四处抢掠，并没有什么打算或远图，他就萌发出脱离刘聚、另寻出路的念头。直到有一天，常遇春听说了朱元璋的威名，就下定决心要来和阳投奔。经过长途跋涉之后，常遇春感觉十分劳累，在和阳城外的田间倒头就睡。睡梦中，他隐隐看到一个身披金甲、手持盾牌的神将。这名神将对他高喊："快起来，你的主人来了！"常遇春惊醒，才发现这是南柯一梦。不过，巧合的是，这时候确实有一队人马经过此处，而且更神奇的是，他们所打的竟然就是朱元璋的旗号！队伍前面，有一个年轻将领相貌不凡,常遇春心想,此人应该就是朱元璋本人。于是,他连忙上前向着朱元璋跪拜,请求归附。到了城里之后,朱元璋想试探一下他,就故意说:"你是不是因为吃不上饭了才来投靠我,如今你还有旧主在,我怎么能夺人之将?"说完,就命手下人准备一些粮食送给他,让他回去。常遇春十分委屈,他流泪说道:"刘聚本是一个盗贼,他胸无大志,危害百姓。我只想为英雄效力,虽死犹生!"朱元璋见他表露真心,心中暗喜,他又问:"你能跟随我渡江吗?如果能夺了太平路,你再向我表忠心不迟。"常遇春当即应允下来。当然,朱元璋对他的才能还有些许怀疑,直到后来攻取采石矶的时候,常遇春才一鸣惊人,一战成名。

常遇春在明朝开国过程中大显身手,是仅次于徐达的一代名将。他个性鲜明,常常对人说,如果给他十万兵马,他就可以纵横天下,所以别人也称呼他为"常十万"。他善于率领部下,冲锋陷阵未曾有过失利,是著名的"常胜将军"。他虽然不精通兵书、史书,但是,无师自通用兵如神,颇有古代名将之风范。他好勇斗狠,在战场上喜欢与对手单挑,还经常长驱直入敌阵。但是另一方面,常遇春又是讲道理的。有一次,常遇春在金华,他的部将因为骚扰百姓,被金华地方官王恺捉拿治罪。王恺命令将犯人捆绑,然后在金华街市上当众责打。常遇春听说了此事,就找王恺理论。王恺十分严肃地说:"百姓是国家根本。如果责打一个部将能让百姓安居乐业,不也正是将军您追求的吗?试问,这又有什么错呢?"听完了这话,常遇春冷静下来,连连向王恺道歉。

常遇春参与了明朝建立前后几乎所有关键性的大战役,而且都取得了胜利,朱元璋也盛赞他:"开拓之功以十分而言,常遇春居其七八。"当然,这样一位震古烁今的名将也有着鲜明的性格弱点,这一点我们也将在后文提及。

大明王朝
诞生记

第三章
占应天稳固根基

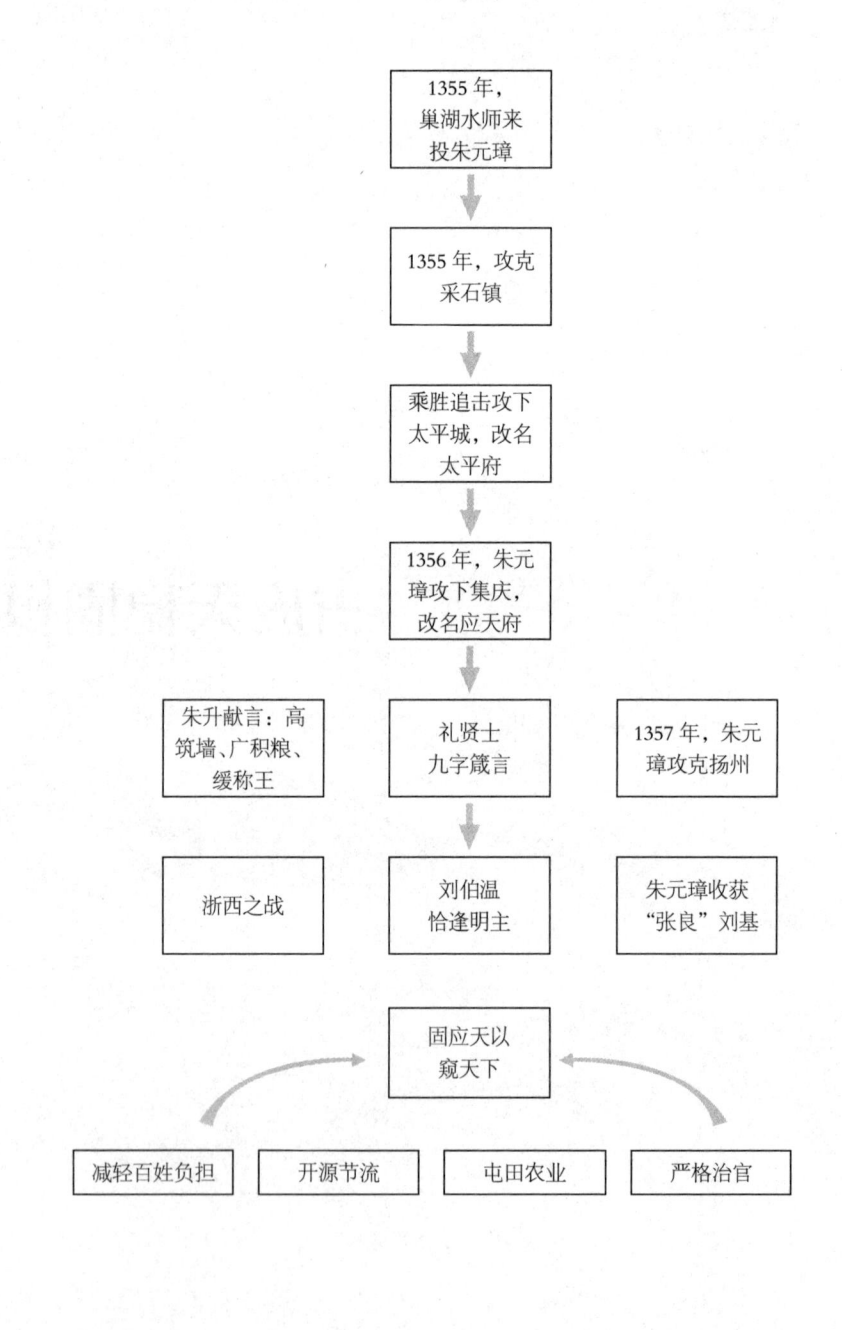

```mermaid
flowchart TD
    A[1355年，巢湖水师来投朱元璋] --> B[1355年，攻克采石镇]
    B --> C[乘胜追击攻下太平城，改名太平府]
    C --> D[1356年，朱元璋攻下集庆，改名应天府]
    D --> E1[朱升献言：高筑墙、广积粮、缓称王]
    D --> E2[礼贤士九字箴言]
    D --> E3[1357年，朱元璋攻克扬州]
    E1 --> F1[浙西之战]
    E2 --> F2[刘伯温恰逢明主]
    E3 --> F3[朱元璋收获"张良"刘基]
    G[固应天以窥天下]
    G --- H1[减轻百姓负担]
    G --- H2[开源节流]
    G --- H3[屯田农业]
    G --- H4[严格治官]
```

一、巢湖师雪中送炭

朱元璋在得到了众多人才之后，心中十分欣喜，但他也有深深的忧虑。

朱元璋的大军局限于小小的和阳城内，随时都要面临粮草耗尽的危险，只有越过长江拓展自己的生存空间，才有一线生机。毕竟富庶的江南是最为理想的根据地，这也是之前冯国用所指出的最佳战略。但是，渡过长江要面临两大困难：其一，朱元璋没有足够的船只来渡江；其二，对岸的元军防守严密，实力不容小觑。

至正十五年（1355年）五月初二，朱元璋在议事厅内来回踱步，看上去十分焦躁不安。为了渡江战船的事情，朱元璋想尽了办法，可是事情还是没有眉目。如果不能渡过长江，开拓新的根据地，自己势必要被元军或者其他红巾军消灭掉。他为此日夜焦虑忧愁。正在他烦恼之时，突然有人带来了一个好消息：巢湖水寨有人来求见。朱元璋觉得自己恍如在梦境之中，想要什么就来什么！他赶紧嘱咐手下请人入内。

来人名叫俞通海，是巢湖水寨派来联络投靠朱元璋的。等到俞通海离去之后，朱元璋再也压抑不住狂喜的心情，他对着李善长和徐达等人欢呼："此乃是天助我也。我正要渡江，就有巢湖水师来助我，大事可成了！"

原来，这巢湖水师乃是白莲教徒所组成。元朝末年，彭莹玉的女弟子金华小姐被巢湖流域白莲教徒所尊崇。至正十一年（1351年），白莲教徒聚众起义，李普胜、俞廷玉和他的三个儿子俞通海、俞通源和俞通渊以及廖永坚、廖永安和廖永忠兄弟都是这支队伍的得力干将。另外还有赵普胜和左君弼，赵普胜骁勇善斗，善于使用双刀，人称"双刀赵"，是闻名长江南北的一员猛将；左君弼是白莲教首领，他在攻占了庐州之后割地称雄，最后又投降了元朝。

至正十四年（1354年），金华小姐战死，李普胜占据了无为州，赵普胜占领含山县。廖氏兄弟跟随着彭莹玉和徐寿辉转战大江南北，廖永坚成为徐寿辉的参政，廖永安被提拔为万户。至正十三年（1353年），彭莹玉和徐寿辉在攻打江西的时候受挫，廖永安和廖永忠兄弟二人带兵回乡，与俞廷玉父子四人以及李普胜、赵普胜等水师会合，在巢湖结寨。他们声势浩大，吸引了巢县赵仲中、赵庸兄弟以及张德胜、叶升、桑世杰和华高等人来投。这支水师拥有战船千艘，士兵万余，实力非凡。但是，他们也面临着困境，那就是庐州左君弼对他们虎视眈眈，随时都有可能吞并他们。因此，巢湖水师才决定来投朱元璋。

朱元璋对这一支投奔的水师十分重视，他知道这是自己渡江的关键力量，便亲自来到巢湖水寨接收。李普胜、俞廷玉和廖永安等人对朱元璋热情款待，他决定将这支水师尽快带出巢湖，以免夜长梦多。但在查看水道的时候，朱元璋又遇到了麻烦。如果从铜城闸、马肠河通过，就会遇到元朝中丞蛮子海牙布置的重兵，此外就仅剩下一个小河汊没有被封锁，并且水道还十分浅，大战船根本无法通过。虽然得到了千余艘战船，但是困在巢湖中无法出动，这对于朱元璋来说，可谓是五内俱焚。迟则生变，朱元璋明白这个道理，但是眼下又无法让水师进入长江为己所用。怎么办呢？朱元璋日夜思索，却也想不出办法。

人们常说，成功需要天时、地利、人和。朱元璋的困境最终还真的是依靠上天相助才得以解决。这一天夜晚，突然电闪雷鸣，瓢泼大雨从天上浇灌而下，仿佛决了堤坝的洪水，才仅仅几个时辰，借助这场大雨，河水暴涨。巢湖水师的战船得以顺利从无元军驻守的河汊通过，抵达了和阳。不过，中途也出现了一些小插曲，在黄墩时，赵普胜不见了踪影。原来，此人本无意投靠朱元璋，他听说徐寿辉从山里出来，就急忙带部下投靠徐寿辉去了。李普胜也想学他开溜，却被朱元璋得知，他将李普胜处死，以警示其他想效仿之人。

其实，朱元璋在巢湖水师来归顺之前，就已经为渡长江做了很多准备工作，他早就开始在筹划建立自己的水师。他曾经派人去引诱蛮子海牙队伍中的水师将领，让他们来自己这边互市贸易，然后乘机扣留了十九个善于操练水师的将领，恩威并用地逼迫他们归顺自己。朱元璋让他们教授自己的部下水战方法，加之巢湖水师的加入，朱元璋水上军队实力大增，他命令廖永安、张德胜和俞通海等人担任水师将领操练水师。为了检验实战效果，朱元璋亲自带领水军在峪溪口大战蛮子海牙。敌军的战船虽然高大，但是行动不方便，而廖永安等人的战船在其中穿梭如飞，来去自如，十分灵活。这一战大败元军，也增强了朱元璋的信心。

二、采石矶遇春发威

渡江的时机已经成熟，李善长高兴地对朱元璋说："真乃天助我们，现在渡江正是时机。"有不少将领也随声附和，建议直接攻打金陵。对于众人的建议，朱元璋却表示了否定意见，他说："要夺取金陵，必先从采石镇开始。采石镇是南北咽喉之地，得到了采石镇，才能进图金陵。"

很多人不明白朱元璋为何要舍近求远。从地理上来看，采石镇也就是今天的马鞍山市，与金陵有着不短的距离。如果渡江先攻打采石镇，然后再由采石镇进攻金陵，有不少绕道和迂回，不如直接进攻金陵更节省时间。然而，这样一来，金陵城并不容易攻下。金陵城的设计有不少门道：它依据长江天险而建，居高临江，曾经是东吴等六朝都城。历代进攻金陵的军队，都因为金陵城临江而建的特点，没有大片开阔的滩涂可以登陆而失败。如果前军侥幸登岸，也要面对高大厚实的城墙，而后面就是长江，援兵也很容易被敌人切断，无法完成持续进攻。

上千年了，北方的政权想直接渡过长江进攻金陵而成功者，几乎是没有的。但是如果先占领采石镇再进攻金陵，就方便得多。首先，采石镇距离金陵远，金陵的军队难以顾及；其次，登陆之前，可以分兵阻断上游的敌军；最后，采石镇攻下了，可以水陆并进，顺江而下，配合陆上军队一起进攻金陵，这才是真正攻取金陵的妙计！

拿历史上的战役来说，晋武帝司马炎灭亡东吴，大将王浑就是先夺取了采石镇，然后配合王浚攻克建业；隋朝将领韩擒虎就是先攻占了采石镇，然后攻占建康城灭亡了陈朝；北宋大将曹彬灭南唐也是取道采石镇。而距离元末最近的一次采石之战，就是南宋虞允文带人在采石镇将金朝完颜亮几十万大军阻拦在了江北。朱元璋岂能不知道这些战例？所以，朱元璋才提出首先要夺取采石镇。众将听了之后，也心悦诚服，由衷感叹主帅的战略眼光。

至正十五年（1355年）六月，朱元璋带领着徐达、冯国用、邵荣、汤和、李善长、常遇春、邓愈、廖永安等将领各自带领水师战船南下，准备夺取采石镇。当然，朱元璋对于采石之战也没有必胜的把握。因为历史上攻打采石镇并不都是成功的，金朝皇帝完颜亮就因为兵败采石镇，最终被人所杀。采石镇地形也十分险要，它绝壁临空、水流湍急，如果强攻必然损失惨重。朱元璋也深知这次攻打采石矶是一次军事冒险。他命令自己的部下尽出，有进无退。他知道这是一次突袭，如果一击不中，引起元军的警觉，加强了采石矶防守，日后就更难攻取。

朱元璋的水师是夜晚出发的，这也是防止对岸的元军事先知道消息，加强戒备。但是船队出发后不久，就遇到了雷雨天气。大雨倾盆，船队只好暂时靠岸驻扎。朱元璋遇到这种恶劣天气，表面上若无其事，内心却十分焦急，他暗自祈祷大雨能尽快停止。第二天，雨水停歇，船队快要进入长江了，朱元璋命船队分为两部分：一部分向西南前进，另一部分向东北进军，以便以钳形攻势杀往采石矶。在大军分兵之前，朱元璋又为部下提振士气道："采石镇是一个重镇，守备十分严密。但是采石矶面临大江，元军难以防守这么长的防线，我们一定能攻克它！"听了主帅这番话，部下们一片欢腾，充满了必胜的信念。

朱元璋带领水师快要达到采石矶时，风力突然变得猛烈，船只很快就靠在了岸边。在离岸边还有三四丈的时候，元军已经严阵以待，他们手中的弓弩已经拉满，随时待发；而朱元璋部下的将士们在船上也能清楚地看到对方的盔缨和面庞。一时间，双方竟然进入了短暂的对视，谁也没有抢先动手。这时，岸上元军的一个小头领一声大喊，打破了这短暂的沉寂。一瞬间，元军从岸上射来铺天盖地的一阵箭雨，船上的众将纷纷拿起盾牌遮挡。箭雨过后，船上的众将发出一阵阵呐喊声，惊天动地，快速驾船冲向岸边。元军虽然有所准备，但是没有想到朱元璋会以全部主力来夺取，所以元军在此布防的兵力并不足。

在两军对决的关键时刻，突然一个高大威猛的黑大汉驾着一叶扁舟飞驰而来。他的小船第一个靠岸，这个黑大汉就是常遇春。元军见他冲锋在前，纷纷上前围住了这条船。好一个常遇春，手中挥舞着长矛，身边的元军纷纷倒下而亡。有元军想抓住他的长矛，将其擒获。这时，常遇春做出了一个谁也想不到的动作：只见他趁着元军抓长矛的一瞬间，顺势借力跳跃上了石头，他高喊着不顾一切地杀入敌阵，元军被他的勇猛所震撼，纷纷后退。

朱元璋看到常遇春如此勇猛，便激励众人乘胜而进。大军纷纷下水登岸，一起掩杀到了采石矶，经过一番激战，元军无法抵挡，朱元璋顺利夺取了采石矶。

朱元璋乘胜追击，不到半天时间，就攻下了采石镇。为了鼓励大军勇敢作战，朱元璋事先在动员会上告诉大家，只有渡江才能解决粮荒，填饱肚子。因此很多将领以为此次进攻采石，是为了元军囤积在此的粮草。手下将士们欢天喜地地将粮食打包，准备带回去。这时，朱元璋却发话了，他希望大家再接再厉攻取太平。他对徐达说："现在我们全军渡江，初战告捷，我们还应该乘机夺取太平。如果听任诸将夺取了财物就回去，元军也就知道了我们的底细，势必加强防守。以后再想渡江就难了。从此江东之地也不归我们所有了，这实在太可惜了。"徐达知道朱元璋的战略意图，他第一个站出来表示拥戴主帅的决定。在徐达的示范效应下，众将纷纷赞同主帅的决定。

朱元璋也熟读史书，知道项羽破釜沉舟的故事。他命令全军将盛满了粮草的船只推入急流，斩断缆绳，任其漂流而去。徐达按照朱元璋的吩咐执行，诸将看到自己好不容易抢劫到的粮草、财物等白白奉献给了"江龙王"享用，十分惊讶。这时朱元璋又向部下解释："我们成就大事不可贪图小利。眼前就是太平路，那里是个富庶之地。兄弟们应该到那里去大开眼界才是。"听了主帅这番话，将士们转忧为喜，饱餐一顿之后，准备下一步的行动。

太平路是元军的重镇，内有平章完者不花、达鲁花赤普里罕忽里、万户纳哈出等人防守，他们紧闭城门不战，等待援军来救。朱元璋可不给他们这个机会，他带兵一举破城而入。完者不花和张旭等人跑得快，万户纳哈出则慢了一步，成了朱元璋的俘虏。太平路的总管靳义出东门投水而死，誓死不降，朱元璋对此人的忠义也十分赞叹，命人将其厚葬。

六月初二，朱元璋大军进入了太平城。在出发攻打采石镇之前，朱元璋就命李善长起草了《戒缉军士榜》。等到战斗结束，士兵们准备大肆抢掠的时候，突然看到大街小巷贴满了这个榜文，上面说：如果有敢于抢掠财物和杀害百姓者，一律杀无赦！大多数人知道主帅军纪如山，因此不敢触犯。只有个别人不听从约束，骚扰百姓，就真的被砍了脑袋示众。这样一来，太平城内纷乱的情况得以改观，百姓们纷纷称赞这支队伍是"王者之师"。

太平路的儒生李习、陶安等人率领父老来迎接朱元璋。陶安见到朱元璋之后的第一句话是："主公是龙姿凤质，不是寻常人啊！我们今天终于有主了。"第二天，朱元璋与陶安、李习等人一起商讨时局和平定天下的策略。陶安首先发言："现在四海鼎沸，豪杰纷争，攻城略地，互相雄长。多数人只是贪图子女玉帛，图一时痛快，并没有拯救天下苍生之志。主公您带军渡江，神武不杀，人心喜悦。如此顺天应人而兴吊民伐罪之师，平定天下不会很困难的。"朱元璋回应说："您说得很有道理。接下来，我打算攻取金陵，您怎么看？"陶安拱手回道："金陵自古以来就是帝王之都，龙盘虎踞，形胜之地。长江天堑，进可以攻，退可以守。如果以此出兵攻取天下，无往而不胜。"朱元璋十分欣赏陶安的见识，就留他做了自己的幕宾，为自己出谋划策。

太平城是朱元璋渡江后攻下的第一个大的城池，朱元璋将其改名为太平府，任命李习为知府，设置太平兴国翼元帅府，自己担任大元帅。此外，李善长被任命为帅府都事，汪广洋为帅府令史，陶安、宋思颜和王恺为参幕府事，梁贞、潘庭坚为府学教授，一起处理帅府日常军政。

朱元璋注重对读书人的使用，跟随他渡江的还有李善长、冯国用、范常、郭景祥、李梦庚、毛骐、杨元杲、阮弘道、侯元善、樊景昭、汪河、王习古等人。这些文人或者管理文案，或者出谋划策，或者咨询顾问，他们的学识让朱元璋大开眼界。朱元璋本就是好学之人，他闲暇之余跟随他们学习文史，并且通过与这些士人的交往，朱元璋也得以与各地方士大夫消除矛盾，使得他们拥戴自己，为自己所用。而朱元璋能得到这些人的拥戴，还有一个重要原因，那就是元政府喜欢使用粗通文字的吏，而不是使用曲高和寡的儒生。当时儒者地位很低，甚至有十等民之说：一官、二吏、三僧、四道、五医、六工、七猎、八民、九儒、十丐。儒生的地位仅仅比乞丐高一点儿而已。仕途狭窄，儒生对元政府感情淡漠，充满了离心倾向。在历代农民起义的过程中，没有哪个王朝像元朝一样有那么多读书人投身到了农民军的队伍里面。朱元璋看透了这个形势，尽可能搜罗各种人才为自己所用，在占领了太平之后，他对知识分子的争取变得更加积极主动。

太平府虽然为朱元璋所控制，但是周边的形势依然严峻。元朝右丞阿鲁灰、枢密副使绊住马、中丞蛮子海牙等人，率领着巨型战船，从水路截断了采石矶，然后封闭了姑孰口。陆上方面，方山寨的元帅陈野先和康茂才带几万人马攻打太平城，城内形势十分危急。正在朱元璋全力防守城池之际，他新近娶的孙氏向他献出一条计策："府中有金银不少，为何不拿出散发给将士们，让他们全力抗敌。如果城池被攻破，要这些金银有什么用？"朱元璋觉得有理，就命人将府中金银抬到了城头，全部赏赐给了将士们，一时间军心大振，陈野先几次攻城都无功而返。朱元璋觉得苦守不是办法，他想出一条破敌之计。他命徐达和邓愈带领奇兵来到北门，悄悄出城绕到敌军背后，然后自己和汤和出南门迎敌，两军前后夹攻。大家依计而行，混战之中，一支箭射中了汤和的臂膀，汤和忍痛将箭拔出，继续作战。大家看到将领勇猛，士气更加高涨，陈野先的队伍大败，他也在拥挤和践踏中落马被捉。

回到了帅府，朱元璋命人将陈野先带来。陈野先以为自己必死无疑，便闭上眼睛一言不发。让他没有想到的是，朱元璋亲自为他松绑，还让他坐下。陈野先吃惊地问朱元璋为何要放他。朱元璋十分真诚地回答："当今天下大乱，豪杰并起。你既然也是英杰，难道不知道我放你的原因吗？"陈野先说："莫不是要我军归降？"朱元璋点头称是。

陈野先说："久闻元帅大军不杀不掠，如果蒙元帅不杀之恩，我愿意追随您。我的手下都是我故支，只需要一封书信就可以召唤而来。"朱元璋听闻之后，大喜，就说："真是英雄本色。我还想与将军结为兄弟，不知道你意下如何？"于是，二人对天起誓，约定共图大业。陈野先发出招降信的第二天，就有很多部众来投降了朱元璋。

阿鲁灰和蛮子海牙等人，本来准备以陈野先为先行部队，牵制朱元璋，然后再调集人马，对其发动总攻，现在他们见陈野先已经归降，只好在峪溪口驻扎，等待新的时机。

三、战集庆终获根本

朱元璋见太平的险情已经消除，军队也得到了调整和休息，他就准备下一步目标了，那就是攻取集庆。元朝时期金陵之地称作集庆路。

至正十五年（1355年）七月，朱元璋决定兵分两路攻打集庆。南路由徐达等率领进攻溧水、溧阳和句容、芜湖等州县，顺便从南边切断元朝援军，以达到包围集庆的目的。北路由张天祐和郭天叙率领，向东直接攻击集庆。

朱元璋其实对陈野先并不放心，因此命他留在太平，他部下的军队则协同张天祐一起攻打集庆城。果不出朱元璋所料，陈野先并不是真心归附红巾军。他暗中叮嘱自己的部下，在攻打集庆时，不要出力，只做做样子即可，等他想办法逃脱之后，再会同元军一起攻打朱元璋。张天祐带军来到了集庆，元朝守将行御史台大夫福寿和他力战，尽管张天祐也十分勇猛，奈何陈野先部下并不是出力死战，最后张天祐被福寿击败，只好退回了太平。

八月，整军之后的朱元璋决定再次进攻集庆。陈野先故技重施，再一次叮嘱部下不要力战。这一次，有人向朱元璋告发了陈野先的阴谋，朱元璋感叹道："我早知道他不是真心归降，但是如果杀了他，又会失去豪杰之心，以后就没有人会归顺于我了。"经过反复考虑，朱元璋找来陈野先，对他宣布："人各有志，跟随元朝还是跟从我由你自己决定，我不勉强你！"陈野先当即表现出一副十分感动的样子，发誓道："如果我背弃您的再生之恩，天诛地灭！"朱元璋听了这话，笑了笑，就将他释放了。

陈野先回到自己营地，聚集部下在板桥驻扎，然后暗中勾结福寿，图谋一起进攻朱元璋。此外，他又派人到朱元璋那里，谎称他八月十二日带兵到台城大战元军，并杀死了大量元军。他还建议朱元璋放弃攻打集庆，因为集庆地形险要；而且元军和杨完者的苗军联合在一起，连寨三十多里地，如果攻城，要小心敌人偷袭，断了后路；可以进兵溧阳和镇江，断绝集庆的外援，然后集庆城必然不攻自破。朱元璋回信分析了目前的形势，指明当前正是陈野先应该效力之时，并驳斥了他的主意。陈野先见计策未成，他又想出一个主意。九月间，他密约元将左答纳识里到自己的军营，谎报给朱元璋说生擒了元将，让他来受降。朱元璋看了来信，冷笑一声说："这个贼人多诈，最不能信任，不要管他。"说完，他就将此事放置一边不再理会，陈野先的阴谋再一次落空。

至正十五年（1355年）八月，徐达等将领陆续攻克了溧水、溧阳、句容和芜湖等地，集庆守军和南边元军的联系被切断，集庆城处于三面被包围之势。九月，朱元璋第二次进攻集庆城。郭天叙和张天祐带兵在方山攻破了左答识纳里的营帐，并乘胜攻到了集庆城下，他们一起攻打东门。这时，陈野先也从板桥来到集庆，他假装攻打南门，以骗取郭、张二人的信任。郭天叙和张天祐不知道陈野先已经生了二心，还将他视作自家兄弟。在休战之时，陈野先设宴款待郭、张二人，席间，他安排的伏兵四起，将郭天叙当场杀死，并捉拿了张天祐，将他送给福寿。福寿随后将张天祐杀死。元军见红巾军主将被杀，乘机攻打，红巾军大败而逃，有两万多人战死。陈野先乘机追赶，在路过金坛葛仙乡时，被当地的民团武装卢德茂当成了红巾军，他设下伏兵，一举将陈野先杀死。陈野先这个反复无常的小人，终于得到了应有的报应。

陈野先的侄子陈兆先收拢残兵，在方山驻扎，和蛮子海牙互为犄角，一起窥视太平，随时准备反扑。

郭、张二人死后，朱元璋成了这支红巾军名副其实的主帅。朱元璋为了收买元军人心，决定将之前在太平擒获的元将纳哈出释放。他对徐达说："纳哈出是元朝开国名臣木华黎的子孙，一心想要北归。我强留他，恐怕不合人情，不如将他释放。"徐达劝说道："其人心怀叵测，如果放了他，将来可能会留下祸患，还不如杀了他。"但朱元璋主意已定，他将纳哈出和降臣张御史召到了自己的帅府，对他们说："做臣子的，各为其主，你们既然不愿意留下，我也不勉强。况且你们都还有自己的家人，我放你们回去，盘缠路费都已经准备好了。你们今日就可以动身北归了。"朱元璋对待元朝降将一般都是攻心为上，怀柔劝降为主，这样也可以吸引和感化更多的元军将领来投奔自己。

朱元璋准备再一次进攻集庆。但是进攻之前，他准备消灭自己的后顾之忧，也就是蛮子海牙的元军。因为蛮子海牙所部在采石矶附近建寨，切断了太平和和阳之间的通道，红巾军将士们的家属基本都在和阳，军中人心不稳。所以，朱元璋必须首先要解决蛮子海牙这个大麻烦。

至正十六年（1356年）二月二十五日，蛮子海牙与朱元璋展开争夺采石镇的会战。蛮子海牙的舰队连绵十几里，声势浩大。朱元璋命常遇春带领一支部队作为疑兵，首先吸引对方兵力，然后带领主力与元军正面交战。同时，他还命王铭带领一支敢死队暗中攻击元军后方。元军舰队一时间失去了互相支援，这时朱元璋命部下以

第三章 ／ 占应天稳固根基 ／

襄阳大石炮轰击元军水寨和舰队。到了正午时分，元军舰队无法再支撑，蛮子海牙带残兵败将退回了集庆，大部分战船和万余名元军投降了朱元璋。

蛮子海牙被击溃，集庆城失去了外围最强大的一支援军。三月，朱元璋带领大军，开始第三次进攻集庆。朱元璋的军队首先到达了江宁镇方山一带，大军猛攻在此驻守的陈兆先部，陈兆先军大败，他本人也被活捉。朱元璋这一战得到了归降之军三万六千多人。这对于朱元璋来说可是宝贵力量，为了笼络新归附军队的人心，朱元璋特意从中挑选了精壮善战者五百多人到自己帐下，随时跟从自己，听从调遣。这五百多人之前降而复叛，所以他们内心也疑虑不安。为了使得这些人死心塌地跟随自己，朱元璋想出了一个办法。他在这天夜间，命五百人都进入自己的营帐附近担任护卫，之前的护卫则被他打发走了，只留下了冯国用一人在自己卧榻之旁守护。朱元璋解下盔甲，不一会儿就响起了鼾声。到了次日黎明时分，这五百多人明白了朱元璋对他们是坦诚相待的，都被感动了。他们打消了自己的疑虑，等到攻打集庆城时，这五百人个个争先，成了攻城的主力军。

朱元璋带领大军开始进攻集庆城，元军士气不振，福寿勉强带领一支军队反攻朱元璋，结果被轻松击败。接下来，朱元璋命部下以云梯攻城，城下的士兵们又以弓箭和火器进行支援，此外，水师也在长江上发动攻势。元军一时间顾此失彼，不久集庆就被攻下了。

朱元璋的部队杀入集庆后，福寿还在带人巷战，死战不退，结果被朱元璋的部下所杀。元朝平章阿鲁厌、参政伯家奴、集庆路达鲁花赤达尼达思等人，都力战而亡，最终为元朝殉节。御史王稷和元帅李宁等三百多人被俘虏，蛮子海牙逃出了升天，投奔张士诚去了。水寨元帅康茂才、苗军将领寻朝佐等将领率部投降，一共有军民五十多万人归附了朱元璋。

攻克集庆城看似容易，实则朱元璋在外围耗费了近一年的时间准备，也付出了巨大的成本，才最终攻下了这座宏伟的城池。

这一次攻取集庆，对于朱元璋的大业来说，是关键性的一步。从此，朱元璋有了与天下豪强逐鹿的基础，俨然成了实力强大的一方诸侯。为了安定民心，朱元璋入城后晓谕军民："我们义军到此，就是为了解救一方百姓。现在乱事已经平定，你们要各安生业，各守本分，不要惊恐。"

朱元璋取顺天应人之意，将集庆路改名为应天府。他又设置了上元和江宁两县，同时，又设置了天兴和建康两大翼统军大元帅府，以廖永安为统军元帅，赵忠为兴国翼元帅，一起镇守太平。不久之后，儒生夏煜、孙炎和杨宪等十几个人来投奔朱元璋，他都将他们量才录用。

朱元璋带领徐达等人巡视了应天城的城郭。他登临紫金山，面对这长江天堑和金陵形胜，感叹不已，他说："金陵险要，真乃形胜之地。这里仓廪丰实，百姓富足，我们得到此地实属不易，希望诸位同心协力，成就更伟大的功业。"徐达附和道："成功并非偶然，今日能得到此地，也是天授明公了！"

占据了应天之后，朱元璋明白自己的大业才迈出了第一步，后面他还有太多太多的事情要做。

四、礼贤士九字箴言

朱元璋在攻下应天之后，首先要考虑的就是军纪问题。以前郭子兴统率的这支红巾军军纪就有很严重的问题，劫掠扰民是他们的常态。虽然朱元璋对自己的部下严格约束，但是在攻城略地的过程中，难免有人为了贪图财色而置军纪于不顾。现在大军驻扎在应天城这样繁华的大都市，面临的诱惑更多了。如果自己这支军队不能改变流寇作风，前面的一切努力都将付之东流。要想成就大业，必须要加强军纪，要爱护百姓，真正取得百姓的支持。"水能载舟，亦能覆舟"这个道理唐太宗李世民懂，熟读史书的朱元璋也明白。他决心打造一支能征惯战的"王者之师"，这支队伍必须有铁一样的纪律。

为了严格约束部下，朱元璋想出了一个主意。他先是派人将一些平时有各种污点的将领找来，然后严厉地训斥他们平时纵容部下的罪过，并扬言要惩罚这些人。这时候，老好人李善长上来求情，朱元璋十分暴怒，但是架不住李善长一再请求，便给了他一个面子，放过了这些犯事的将领。这些被训斥的将领侥幸得以免罚，回去之后便迁怒于犯错的部下，将这些人狠狠惩罚了一番。在大军攻打镇江之前，朱元璋特意强调了军纪："我起兵以来，未尝乱杀过一个人，如今你们领兵前往，一定要体恤百姓，优待俘虏，不能乱杀人。必须严格约束部下。如果有人胆敢触犯军令，军法处置！"诸将纷纷拱手，齐声回答："谨遵号令！"

朱元璋在整肃军纪之外，迫在眉睫的另一件事就是扩大地盘。因为应天城虽然雄伟，但毕竟是孤城，如果外围没有屏障，也很难抵挡外敌来犯。镇江是应天的东部门户，必须首先攻下镇江，才能保证应天的安全。因此，朱元璋在攻取了应天的第七天，就命徐达为大元帅，汤和、廖永安为副帅，统兵攻打镇江。仅仅经过一天的战斗，朱元璋的部队就攻下了镇江，守城的苗军元帅杨完者弃城而逃，元将段武和平章定战死。徐达带兵从仁和门进城，号令所有将士不能烧杀抢掠，严明军纪。因此，镇江百姓没有受到刀兵之灾，房屋也没有被焚毁，城内百姓生活稳定，跟没有发生过战事一样。朱元璋得到捷报，改镇江路为江淮府，任命徐达和汤和为元帅，镇守此处。此后，徐达又带兵攻克金坛、丹阳等县城，构建了抵御东边张士诚入犯的屏障。

在攻打镇江之前，朱元璋就特意叮嘱徐达，在攻城之后，一定要寻找一位叫秦从龙的名士。徐达按照朱元璋的要求，拜访到了秦从龙。朱元璋特意派出朱文正和李文忠带着百金和丝绸相聘，他还亲自到龙江迎接秦从龙。秦从龙是洛阳人士，曾经做过元朝的和林行省左丞，江南行御史台御史，声望很高。他为了躲避战乱，在镇江隐居，此时已经六十多岁。他见朱元璋诚心相邀，于是决定出山相助，成为朱元璋身边的参谋。他辅佐朱元璋十几年，朝夕相处，朱元璋事无大小都要征求他的意见，对他十分尊重。为了保密，他们之间经常用笔把对话写在漆板上，看过之后就涂抹掉。秦从龙还向朱元璋推荐了一位应天人陈遇。此人精通占卜天象之学，博览经史子集。朱元璋也亲自写信礼聘，但是，陈遇并没有能承担起朱元璋军师的责任，这是后话。

至正十六年（1356年）六月，朱元璋任命邓愈、华高、华云龙等人进攻广德路，攻下之后将其改名为广兴府，然后在此设置广兴翼行军元帅府。不久，他又在太平设置了行枢密院，以总管花云为院判。七月，亳州的小明王得知朱元璋攻克应天的捷报，提升朱元璋为江南等处行中书省平章政事，以郭天爵为右丞。此外，以元朝之前的御史台为公府，设置了江南行中书省。朱元璋兼总省事，他的部下都有封赏。

朱元璋在应天初步建立了自己的政权，至正十七年（1357年）正月，朱元璋在应天城北门外的鸡鸣山下举行了声势浩大的阅兵式。看着训练有素的精锐之师，一股豪情涌上了他的心头，朱元璋暗暗下定决心：一定要扫平群雄，推翻暴元统治，还天下百姓一个太平盛世！

朱元璋目前拥有了集庆路、太平路、镇江路、广德路等江南地盘，十几万军队，成为江南地界实力不俗的地方势力。此时，朱元璋西边有徐寿辉，东边有张士诚，今浙江宁波、临海一带有方国珍，其他江南地区则为元朝所占据。江北有韩林儿和刘福通的红巾军主

第三章 /占应天稳固根基/

力在牵制元朝主力军。因为存在这样一个强有力的北方屏障，江南的几支红巾军和义军在与元军作战的同时，相互之间也展开了地盘的争夺。

朱元璋首先与张士诚的军队发生了摩擦，为了叙述方便，我们集中放在下一章讲述。现在，我们先来看朱元璋在今安徽南部的经略。

至正十六年（1356年）年底，宁国路的守将、长枪军元帅谢国玺竟然主动进犯广兴。守将邓愈奋起反击，大获全胜，活捉了谢国玺的部将武世荣和几千士兵。邓愈又乘胜攻克武康、安吉等县。

至正十七年（1357年）二月，朱元璋在紧锣密鼓开展军事行动和军事建设的同时，开始在控制区内加征粮饷以便于扩充军需。他在一个月内就筹集到了可供应十几万大军使用的粮饷。朱元璋还铸造了"应天通宝"和"大通中宝"两种铜钱，这样就建立起了独立的货币体系。这两种铜钱与历代的银钱都可以使用，对稳固统治区内的秩序大有裨益。四月，朱元璋亲自带兵，带着徐达、常遇春等人攻击宁国路治所地宣城。一番激战后，宣城守将谢国玺不战而逃，朱元璋的军队进城之后，对百姓秋毫无犯。

初战告捷，但让朱元璋没有想到的是，接下来在一个小小的县城宁国，他竟然遇到了激烈的抵抗。宁国城确实是一块硬骨头。之前常遇春在攻城时，就曾被城上的流矢射中。城内的守将朱亮祖更是一个好汉。此人是六安人，被元朝政府任命为义兵元帅，朱元璋在攻克太平时，他曾经投降，但是不久又叛逃，之后又屡次与朱元璋的军队作战。他作战十分勇猛，之前曾经大败红巾军，导致将领韦德成溺死，邵肆阵亡。

朱元璋这一次亲自带兵来攻，他知道朱亮祖是一块硬骨头，十分难啃。为了鼓舞士气，朱元璋对部下说："这样一个斗大的小地方，竟然胆敢抵抗'王者之师'。"他下令制造飞车在前方为屏障，然后几路兵马一起强攻。朱元璋自己则身披铠甲，亲自督战。士兵们见大帅亲临战场，士气倍增，齐力杀向宁国城。元将别不花和杨仲英见抵挡不住，只好开门投降。朱元璋军入城，百户张文贵先是杀死了自己妻子然后自刎殉国，元帅朱亮祖则被活捉。朱元璋得到了军士十几万，马匹两千多。士兵们推搡着五花大绑的朱亮祖来见朱元璋，朱元璋问他："你打算怎么办？"朱亮祖也不惧怕，他心中明白最多一死而已，便大声回答："没有什么好多说的，如果让我活着，我会尽力报答，如果杀死我，也认命了！"朱元璋见朱亮祖如此英雄气概，作战又如此勇猛，爱惜他是一名虎将，亲自为其松绑，收为己用。

在攻下宁国之后，朱元璋又将目标锁定在了徽州。徽州在今安徽南端，向东可以进两浙，向西可以抵挡江西，在军事上地理位置十分重要。朱元璋命邓愈和胡大海前去攻取此地。二人统兵先攻下了绩溪和休宁，然后转向徽州。元朝守将八思尔不花和建德路万户吴讷拼命抵抗，但徽州最终还是被攻克。吴讷、阿鲁灰和李克膺退到遂安，又被朱元璋军追赶到了白际岭，吴讷兵败自杀。朱元璋接到捷报后改徽州路为兴安府，任命邓愈为行枢密院判官，带兵镇守此地。而胡大海在攻克了徽州后，带兵乘胜西进，到达了婺源。

元朝方面也不甘示弱，苗军元帅杨完者自杭州带兵几万攻打徽州。邓愈知道城中大兵随胡大海出征，此时空虚，他想出了空城计。他命人大开城门，苗军来到，见状反而生出疑心，不敢入内。而巧合的是，胡大海得知了苗军偷袭的消息，日夜兼程从婺源赶来。城内城外两军一起杀向苗军，苗将吕才被胡大海斩于马下。苗帅杨完者仓皇而逃，他的部将吴辛、童旺和吕升都被俘虏。邓愈担心杨完者再次来袭，便留下胡大海守卫徽州，其部将王弼和孙虎则成功攻取了婺源，斩杀元将帖木儿不花，婺源元帅汪同投降。说到这个杨完者，当时的民间流传一句话："死不怨张士诚，生不谢宝庆杨。"这是因为张士诚是底层出身，他比较爱护百姓，因此百姓对他虽死

第三章 ／ 占应天稳固根基 ／

而无怨。但是这个宝庆人杨完者却十分残忍，他和他的部下无恶不作，所到之处烧杀抢掠，和土匪无异。所以百姓们都恨透了他，就算是侥幸从他手中活下来，也不会领他的情。

　　至正十七年（1357年）对于朱元璋来说，可谓是春风得意的一年，他在各个方面都有所收获。十月，重镇扬州落入了他的手中，之前占据扬州的是青军元帅张明鉴。张明鉴于至正十五年（1355年）在淮西聚众起义，以青色布裹头，所以号称"青军"，人们还将他们称之为"一片瓦"。因为张明鉴善于使用长枪，其军队又号为"长枪军"。这支军队十分凶悍，军纪败坏，到处烧杀抢掠，所到之处鸡犬不留。在江北的六合、含山、全椒、天长和扬州一带，人们谈起"长枪军"，可谓谈虎色变。后来，"长枪军"被镇守扬州的元朝镇南王孛罗普花招降，然后授张明鉴为义兵元帅，驻守在扬州。到了至正十六年（1356年）三月，扬州闹灾荒，粮食缺乏。张明鉴索性挟持孛罗普花脱离元朝，出兵南征，打算寻粮就食。孛罗普花不从，张明鉴就发动了兵变，将其驱赶，然后自己占据了扬州。镇南王逃跑到淮安，被赵均用所杀。张明鉴在扬州城开始称王称霸。没有粮食，他手下的士兵就每天宰杀城中百姓来吃。"宁为太平犬，不为乱世人。"百姓何辜，遭此荼毒。缪大亨得知了扬州方面的消息后，就汇报给了朱元璋，他建议："这个贼人现在饥饿疲倦，正是容易招安的时候，而一旦他们强大起来，就难以控制了。况且此人骁勇可用，不要让他落入其他人手中。"朱元璋觉得有理，在十月十四日，他举行了阅兵式，然后派遣缪大亨带领水师攻打扬州。兵临城下，张明鉴手下的士兵已经饿得腿肚子发软，连刀枪都拿不起来了，谈何抵抗？所以他们就选择了乖乖投降。这一次朱元璋得到了战马两千多匹，士兵几万人。朱元璋命将他们的妻儿家眷带到应天，以作为人质，同时发过去大量粮食赈济士兵们。然后他在此处设置了江南分枢密院，以缪大亨为同佥枢密院事，总制扬州和镇江。缪大亨命地方官来核查户口，结果发现扬州只剩下了十八户人家，令人惊惧！昔日繁华的扬州竟然被祸害得面目全非。

扬州的获得，对于朱元璋来说意义非凡，从此镇江和应天有了北方的屏障。

对于朱元璋来说，攻城略地固然十分重要，但人才也必不可少。在徽州镇守的邓愈就为他访得了一个大才。原来石门山有一位名叫朱升的儒生十分有学问，邓愈听说了之后，就极力向朱元璋推荐此人。此人乃是休宁人，后来移居到了徽州，他幼年跟随著名学者陈栎学习朱子之学。这位朱升深受朱学影响，对"夷夏之分"十分重视，他主张严"华夷之辨"，对于蒙古帝国入主中原持反对态度。他本来不想在元朝做官，但是后来又发生了动摇。至正四年（1344年），四十六岁的朱升走入了科场，取得了乡贡第二名，这不算是正式的功名。四年之后，他被授予了池州学正一职，当时的他已经五十岁了。就科举这条道路来说，朱升算是看不到太多希望了。于是，朱升不久就辞官不做，郁郁不得志地回到了故乡，隐居在了石门山，闭门读书，人送雅号"枫林先生"。

在邓愈的推荐下，朱元璋对这位枫林先生十分感兴趣。至正十七年（1357年）六月，他仿效刘备三顾茅庐，微服从徽州出发，经过连岭，来到了石门，亲自登门拜访朱升。朱升对于朱元璋的大名早有耳闻，只是没有想到这样一位大人物竟然亲自登门求教。他十分感动，在谈吐之间，他发现这位朱元帅心怀天下，有救民于水火之志。朱升感觉到这就是一位能统一天下的明主，于是他知无不言，言无不尽。朱升向朱元璋进献了九字箴言："高筑墙、广积粮、缓称王。"朱升用极其精练的语言，从政治、经济、军事三方面向朱元璋提出了今后夺取天下的总体战略方针。

朱升提出的"高筑墙"就是希望朱元璋使用一切办法增加军队数量，同时增强军队质量，在军队的训练、军纪和军事人才上面下功夫。朱元璋本来就十分重视军纪，他对于朱升的这一条建议更是十分赞同。朱元璋对于强兵一直抓得比较紧，他不仅积极招募农民参军，而且还收编归降的部队来扩大军队数量，同时，他也重视军队训练，注重提高军队战斗力。他的原则是"兵不在于多而在于精，多而不精，反而不利于军事行动"。至正十八年（1358年）十一月，他还建立了民兵后备役制度。这就稳定了地方治安，同时还为主力军队提供了后备人员。他将民间武勇之士加以精挑细选，然后将他们分编到队伍中，设立民兵万户府来统领，平时农忙就从事耕种，农闲时候加以训练，有事则征用，等战斗回来，有功的一律提升，没有功劳的就让他们继续做老百姓。

朱升提出的"广积粮"是建议朱元璋在经济上发展农业，为以后四处征战做好充分的后勤粮食准备。应天和其周边地区乃是鱼米之乡，但元末以来，战乱频繁，这一带的农村壮丁大部分从军，从事农业的人越来越少。加上战争的破坏，耕牛被宰杀，灌溉系统被破坏，雪上加霜的是江淮地区连年灾害，这就造成了此处连年粮荒。朱元璋的军队需要大量的粮草供应，因此发展农业生产至关重要。朱元璋本人对此有切身体会，之前他在滁州、和阳经历过兵多粮少的困境，虽然说对百姓进行强征可以缓一时之急，但是要夺取天下，必须要获取民心，这并非长久之计。他的部将胡大海就提出，强征寨粮祸害百姓，百姓无法承担，必然会造成不良影响。朱元璋采纳了朱升的建议，让部队从事生产，以康茂才为营田使，督促部队闲暇时间屯田。他分派诸将到各地开荒地，并规定以粮食生产量多少来决定赏罚，这样部队就且耕且战，除了供应军队粮饷之外，还有余粮储存备日后急用。经过这一番努力，至正二十年（1360年）闰五月，朱元璋明确禁止各地州县向百姓征收寨粮，这就大大减轻了百姓们的负担，老百姓对朱元璋更加拥护了。朱元璋还从减轻百姓负担和散发地主田亩等角度来鼓励农民从事农业生产。他在婺源的时候，亲自签发户田，交给民户，承认农民所分地主土地财物和官田的所有权，这对于提高农民耕田积极性有着重要的作用。

朱升提出的"缓称王"是希望朱元璋在政治角色方面处理好与韩宋政权小明王的关系。按照这个建议，朱元璋应该保持与小明王政权的臣属关系，这样可以最大限度地减少自己独自抗击元朝政权的压力，同时又可以降低元政府对自身的关注度，从而避免过早与元军主力交锋，以此可以养精蓄锐，积攒实力。朱元璋之前一直就尊奉小明王政权为宗主，他的官职从江南等处平章、左丞相到后来的吴国公，都是小明王敕封。直到消灭陈友谅后，他才称吴王，不过，名义上依然奉小明王为主，其文告多是"皇帝圣旨""吴王令旨"，这说明他表示自己还是小明王的臣子。枪打出头鸟的道理，朱元璋在刚参军的时候就已经知道，也一直贯彻得比较好，这也是他最终统一天下的重要原因。

朱元璋对于朱升提出的"九字箴言"十分满意，他将其视为难得的贤才，便请其出山相助。朱升感动于朱元璋的一片赤诚，于是答应出山。在后来的朱元璋政权中，朱升对于礼乐征伐之事提出了很多宝贵意见，对新政权帮助很大。

五、刘伯温恰逢明主

至正十七年（1357年）五月间，徐寿辉占据的池州城总管陶起祖来投奔朱元璋，他提到池州城内守军数量不多，可以乘机攻取，常遇春主动请缨。虽然池州守军不多，但主将却是一位牛人。他就是骁勇善战的猛将赵普胜，如果攻打池州，必然要面临一场血战。时机最终还是到来了，十月间，赵普胜带领水师攻打元朝淮南行省左丞余阙驻守的安庆，池州城空虚。常遇春带领廖永安和吴祯一起出兵，一举攻克了池州。

朱元璋的地盘不断扩展，他分析目前的局势，将目标又定在了浙西。因为自己已经占据了长兴、广德、宁国、徽州等重镇，进入浙西的门户已经洞开。浙西属于元朝占据，军事力量相对比较薄弱，正是攻取的最佳时机。

至正十八年（1358年）二月，朱元璋经过精心的准备，吹响了进军浙西的号角。朱元璋任命十九岁的外甥李文忠为帐前总制亲军都指挥使司左副都指挥，兼领元帅府事。由李文忠会同邓愈、胡大海合兵进攻浙西。李文忠在万年街击败了元将阿鲁灰，继而在昌化大败苗军。为了激励军心斗志，他下令将缴获的辎重焚毁，将俘虏的妇女斩杀。他宣称："这些有何可惜？如果大家能努力破敌，还担心不能富贵吗？"尽管今天看来，斩杀无辜妇女确实很不人道，但在当时的特殊情况下，这一点也确实起到了激励军心斗志的作用，只可惜了那些红颜无辜惨死刀下！三月，李文忠会同邓愈、胡大海所部，向南进攻浙江的建德路。在离遂安城三十里地的时候，得到消息的长枪军元帅余子贞带兵前来迎战，邓愈带大军冲杀过去，大败余子贞，缴获了对方战马数百匹。他们一直追杀余子贞到淳安，淳安的守将难以抵抗，望风而逃。邓愈等人依然不肯放过，一路追击了二十多里，又缴获了战船三十多艘，收降了士兵三千多人。

遂安守将洪元帅带着五千人来救援淳安，胡大海上前迎战，将援兵打败，捉拿了对方四百多人，收缴战马三十多匹。朱元璋军一路高歌猛进，杀到了建德城下。元朝参政不花、院判庆寿、长枪军元帅谢国玺和达鲁花赤喜伯都剌、总管杨瑀不敢抵抗，弃城而逃。建德丢失之后，驻扎在杭州的苗帅杨完者带领数万人水陆并进，试图夺回这座浙西重镇。李文忠出战，这位少年将军驰骋战场，砍下对方部将首级将其放置在巨筏之上，任其顺流漂到下游。杨完者的水军们看到这一场景，顿时吓得魂飞魄散，士气被大大打击。杨完者不甘心，再一次进攻，又被邓愈所击败。

朱元璋将建德路改名为建安府，后来又改名为严州府，建立了德兴翼元帅府，以邓愈为同金行枢密院事，胡大海为判官，留下李文忠镇守严州。婺州位于严州东南二百多里处，北面可以直达杭州，南面直抵处州，西面靠近方国珍的地盘，是浙西的军事重镇。朱元璋命李文忠前去攻打。李文忠以北、西两面包抄的战术围困婺州。到了六月，为了打击杭州方面援军，李文忠攻克了浦江县城，入城之后，他申明了军纪，严禁部下抢掠，并命帐前先锋带领士兵两千将隐居在此的"义门郑氏"护送回老家，这一举动深得民心。

　　再说元军内部，驻守杭州的苗帅杨完者平日里十分骄横，军纪也十分松散，他还不听从江浙行省左丞相达识帖睦尔的指挥。达识帖睦尔觉得这人早晚是个祸害，就暗中联络已经投靠了元朝的太尉张士诚，以张士诚的军队南下收复建德为借口，暗中命张士诚部将史文炳带兵开赴杭州城北，突然袭击杨完者的军营。杨完者没有准备，在苦战了十天之后，最终兵败，被迫和伯颜一起自缢而死。他的部将员成、李福、刘震、黄宝、蒋英等带三万苗军投奔了李文忠。元朝内部的这一内讧，为朱元璋扫除了继续夺取浙西的一大阻碍。

　　胡大海带兵于十月攻克了兰溪，他围攻婺州，但是久攻不克。消息传到了应天城，朱升劝说朱元璋应该亲征婺州，并且在临行之际反复叮嘱："杀投降之人不祥，只有不嗜好杀人者，才能天下无敌。"朱元璋明白他的意思，知道他可能责怪自己在三个月之前杀了谋叛的郭天爵。原来，自郭天叙战死之后，郭子兴只剩下了一个独子郭天爵尚且活在人世。他早年就对朱元璋不满，郭天叙的死，他一直觉得是朱元璋刻意为之，里面有什么阴谋。于是，郭天爵暗中联络郭子兴旧部，准备造反，朱元璋早就派人平时对其严密盯防。结果他们一有风吹草动，就被朱元璋镇压，郭天爵被处死，至此，郭子兴元老旧部的势力也彻底解决了。

　　至正十八年（1358年）十一月，朱元璋留下徐达协同李善长镇

第三章 ╱ 占应天稳固根基 ╱

守应天，自己则带领十万大军，高举着"奉天都统中华"的金牌，南征婺州。大军经过徽州的时候，朱元璋召见了当地的儒生唐仲实、姚琏等人，向他们询问民事得失等事。唐仲实如实反映了因为役使百姓筑城，百姓多有抱怨，朱元璋立即下令停工。朱元璋又向他们问起汉高祖、汉光武帝、唐太宗、宋太祖、元世祖统一天下的原因，唐仲回答说："这些开国君主都是因为不嗜好杀人所以才能统一天下，主公英明神武，驱除祸乱，未曾乱杀人，然而今日的百姓虽然依附，却没有得到休养生息。"朱元璋面对他提出的问题，态度也十分诚恳道："此言是也。我积累少而耗费多，多取自于民也是不得已而为之，然而这些都是军需所用，我自己没有取一丝一毫。百姓的劳苦，我也常常放在心上，也希望他们能够好好休养生息。"

十二月，朱元璋大军抵达兰溪，他先行派出和州人王宗显前去婺州打听消息。王宗显来到距离婺州城五里地的朋友吴世杰家中探听消息。从朋友口中得知，现在城中的守将们各怀私心，并不团结。王宗显将消息汇报给了朱元璋，朱元璋大喜，他说："我得到了婺州，就任命你为知府。"朱元璋命令手下将士攻城。处州城守将石抹宜孙得到了朱元璋攻打婺州的消息，他与谋士胡深和章溢商议对策，决定派兵援助，之所以要援助，是因为婺州城守将石抹厚孙是他的弟弟。石抹宜孙派人告诉弟弟要固守待援，同时命人造狮子战车数百辆，命胡深等带兵火速增援，他自己带领数万人出缙云增援。胡深到了松溪，观望不前。朱元璋对部下说："婺州依靠石抹宜孙的增援，所以不肯投降。处州军以战车增援，可见他们不懂得变通，松溪山路多狭窄，战车难以通过，现在我们派兵扼守，必然攻破他们。援兵被击败，城中就绝望了，可以不战而屈人之兵。"按照朱元璋的设想，第二天，胡大海养子胡德济引诱胡深的援军进入了梅花门外，朱元璋军奋勇上前攻击，援军大败，前锋元帅季弥章被活捉，胡深只好仓皇逃亡，这下失去了援军的婺州成了孤城。婺州城内有明白人，不愿意为元朝殉葬。安庆和李相带人偷偷打开了城门迎接朱元璋大军入城，结果一番战斗之后，元朝的浙东廉访使杨惠和达鲁花赤僧住战死，南台侍御史帖木烈思、院判石抹厚孙以及廉访佥事安庆被俘虏。朱元璋终于占领了婺州。

进城之后，朱元璋发布了严厉的军令，禁止将士们抢掠。有一个黄姓知印官仗着自己是帐前亲随，不听从将令，擅自抢夺民财，结果被朱元璋下令砍了脑袋，传首示众。为了稳定城内秩序，朱元璋命加强日夜巡逻。有一天晚上，朱元璋带着贴身的护卫张焕在夜间巡视城防，却被一个巡逻的士兵拦住盘问，张焕连忙上前解释说这是大人，让他抓紧放行。巡逻的军士却说："我不认识你们是什么大人，只知道只要触犯了夜禁的一律要抓起来治罪！"朱元璋十分欣赏这名忠于职守的士兵。第二天，他命人赏赐了这个士兵两石米。婺州城的百姓饱经战乱，哪里见过军纪这样严明的队伍，大家觉得十分庆幸。朱元璋为了赈济百姓，又下令开仓放粮，这一举动更加赢取了当地人心。

朱元璋深知婺州是两百多年的理学中心，当地读书人多，人才荟萃。他便将此处改名为了金华府，在这里设立中书分省，建立政府衙门。他任命王宗显为知府，协同他开展大规模聘请读书人的活动。对元政府不满的儒生们第一次受到如此高规格的礼遇，纷纷来投靠朱元璋。许元、叶瓒玉、胡翰、汪仲山、李公常、金信、童冀、戴良、吴履、张起敬、吴沈等各界名流，都加入了朱元璋的队伍。他们每日在中书分省会餐，然后由其中两人轮番为朱元璋讲解经书和历史。其中范祖干和叶仪两位儒生还带来了朱熹译注的《四书》，他们指着其中的《大学》篇对朱元璋说："治天下之道无不出自此书。"朱元璋连连点头称是道："武定祸乱，文致太平，都离不开这里面所说的道理啊！"

朱元璋又以礼相聘，访得了三位贤人：许瑗、王冕、宋濂。许瑗是江西乐平人，在元末科举中考中了第一名举人。他劝说朱元璋："只有广纳天下英雄，才能成功。"朱元璋对他十分器重，任命他为太平知府。

王冕，是绍兴路诸暨人。他幼年家贫，家中无力供他上学，便让他去放牛。王冕就一边放牛，一边读书，他还自学画画儿。有一天，他走到了州学门口，将牛拴好，偷偷在门口听老师讲解，他还同学生们请教讨论，一时间竟然忘记了拴在门口的牛。结果等到傍晚，才发现牛已经被人牵走。父亲狠狠打了他一顿，结果第二天，他又到了州学，父亲只好对他听之任之。王冕为了能有个好的读书环境，就选择夜晚在佛寺休息。他白天干活儿，夜晚借助佛像前的长明灯来读书。儒学大师绍兴人韩性被他的精神所感动，将他收为弟子。后来，王冕成了著名的大儒。他曾经北上大都，举目所望，饿殍满地，百姓妻离子散，一片末世景象。他断定天下必然大乱，因此他带着妻子儿女在九里山隐居。他擅长画梅花，屋前种植了梅树千余株，自号"梅花屋主"。朱元璋听说了他的才名，就命人去聘请，任命他为咨议参军。然而，王冕正准备大展宏图却不幸病故。

宋濂，后来被朱元璋誉为明朝"开国文臣之首"。他隐居在龙门山，现在也来归附朱元璋，做了金华府学的教授。府学又任命了一大批儒生为教师，读书人知道之后，都奔走相告。朱元璋深知当地的读书人很多都对元朝入主中原不满，他在婺州分省衙门前树立起两面大黄旗，上书"山河奄有中华地，日月重开大宋天"；大旗旁边各自树立一牌子，上书"九天日月开黄道，宋国江山复宝图"。朱元璋这是以恢复宋朝江山，也就是汉室江山号召大家，指明了自己要推翻元朝政府的决心。

除此之外，朱元璋牢记朱升、唐仲实等人的叮嘱，他在至正十九年（1359年）正月十二日，召集众将前来集会，他告诫众人："仁义足以得天下，而威武不足以服人心。攻城要靠武力，安民要靠仁义。我们的军队进入建康，秋毫无犯，所以才能一举安定人心。现在攻克婺州，百姓刚刚安定，应该抚恤民心，使得百姓乐于归附我们。那些还没有被攻下的郡县也势必望风归顺。我只要听说诸将攻下一座城池、得到一个郡县而不乱杀人就喜不自胜。军队就如同烈火，火过于灼烈，则人人回避。所以百姓必然归附于宽厚的政府。做大将的能做到不乱杀人，这不但是为国家，也是为自己积攒福分。你们要听从我的话，我们一起成就伟大事业！"除了强调军纪之外，三月初二，朱元璋发布了宽宥囚犯之令，布告金华下属州县，除了大逆不道和敌人的侦探要拘禁之外，其他罪行不管大小，一律释放。为节省粮食，朱元璋在平定金华后就颁布了禁止酿酒的命令，前文我们提及胡大海的儿子就触犯了这一法令，被朱元璋亲自斩杀。

　　朱元璋在金华一直待到了五月底，他打算回应天。在启程之前，他发现胡大海经过丧子事件之后，对自己的忠诚度不减。因此，他对胡大海十分信任。朱元璋决定对其委以重任，就在临行时将他调回金华，对他说："金华是浙东要地，我要回应天了，以你的才干，我把驻守的重任交给你，同时攻打衢州、处州、绍兴的重任也交给你。宋伯颜不花镇守衢州，此人富有谋略；石抹宜孙镇守处州，他善于笼络士大夫；而绍兴是张士诚大将吕珍镇守。这三个都是强劲之地，千万不要等闲视之。你要和常遇春同心协力，一起想办法攻取。"胡大海拱手称是。

　　六月初一，朱元璋启程回应天。而胡大海等将领按照他的吩咐，开展浙西攻略的扫尾工作。常遇春带兵攻打衢州，宋伯颜不花拼死抵抗，并且命人用束苇灌油的方式来烧毁了常遇春进攻的吕公车。他还命人架设千斤秤钩起常遇春用于攻城的懒龙爪，用长斧砍断攀城的木梯，以筑造夹墙的方式来防止常遇春军挖地道进城。常遇春见不能取胜，心中十分着急，他改用奇兵偷袭南门的瓮城，击毁元军架设的炮，然后督促将士们拼死进攻。衢州城已经被围困了两个月，每天都受到猛攻，终于抵挡不住，城中人心浮动。元朝枢密院判张斌暗中派人与常遇春联络，准备投降。常遇春在张斌派出的十多名士卒引导下，从小西门杀入城中。宋伯颜不花还蒙在鼓里，对这一切恍然不知。他突然看到城中火起，又听到喊杀声四起，才知道大事不妙。宋伯颜不花和院判朵粘被捉拿。常遇春终于在九月十七日攻下了衢州城。

朱元璋得知消息后十分欣喜，他将衢州改名为龙游府，以杨苟为知府，建立金斗翼元帅府，以唐君用为元帅，夏义为副元帅，朱亮祖为枢密院判官，宁越分省都事王恺兼理军政事务。

至正十九年（1359年）十一月，胡大海和耿再成带兵攻打处州。处州的元帅胡深早有投降之意，他在龙泉投降了朱元璋的部队，并且提供了一个重要情况：处州城内空虚，可以直接攻取。胡大海大喜，他带兵与驻守樊岭的陈仲真和陈安交锋，大败对方，然后乘胜攻取了桃花岭和葛渡两个营垒，进军到了处州城下。石抹宜孙见自己军力薄弱，不敢抵抗，他带着叶琛和章溢逃亡到了福建建宁。处州归于朱元璋治下，朱元璋将其改名为安南府，以义乌知县王道同担任知府，建立安南翼元帅府，以朱文刚为元帅，李祐之为副元帅，耿再成为枢密院判官，镇守此地，以分省都事孙炎总管军储。兵败之后的石抹宜孙被乱兵所杀，而叶琛、章溢后来也投奔了朱元璋，成为他帐下重要的谋士。

对于朱元璋来说，这一战最大的收获恐怕不是仅仅得到了处州城，而是他终于迎来了自己的"张良"！朱元璋常以汉高祖刘邦自比，他身边的徐达能征惯战，富有军事才能，就是韩信似的人物；而李善长总管后勤，保证军需，协调众将关系，是萧何似的人物。那朱元璋身边的张良似的人物又是谁呢？就是我们下面将要重点介绍的刘基。

刘基故居位于浙江青田县南田乡武阳村，也就是今浙江省温州市文成县南田乡武阳村，其先祖为北宋著名将领刘延庆。元朝至大四年（1311年），刘基出生。刘基的父亲之前有过两个儿子，但是先后夭折，在生刘基之前，他们家屋后生长出一株奇特的春笋。也就是在刘基母亲吃了这株春笋后不久，就怀上了刘基。刘基的父亲感叹这种巧合，他希望孩子像春笋一样，将根牢牢扎在泥土之中，这就是刘基名字的由来。刘基的文学天分不错，五岁就能背诵诗词，六岁可以作对联，七岁就能出口成章了！幼年的刘基除了天资聪颖、过目不忘之外，还十分喜欢读书，甚至到了嗜书如命的地步。小小年纪的刘基遇到别人，经常说的一句话就是："您家有书吗？能否借给我看看？"有一次，刘基在吃饭，一个老者路过他们家，刘基就问这位老者家里是否有书。老者说："我表弟家里有一本好书，你一定会喜欢的。"刘基连忙追问："您表弟住在什么地方？""天下村！"于是，刘基连忙放下饭碗，直奔天下村而去。走了整整十五里才到天下村，他到处打听，却没有找到老者所谓的表弟，更没有他所说的好书。原来，这是老者跟刘基开的一个玩笑，考验他是否真的那么爱看书。

元至顺三年（1332年），刘基二十二岁，他决定去杭州参加科举考试的省试。元朝的省试三年一次，学富五车的刘基很顺利地通过了省试，准备参加明年在大都举办的会试。元至顺四年（1333年），刘基赶到了大都参加会试。刘基考中了第二十六名，金榜题名。考上了进士的刘基十分兴奋，他觉得应该好好逛一逛繁华的大都城，也算是考后的放松。对于刘基来说，街上那些好吃好玩儿的固然新鲜，但是他最感兴趣的还是逛书店。这一天，刘基在一家书店看到了一本讲述天文的书，他看得着了迷，竟然整整待了一天。第二天他又到了那家书店，和店主人谈论那本书，竟然一字不差地背了下来。书店主人十分惊讶，打算将那本书送给刘基，刘基却说："这本书的内容已经在我心中牢记了，不必要再要书了。"刘基的惊人记忆力确实令人赞叹不已。

（后）至元二年（1336年），刘基被朝廷任命为江西瑞州路高安县县丞，这是在达鲁花赤和县尹之下负责行政司法等事务的官员。自从蒙古统治者入主中原以来，为了统治人数远远超过他们的汉族和其他各族人民，实行了四等人制度。第一等是蒙古人，他们居于统治地位，享受一切政治和经济特权；第二等是色目人，主要来自西域，包括西亚、中亚和欧洲的一些人种，他们归顺蒙古比较早，所以蒙古统治者用他们来监视和统治汉人、南人；第三等人是汉人，主要是原先金朝统治区内的汉人、契丹人、女真人和高丽人等；第四等是南人，也就是原南宋统治区域内的汉人和其他少数民族人。这种民族歧视和压迫政策贯彻到了社会生活的各个层面。

在法律上，汉人犯了法由刑部来审理，而蒙古人、色目人犯法则由大宗正府审理，刑部不能过问。蒙古人殴打汉人，汉人不能还手，只能向所在地官府来申诉。蒙古人如果因为醉酒打死汉人或者南人，根本不需要偿命，只要交一些烧埋银帮着料理后事即可。在官员的任命上，元世祖忽必烈为笼络汉族士人，任命了少数的汉人担任中书省左右丞相，但是自他之后的历代皇帝，再也没有任用过汉人为中书省、御史台等重要部门的长官。有些汉人虽然可以做到行省以下路府州县的总管，但是同时还有色目人担任的副总管之类的同知来加以牵制。同时，元帝国在各地设置了达鲁花赤，这是蒙古语，意思是镇压者、独裁者、掌印者，转而为监临官和总辖官之意。达鲁花赤都是由蒙古人或者色目人来担任，汉人不得担任，他是各级地方政府的最高行政兼监察长官，虽然他们往往不会管理实际事务，但是总管、同知都要受到他们的指挥。科举方面也极不公平，汉人、南人的试题难度大，要求高而且名额少，而蒙古和色目人录取率高，题目也很容易。

刘基在中了进士之后，在父母的安排下，娶了富氏为妻。刘基在赶往高安赴任途中，专门拜会了自己的老师郑元善。郑元善叮嘱刘基为官一定要保持清廉，时刻以百姓为本。刘基不负老师重托，在高安县任上勤政爱民，为当地百姓做了很多实事。他为人正直，不畏惧权贵豪强，以廉洁著名，受到了当地百姓的爱戴，瑞州路和江西行省的官员也对这位清官十分欣赏。一次，他受到瑞州路总管府的委托来复检新昌州一起人命案。最初的审判结果是误伤人命，已经结案，但是受害人的家属不服，就上诉到了总管府。总管觉得事情棘手，因为谁也不愿意接这个案子，都怕得罪人，影响了前程和仕途。最终，总管想到了刘基，把案子交给了他。刘基认真阅读了案宗，深入调查，终于查清了案件始末。原来是被告人横行乡里，故意杀人，事后用钱买通了达鲁花赤和初审官员，于是才草草结案。刘基查明真相之后，对被告重新判决，使得他受到了应有的惩罚。最初受理的官员也因为受贿渎职被罢官，罪犯的家属依仗达鲁花赤的支持，想陷害刘基，江西行省的官员们知道了这些情况，出于保护刘基的目的，就将其调任为行省职官，这才使得刘基避免了遭受陷害打击。刘基在做行省官员后，结识了诸如葛元哲、黄伯善、郑希道、钱士能等名士，与他们诗文唱和，彼此成为知己。刘基感觉到仕途不顺，在（后）至元六年（1340年）秋天，辞官不做，回到了乡里。在隐居力学的几年间，刘基博览群书，凡是天文、地理、史书、兵法、诸子百家等，他都是认真阅读并思考，还写下了很多读书札记。经过五年的苦读，刘基的知识更加渊博，他心怀天下，希望为国为民贡献自己的力量，有所作为。于是，至正五年（1345年），刘基动身北上，打算去大都请揭傒斯为自己举荐官职。不过，在沿途之中，刘基目睹了整个国家水旱灾害频繁，民不聊生的真实景象。

经过三个月的艰苦旅程，刘基终于来到了大都城。他到府上拜访，才知道揭傒斯先生在去年已经故去了。这是出乎刘基意料的，他的一腔热情和希望被浇灭了。至正七年（1347年），刘基接到了江浙行中书省发来的公函，让他到省城听候铨选，刘基就到了杭州，然后在等待期间，认识了名士陶凯、刘显仁、贾希贤等文人。至正九年（1349年）春，刘基被任命江浙行省儒学副提举，主要负责江浙地区的教育和考试工作。在任期间，刘基大力兴学和发展当地教育，取得了不少政绩。但是，一件事情却让他愤而辞官。刘基发现一个御史渎职，他不顾部门之差异，将御史举报到了省宪台。结果，宪台官员早与御史串通一气，不但没有处分御史，反而将刘基痛斥了一番。刘基十分郁闷，就在至正十年（1350年）辞去了官职。虽然辞官了，但刘基对于新上任的地方官依然抱有厚望，希望他们能一心为民。刘基徜徉在西湖边的岳飞墓前，作了一篇《吊岳将军赋》对岳飞表达了深切的哀悼，痛斥南宋小朝廷忘记了"靖康之耻"，信任奸佞，苟延残喘，不能识别忠臣报国之心。其实这也是刘基当时心情的一种写照，同样怀有赤诚报国之心，却不能得到朝廷重用，只能借古喻今，发出如此深重的感叹！

刘基在杭州闲居之际，天下形势风云急转。至正八年（1348年），台州方国珍聚众起义，攻打浙江温州、台州和庆元等沿海地区。至正十一年（1351年）五月，颍州人刘福通发动了红巾军大起义，顿时天下大乱，元末社会动荡不安。

至正十一年（1351年）正月，元帝国任命江浙行省左丞孛罗帖木儿来征讨方国珍。说起方国珍，也是元末的一个好汉。此人乃是台州黄岩人，身高七尺有余，黑红色的脸庞，却有一身雪白的肌肤，臂力过人，性格刚强，沉勇而有谋略。他兄弟五人都以务农和下海贩卖私盐为生。其父亲方伯奇性格比较怯弱，在家务农的时候经常受人欺负。方伯奇见到田主点头哈腰，十分卑下，为此他时常受到乡里人的嘲笑。方国珍对父亲说："田主也是人，没什么贵贱，你不用低三下四的。"以后再有人嘲笑方伯奇，他就对人说他的儿子可不是好惹的。在父亲死后，方国珍兄弟齐心合力，靠着贩卖私盐，成了当地有影响的人物，而且家境也渐渐富裕起来。有一天，田主来到了方国珍家中，还打算像以前对待方伯奇那样趾高气扬，对方国珍兄弟呼来喝去。方国珍怒火中烧，想起了父亲曾经的遭遇，他再也无法忍受，就故意说要杀鸡买酒请田主吃饭，将田主灌醉了之后便一刀杀死，算是为自己和父亲出了一口恶气。

当时方国珍有一个同乡叫作蔡乱头，他看到海盗头子李大翁聚众造反，劫掠元朝运粮的海船，杀死了很多朝廷的使者，在海岛之间出没，朝廷也拿他没有办法，只好暂且不予理会。蔡乱头就轻视朝廷，觉得造反也挺好，于是聚集了一些不务正业的地痞和恶少年，劫掠海上。但是蔡乱头很快还是被朝廷捉拿了，在严刑拷打之下，他乱咬人，结果很多无辜之人被牵连。方国珍本来和这个蔡乱头毫无瓜葛，但是他和同乡陈家有仇怨，于是陈家人借此向官府诬告说方国珍是蔡乱头的同党，方国珍一气之下杀了陈家人，陈家家属带着官兵来捉拿方国珍。方国珍当时在家吃饭，看到官兵来了，知道不好，将桌子举了起来砸向了官兵，官兵在躲避的时候，方家兄弟们一起上前，杀死了官兵。眼看家里已经没法待了，方国珍对兄弟们说："现在朝廷失道，官兵无能，连区区的李大翁都平定不了，大乱不可避免了。如今贪官污吏借口捕捉盗贼，祸害百姓，我们如果束手就擒，必然做了冤死鬼。不如趁机起义造反，说不定可以找到一条生路。"于是，方家兄弟聚集了同乡一些伙伴，大家登上了贩卖私盐的海船，开始了造反生涯。

方国珍起义之后，官府无法捉到他，就胡乱抓一些良民，说他们是方国珍同党。这样一来，很多本来安分守己的百姓也不得不加入了方国珍的队伍，不久，方国珍的队伍就壮大到了几千人。方国珍带着队伍，在海上截断元朝运粮船，俘虏了海道运粮千户德留于实，一时间声威大震。

元朝方面得知了方国珍造反的消息，派出了江浙行省参政朵儿只班带领水师来围剿。方国珍在元军打击下，只好退到了福州五虎门，他见形势危急，就将被毁坏的战船烧毁，然后准备用剩下的好船逃跑。正在这时候，突然官军内部大乱，士兵们纷纷逃散。方国珍抓住良机，带兵杀了上来，将朵儿只班捉获。朵儿只班为了活命，许诺奏请朝廷招安方国珍。

朵儿只班上奏朝廷之后，朝廷为了海道安全，就授予了方国珍庆元定海尉的职位，方国珍虽然接受了招安，但是他并不解散部下，也不去任所赴任，而是带着队伍继续在海上出没，势力也更加壮大了。

方国珍的起兵是天下大乱的先兆。这时候的元政府已经腐败不堪，犹如一艘即将沉没的巨舟。元朝统治者奢侈糜烂，元顺帝荒淫无道。各级官员卖官鬻爵，贪污勒索百姓，各种搜刮钱财的方式名目繁多。例如下属第一次拜见上司要有拜见钱，没有事奏请要有撒花钱，逢年过节有追节钱，过生日有生日钱，找管事的办事交常例钱，迎来送往有人情钱，打官司也要交公事钱。在这种情况下，方国珍的起义得到了很多人的支持。元朝有一个万户萧载之打算杀了方国珍，得知消息后，方国珍重新拉起了大旗造反，阻断了元朝军队海运的通道。至正十年（1350年）十二月，方国珍带兵攻打温州，温州虽然一时间没有被拿下，但是方国珍的声威也因此大振。至正十一年（1351年）正月，元朝廷派出了江浙行省左丞孛罗帖木儿带兵到了庆元，打算征讨方国珍。孛罗帖木儿知道泰不华熟悉敌情，就任命他为浙东道宣慰使都元帅，分兵在温州，打算夹击方国珍。不久之后，方国珍进攻温州，被泰不华以火攻击败。然后，孛罗帖木儿与泰不华约定在六月十七日合兵一起攻击方国珍，结果孛罗帖木儿提前三天来到了大闾洋，给了方国珍各个击破的机会。方国珍在孛罗帖木儿到达的当天夜里，就带着精兵在元军营地内到处纵火，然后击鼓，齐声呐喊。元军从睡梦中惊醒，四处逃散，很多人掉入水中淹死。方国珍乘机进攻，俘虏了孛罗帖木儿和郝万户，方国珍让他们上奏朝廷，再次降下招安的旨意。朝廷接到了两个人的奏请，不辨是非，接受了对方国珍招安的建议，结果方氏兄弟再一次接受了朝廷的官职。

方国珍起义的三年间，刘基正在杭州闲居，他得知了各方面的消息。他深知方国珍不是甘心投靠朝廷的安分之人，对于每一次朝廷的招安，都摇头叹息朝廷的失策。果不其然，至正十二年（1352年）三月，方国珍再一次起义反叛，占据了黄岩港，台州路达鲁花赤泰不华派出王大用到方国珍处，要他再次投降朝廷。他扣留了来人，进攻马鞍山，然后派出部下陈仲达到了泰不华处假装受降，让泰不华前来接受投降。泰不华就带着部众来招降，结果被方国珍围攻，泰不华亲手杀了陈仲达，结果被方国珍部下乱槊刺死，尸体被投入了大海之中。刘基对于泰不华的为人十分欣赏，这一次泰不华战死，对于江浙一带震动很大，刘基在老家听到了这个消息也十分哀痛。朝廷命苏天爵为江浙行省参知政事，苏天爵曾经是刘基的老上司，对于刘基十分了解。现在正是用人之际，他就奏请朝廷，推举了刘基为浙东元帅府都事。刘基来到台州上任，遭遇了方国珍的进攻，虽然方国珍被击退，但是台州城也遭受了毁坏。事后，刘基和当地文武官员们加强了台州的城防工作。中书省参知政事帖里帖木儿知道刘基是个人才，就召他来杭州商议军情。方国珍因为攻打台州不下，就动了假投降的老办法。他派人用重金买通了温州的守将吴世显，然后在他的疏通下，至正十三年（1353年）正月初七，方国珍使者带着厚礼来到杭州，表示只要朝廷给予官职，他就投降。帖里帖木儿和纳麟等人不敢擅自决定，就将方国珍投降的事情上奏朝廷。三月，朝廷命帖里帖木儿和左答纳失里一起商议招降事宜。

二人一时拿不准主意，就找来了刘基商议。刘基反对招安，他觉得应该对方国珍兄弟斩杀以免后患。二人听了这个消息，就打算上奏朝廷，建议如此行事。方国珍得知了这个消息十分恐慌，连忙派人重金贿赂刘基，却被他严词拒绝。方国珍见形势不妙，连忙又派人带重金到大都贿赂了中书省、御史台、枢密院等长官，还通过郝万户给奇皇后送去了重礼，这样一来，朝廷上下的门路都被打通了。朝廷也就驳回了行省围剿的建议，还是主张招降。刘基对于朝廷的决策十分愤慨，他力争必须要杀掉方氏兄弟以绝后患。帖里帖木儿将刘基的意见再一次上奏朝廷，希望能改变主意。没想到这一次朝廷不但没有改变主意，还下诏准予方国珍投降，对刘基进行了训斥，说他擅作威福，有伤朝廷好生之德。下令将刘基羁押在绍兴，还罢免了帖里帖木儿的江浙行省左丞官职。对于朝廷的处分，刘基悲愤异常，甚至到了痛哭吐血、打算自杀的地步。经过这一年的军旅生涯，刘基对于朝廷的腐败无能有了全面的认识。在刘基被羁管绍兴的两年内，方国珍再一次起义，攻下了台州、温州和庆元，朝廷知道失策，可是为时已晚，方国珍的势力已经得到了很大的发展，很难对付了。刘基被重新启用为行省都事，他被委派到了处州，与元帅府同知副都元帅石抹宜孙来商议镇压当地起义事宜。刘基在到来之后，石抹宜孙已经平定了当地的大规模民众起义。刘基发布了文告，宣布皇帝是好的，问题出在下面各级官员身上，他希望造反的百姓能迷途知返，来投降朝廷以求活路。这时候的刘基还是忠于元朝，在他发布了文告之后，确实起到了收服人心的作用，处州七个县据险自守的农民武装放弃了抵抗，投降了朝廷，处州彻底平定。

至正十七年（1357年），石抹宜孙靠着胡深、叶琛、章溢、刘基等一批人的辅佐，将处州各地再次造反的民众起义全部镇压了下去。朝廷派出了李国凤来到处州调查当地政情，李国凤得知刘基的功绩，打算上疏朝廷对其加以重用提升。没有想到朝中大臣竟然驳回了刘基的军功，诏书中提到当年刘基主张镇压方国珍并非是用兵之道，才将方国珍再次逼迫造反。结果，刘基从行省郎中降职为处州路总管府府判，还被夺取了军权，不能参与军事。这个诏书一下，元帅府上下无不为刘基鸣不平。刘基接到了诏书，内心也十分失望，他彻底心冷了，命家人在自己住所院中设下了香案，他举着香向北而拜说："我不敢辜负世祖皇帝，只是现在朝廷给我这样一个官职，我也无能为力了。"刘基十分愤慨，打算辞官不做，再一次退居到了青田老家山中。

　　至正十九年（1359年），在家闲居的刘基接到了朱元璋派出的使者来邀请他出山，他出于谨慎考虑并没有答应。结果不久，朱元璋又催促孙炎派出使者带着厚礼来请，刘基收下了礼物，同时赠送一把祖传的名剑给孙炎。这是刘基先祖刘光世的遗物，他以自己母亲年老为借口，说不忍心远行，辞退了使者，希望能成就他的一片孝心。朱元璋对于延请刘基是真心实意的，他第三次派出了使者来到南田山，孙炎将刘基赠送的宝剑原物奉还，还赋诗一首相赠来表达对刘基出山的真诚盼望之情。这一次，刘基确实被打动了，他决定出山相助，此时的他早已对元王朝彻底失望了，再加上他对朱元璋的贤明和求贤若渴早有耳闻，就决定出山辅佐朱元璋做一番大事业。

　　刘基来到应天，面见了朱元璋，献上了他的时务"十八策"，朱元璋当场看过之后，赞不绝口，说："我早就在等候先生这样的人才了，今日得到先生屈尊来就，真乃是天助我也！"朱元璋对刘基十分器重，尊称其为"老先生"而不直呼其名，经常和他一起商议军政大事，遇到重大决策，就仅将他一人召进密室计议，一谈就是半天时间。朱元璋这样对刘基诚意相待，刘基也自然将朱元璋视作明主，全力辅佐，知无不言，言无不尽，为日后大明王朝的建立做出了不可磨灭的重大贡献。朱元璋多次称刘基就是他的张子房。刘基确实也如同当年辅佐刘邦的张良一样，为朱元璋运筹帷幄，提出了很多重要的战略建议。他刚到应天的时候，群雄并立，天下未定，朱元璋为尽快消灭群雄，就向刘基询问计策。刘基在分析了天下形

第三章 / 占应天稳固根基 /

势后，比较了各方面力量，提出了一条切实可行的战略方针，他说："主公在天下大乱的时候崛起在民间，为上天所眷顾，名号也十分光明，做事十分顺利，这乃是'王者之师'的做派。眼下，我们面临的两个主要敌人——张士诚在东边，陈友谅在西边。张士诚仅仅只有海边之地，南面不过会稽，北面不过淮扬，他只是一个自守的家伙，不能成就什么大事业。陈友谅占据了饶州、信州，地跨荆襄，几乎是天下之半；他劫持君主威逼部下，部下人马怨声载道，早已不肯卖力。所以陈友谅也很容易攻打。擒贼要先擒强大的，今日之计，不如先攻陈友谅，陈友谅所占地盘广大，得到了这些地盘，再攻打张士诚，然后再消灭方国珍、陈友定，北面攻打中原，最后就可以统一天下。"这就是刘基为朱元璋制定的战略方向。本来朱元璋和诸将之前的方针不是如此，他们认为张士诚占据海边之地，富裕殷实，可以先攻取，就没有粮饷缺乏的忧患了。现在刘基指出张士诚胸无大志，只求自保，这种人没有什么好担忧的。倒是陈友谅野心极大，军力强大，占据了长江上游，对于朱元璋威胁最大。如果先攻打张士诚，陈友谅必然来乘虚攻打应天，而先攻打陈友谅，张士诚则不敢轻举妄动，所以应该先消灭陈友谅，等陈友谅一灭，张士诚势单力孤，自然可以攻下。等他们平定了，就可以集中力量北伐灭掉元朝。刘基的这一番战略分析可谓是高瞻远瞩，极具实用性和前瞻性。

朱元璋决定采纳刘基的计策，先征伐陈友谅，再攻打张士诚，这也标志着朱元璋在全面胜利的道路上迈出了关键性的一步！

六、固应天以窥天下

朱元璋在得到了诸多人才和广大的地盘之后，有了更长远的规划。不过，他深知最重要的还是要稳固自己的根据地，也就是应天城，加强团队建设，才能更上一层楼，向着新目标前进。

朱元璋按照朱升的"九字箴言"，努力加强根据地的建设。他在政治上废除了元朝的苛政，减轻刑罚，惩治贪污，同时减轻赋税。吴元年（1367年）六月，朱元璋专门告谕负责监察的御史们要谨慎刑狱之事，以防止滥杀无辜。同时，他还多次下令减轻刑罚，释放罪犯。

对于官员们，朱元璋则要求他们奉公守法，不许贪赃枉法。如果有人胆敢违反，一律给予重处。至正二十二年（1362年）正月，有人向按察司诬告，被诬告的人不服，担任按察司佥事的宋廉使本是元朝降臣，他对被诬告的人说："进了我这个衙门，你看到有几个人能出去的？"说完，他命人对被诬告的这个人严刑拷打，逼着他招供。都事王用言贪赃枉法，与陈友谅的抚州倪通判相勾结。朱元璋发现了宋廉使和王用言的罪状，他在应天聚宝门雨花台上召集了文武官员，对大家当众宣布："王都事贪贿，私通我的敌人陈友谅，以其赃物示众，罪当凌迟处死。"说着，他命人将已经瘫软在地的王用言像拖死狗一样带到刑场行刑。他又对跪在地上的宋廉使说："你本是元朝的风宪之官，不能为元朝死节，投奔了我又不能辨别是非，还谄媚于我，这些都是你的罪过吧？我要替元朝打死你这个失节的老贼。"他命武士用巨棍在宋廉使的胸背各自用力击打一百下，然后让人把他扔到了台下，问道："老贼死了吗？"武士们回答："还没有死。"朱元璋让人将其抬到了医馆治病。如果各位以为朱元璋是宽仁之举，那就错了。第二天，他又召见宋廉使，训斥道："我克城之日，看到你在马前迎拜，我本打算杀了你。但是我不杀投降之人，所以我没有下手。不过，现在我很后悔没有早杀了你。"说完，他下令将宋廉使身上的膏药揭下来，再命武士用巨棍在他胸背又击打了一百下。这宋廉使身子骨真好，就是这样折腾，竟然还没有死。朱元璋命人第二天接着又打，宋廉使这才咽下这口气。朱元璋犹不解气，命人将他的尸首暴露在街市之上。朱元璋在亲征武昌之前，又处置了一批纳贿通敌的官员，包括中书省郎中李君瑞、陶主敬，都事王用和，检校陈养吾，博士夏允中等人，将他们处死示众，以警示其他官员。

在严格治官的同时，朱元璋又设法减轻百姓的负担。至正二十二年（1362年）八月，陈友谅的部将吴廷瑞投降，朱元璋亲自到龙兴对当地百姓宣布他大军的军需供应不需要劳烦百姓。至正二十四年（1364年），朱元璋称吴王之后，规定赋税十分取一，此外，他将下属州县划分为三等，按等级征税，划分的依据是富裕程度和人口数量。次年，朱元璋攻占赣州，废除了陈友谅部将熊天瑞的加赋，并且还免除了该地百姓上一年的积欠。至正二十七年（1367年）正月，朱元璋下令免除太平府租税两年，免除应天、宣城等处税赋一年；五月，他命令中书省宣布徐、宿、濠、泗等各郡县和今后新归附地区的桑麻谷物等税粮和徭役全都蠲免三年；六月，他又下令免除各地田租一年。如果各地有灾荒发生，还要随时进行赈济和蠲免田租，以救济灾民。对于工商税，朱元璋还去除元朝制度中过于苛刻的部分。

朱元璋礼贤下士，优待俘虏。对于很多儒生，他们曾经参与镇压红巾军，对朱元璋的招降充满了疑惧。朱元璋就此特地宣布："我当以投诚为诚，不计前嫌。"他说明只要是真诚来归顺，一律既往不咎。在他的感召下，一大批曾经在元朝做官的儒生和隐居多年的高人，都纷纷来投靠报效。他对于来投奔的人才，根据他们不同的特点和才能加以任用：凡是精通经史、富有谋略者，如刘基、宋濂、朱升等人，则安置在幕府，随时加以顾问；精通兵法、骁勇善战者，如胡深等，则任命为将官，带兵打仗；有智谋、善于策划者，如汪广洋、叶琛、章溢等人，则将他们派往各地，掌管地方军政事务。同时，为了防止有人投机或者破坏，朱元璋还规定，所有来投奔的儒生，一律要经过他亲自考察选用，严禁诸将擅自选用。在任命了官职之后，如果这些人有逃跑的，则要处死。

对待元朝的文武官员，当时的义军一般处理方式都比较简单粗暴，如果不肯投降，也懒得费口舌，直接处死了事。朱元璋则与他们不同，他对于被俘虏者，总是耐心劝降，尽量争取让他们为自己服务。元朝的淮西宣慰使、都元帅康茂才在应天战败，率领部下逃走，被朱元璋的部下捉住，带回了朱元璋身边。康茂才给朱元璋下拜说："前些日子与您作战，是因为各为其主。时至今日我屡次失败，乃是天数也。生死有命，如果您能保全我的性命，我愿意孝犬马之劳，以图报效。"朱元璋听了这话，笑了笑，就命人将他释放，并任命为水军元帅。对于那些投降自己又重新出走的元朝官员，朱元璋也不发兵拦阻。如元朝的林元帅在应天被俘虏，朱元璋命他留任原职。但是不久他又带着队伍逃到了杭州，朱元璋命人告诉他："你思念旧主，既然走了，我也不会追赶。"当然，宽容不代表无原则地宽纵，对于那些想利用政策进行投机的，朱元璋也不会放过。如江西一些山寨的头目或降或叛，反复无常，朱元璋便下令将这些人投入水中淹死。

对于军事队伍的建设，朱元璋十分重视。为了加强对将官们的控制，防止这些人出现不服从调遣和叛变投敌的行为，朱元璋将出征将官的妻子留在应天作为人质。这个办法早在渡江攻打采石的时候就已经开始使用。攻占应天之后，他又宣布："我派出攻城的总兵官，妻子都要在应天居住，不许搬到外面。"朱元璋还命自己的养子们在外监军或者协同镇守。每当攻下一座城池，他就派出养子：攻克镇江的时候，派出了周舍；攻克宣州的时候，派出了道舍；攻克徽州的时候，派出了王驸马；攻克严州的时候，派出了保儿；攻克婺州的时候，派出了马儿；攻克处州的时候，派出了柴舍和真童；攻克衢州的时候，派出了金刚奴和也先；攻克广信的时候，派出了沐英。

在经济上，朱元璋十分重视垦荒屯田，恢复农业。朱元璋设立营田司，以康茂才为营田使，加强屯田。士兵们且耕且战，既可以自给自足，减轻百姓负担，又可以发展农业生产。同时，朱元璋还以减免赋税等方式来鼓励农民们种植桑、麻棉等经济作物，他命中书省安抚体恤流离失所的百姓，让他们回到家乡耕种。吴元年（1367年）七月，为了加强对农业生产的管理，朱元璋又设置了司农司，以杨思义为司农卿。在朱元璋这些强有力的措施下，农业生产得到了快速发展，粮食增产，使得之前不断上涨的粮价也降了下来。

　　朱元璋提倡节俭，开源节流。他首先从自身做起，在生活中厉行节俭，为部下、百姓做好榜样。朱元璋身上的衣服都是洗洗刷刷，然后继续穿用。参军宋思颜看到之后，十分感慨地说："主公此举，真可以为子孙示法。"对于四方的贡献，朱元璋多是予以推辞。方国珍进献了金玉装饰的马鞍，他给退了回去还说："我正忙着四方征战，需要的都是文武才能之人，所用的也都是谷物布帛而已。这些宝物不是我需要的。"江西行省曾经进献了一张缴获自陈友谅用的镂金床，朱元璋下令将其砸毁，他说："这东西与后蜀的七宝溺器有什么区别？"在营造应天新内城的时候，朱元璋将规划图纸上有雕梁画栋的装饰之处都给去除，并且告谕中书省的官员们："官室只要完好坚固就好，不必过于雕饰，只有居高位者能节俭，下面的人才不会奢靡。"在宫殿完工之后，朱元璋只是命人在宫殿墙壁上画上一些历代帝王兴衰故事，还在两庑墙壁上书写了宋朝儒生的《大学衍义》日夜观看，作为时刻提醒自己的教科书。有一个官员曾经跟朱元璋说瑞州出产一种带有花纹的奇石，加工后可以用于铺砌地板，十分漂亮。朱元璋训斥他说："你不能以节俭之道来辅佐我，还诱导我奢靡，你有何居心？！"

　　经过朱元璋的这些努力，应天城等根据地稳如泰山，朱元璋的势力蓬勃发展，取得了与天下诸雄逐鹿的实力。

大明王朝
诞生记

第四章
张士诚屡次发难

| 1353年,十八条扁担起义 |
| 张士诚攻克高邮,自称"诚王" |
| 1356年,徐达围困常州,张士诚求和失败 |
| 1357年,徐达大败吕珍,攻克常州 |
| 1357年,朱元璋占领江阴、常熟、望亭、新安 |
| 1357年,苗军叛乱 |
| 1359年,李文忠镇守严州 |
| 1362年,朱元璋平定多次叛乱 |
| 1365年,李文忠诸全之战大胜 |

一、盐贩子舍命起义

张士诚是元末起义群雄中叱咤风云的人物，早年起义的经历颇为传奇。

张士诚，小名张九四，泰州白驹场亭人。士诚也是他发迹之后取的名字，从小名来看，他与朱元璋一样，都是贫苦人家出身，自然父母不会给子女取什么有学问的名字。张士诚有三个弟弟，张士德、张士信和张士义。两淮一带自古就是重要的盐产地，张家兄弟以贩卖私盐为生。盐在古代是重要的战略物资，政府一般都实行垄断官营，严禁民间私自贩卖。对于走私贩卖者，元政府一般都是施以处死的极刑。这些私盐贩子都是刀头舔血的狠角色，张士诚、方国珍私盐贩子都是出身，这绝不是巧合。往前看，将唐朝搅和得天翻地覆的黄巢，也是私盐贩子出身。走私食盐虽然风险巨大，但是利润也十分惊人，这就是为什么那么多人敢于冒着杀头的危险从事此事的原因所在。张士诚兄弟通过走私食盐，获取了不少利润，因此颇有些积蓄。他们广交天下豪杰，乐善好施，是江湖上宋江一类的人物。不过，在官府看来，他们只是一些不起眼的小人物。因此，张氏兄弟也经常受到官府和富户以及弓手的欺压。所谓弓手就是维持地方治安的武装力量，有点儿类似警察。其中有一个叫作丘义的弓手十分可恶，经常敲诈和欺负张氏兄弟。张氏兄弟也是有血有肉的热血汉子，受到这样的欺压和侮辱，实在是忍无可忍。当时天下大乱，群雄并起，张士诚和几个兄弟一商议，觉得不如一起起义，说不定能闯出一片天地。至正十三年（1353年）正月，张士诚带着三个弟弟还有李伯昇、吕珍等共计十八人一起起义，史称"十八条扁担起义"。起义之后，张士诚首先带着兄弟们杀了欺压自己的仇人丘义，然后还杀了那些平素里"狗眼看人低"的富户们，然后一把火将他们的豪宅烧了个精光。随后，张士诚等人举起旗帜，招兵买马，很快就聚集了上千人，多是当地受苦受难的盐丁，从此后，张士诚就举起了反抗元帝国的大旗。

张士诚趁着自己势力不断壮大之际，攻下了泰州城，算是有了自己的基地。虽然之后他接受了高邮守将李齐的招抚，但是没有多久，他们又反叛朝廷，先是杀死了行省参政赵琏，然后又攻下了兴化，聚众万人之多。元朝又以万户的头衔来招抚张士诚，被他拒绝了，他反而杀了李齐，攻克了高邮城。张士诚自称"诚王"，定国号为"大周"，建元"天祐"。可以说张士诚的这一做法是不明智的，只占据了几座小城，就开始称王称霸，成了朝廷重点打击的对象。

对于元朝来说，张士诚称王是在挑战他们的忍耐度，另一方面，张士诚占据的高邮城对于元朝也有着至关重要的作用。因为元朝大都要依靠江南漕运供给，而漕运要依靠大运河，高邮城恰恰就在南北大运河的要冲，占据此地就相当于切断了江南给予大都的供应。由此，元朝对此没有等闲视之，于至正十四年（1354年）派出了右丞相脱脱亲自挂帅，带领号称百万的大军前来征伐张士诚。这一次出征声势十分浩大，但是另一方面，脱脱手握如此大的兵权，也让朝廷对其产生了疑心。那么对付一个小小的高邮城为何要用百万大军呢？其实，元朝政府的用意很明显，那就是要一举解决南方的各路义军。如果换成其他人，也许早被元军的气势吓倒了，但是张士诚确实有血性，他根本就不曾惧怕，甚至在元军到来之后，还敢于与他们正面交锋。只是元军人数过于庞大，张士诚与他们交战几次都败北了。百万元军开始攻城，高邮弹丸之地，经不住这么多人一起攻打。不久，外城就被攻破，只剩下内城还在苦苦支撑。眼看元军就要杀入内城，将张氏兄弟彻底剿灭了。但是，张氏兄弟做梦也没有想到元朝方面竟出现内争，使得统帅脱脱被罢免官职，安置到淮南路。而取代脱脱指挥权的是河南行省左丞相泰不花、中书平章政事月阔察儿、知枢密院事雪雪，这三个人根本没有脱脱的才能，无法统率这百万大军。诏书到了高邮之后，元军将士们军心离散，张士诚乘机出击，大获全胜。从此，张氏兄弟也威名大震。张士诚乘机攻城略地，先后攻取了常熟、平江、湖州、松州、常州等江南富庶之地。

张士诚见地盘越来越大，将平江改名为隆平府，在此定都。随着他的地盘与西边的朱元璋逐渐接壤，两个人的矛盾也一触即发。

二、常州城血海战场

至正十六年（1356年）四月，张士诚的部将赵打虎攻克了湖州。朱元璋这边有一个降将叫作陈保二，他再一次叛变了朱元璋，投靠到了张士诚处，还顺带诱捕了朱元璋的两名将领。朱元璋十分生气，但是他也知道自己现在力量有限，还不是跟张士诚翻脸的时候。于是，朱元璋派出了儒生杨宪到平江面见张士诚，带给了他一封亲笔书信："最近听说足下大兵由通州南下，占据了吴郡。昔日隗嚣占据了天水称雄，今日有足下占据姑苏称王，我很为足下高兴啊，希望足下不要听信小人挑拨离间的谗言，以导致边衅。"这封信里面将张士诚比作隗嚣，张士诚虽然不读书，但是他手下有明白人，经过他们解释，张士诚勃然大怒。原来这隗嚣是东汉初年盘踞在甘肃的军阀，他本也打算归顺刘秀，但是因为各种巧合事件和刘秀发生了战争，最后隗嚣病死，他的地盘也最终归属刘秀所有。张士诚觉得这是朱元璋在讽刺自己将来会和隗嚣下场一样，便将杨宪扣留，这也标志着张朱两家彻底决裂了。

张士诚首先向朱元璋发难，他派兵进攻镇江。朱元璋得到消息之后，立刻向前线的徐达下达了指令："张士诚诡计多端，现在他来进犯镇江，是因为和我们的关系彻底决裂了。你部应该火速出兵进攻毗陵，然后打乱张士诚的阴谋和计划。"所谓毗陵就是常州的古名，此地正好位于张士诚和朱元璋的势力范围之间，是双方之间十分重要的战略缓冲地带，谁要占据此地，自然就可以占据更多的主动。于是，一场惊心动魄的常州大战开始了。徐达受命之后，带兵攻打常州，他在扫清了常州外围之后，发现兵力不足，于是火速派人向朱元璋请求支援。朱元璋立即调拨三万人前去增援。徐达军在城西北，汤和在城北，张彪在城东南，对常州形成了三面包围。为何要围三留一呢？目的就是防止敌人置之死地而后生，给他们留一条退路，是希望他们能主动放弃常州。张士诚听说了朱元璋大军围困常州的消息，也十分担心常州有失，便派出自己的弟弟张士德带领几万大军增援常州。徐达深知张士德骁勇善战，他告诫部下一定不能让他占据上风，否则他们会势不可当，务必用计谋来取胜。

徐达决定打一次伏击战，他命人在离常州城十八里处设下埋伏，总管王均用带领骑兵为奇兵，关键时刻杀出。徐达自己则带着主力迎战杀气腾腾的张士德。双方战作一团，一时难分胜负。正在胶着之时，王均用突然带着骑兵杀到，如下山猛虎一般冲向了张士德军阵中。张士德没有料到徐达会有这样一手，一时间猝不及防，队伍被冲得七零八落。张士德看到部下难以抵挡，只好下令撤军，但让他意想不到的是，徐达在他撤退的路上早已经安排好了伏兵，张士德的战马失蹄，将他摔落马下，朱元璋军将士们一拥而上，将他捆绑了个结结实实。朱元璋对张士德的名声早有耳闻，这一次徐达擒拿了张士诚的左膀右臂，朱元璋对此十分欣喜："张九四之谋全靠张九六，其人智勇非常，现在被我们擒获，张士诚离失败不远了。"

朱元璋本意是要用张士德来引诱张士诚，没有想到此人极有骨气，毫不畏惧。张士德在监狱中还暗中派人送信给张士诚，叮嘱哥哥可以投降元朝，借助元朝力量来消灭朱元璋。此事被朱元璋得知，他十分震怒，心想，此人已经无法收为己用，还是一个潜在的危险，于是就下令将他处死了。张士德的死让张士诚对朱元璋恨之入骨，他最看重手足之情，于是暗中发誓一定要完成弟弟的遗愿，用朱元璋的血来祭祀兄弟在天之灵！

至正十六年（1356年）八月，张士诚的部将江通海带着部下投降了朱元璋，而朱元璋这边徐达部将郑金院也带七千人投降了张士诚。朱元璋对于之前的陈保二、这一次的郑金院两次叛变十分恼怒，加之徐达围困常州日久，久攻不克，便很罕见地写信批评了徐达，说他对待投降之人不善，所以导致叛乱，而且还劳师无功。他命令徐达等诸将反思自己的过错，便于日后立功赎罪，否则必然给予严惩！朱元璋还指出陈保二等降将降而复叛的原因是诸将不能约束手下士兵，以致他们向陈保二肆意勒索，导致其不堪忍受而再次叛变。他严令今后诸将必须善待降兵降将，如果有人违反，定斩不饶！对于徐达等将帅，因为他们对常州久攻不下，自徐达以下所有将领都官降一级。九月，朱元璋到了镇江，他首先拜谒了孔子庙，派出儒生到各乡村，劝课农桑，加强防守。同时，又命总管徐忠在金山建立水寨，以便防止敌人来袭。十月，朱元璋将常遇春提升为带军总管，不久又晋升为统军大元帅，可见朱元璋对其寄予厚望。

常州被团团围困，能征惯战的兄弟张士德也死了，张士诚也对朱元璋十分惧怕。他只好暂时克制对朱元璋的刻骨仇恨，派出部下孙君寿携带一封书信来请和。在信中张士诚卑躬屈膝，将两军作战的责任推脱为是因为误会，为了表现和解的诚意，他愿意每年输送给朱元璋粮食二十万石，黄金五百两，白银三百斤。

朱元璋知道这是张士诚的缓兵之计，两个人的仇恨一旦结下，就难以和解。所以，朱元璋故意提出了更加苛刻的条件：粮食数额提高为五十万石。他还在回信中训斥了张士诚，说他用语华而不实，很虚伪。

张士诚得到了回信之后，暴跳如雷，他放弃了求和，决定与朱元璋死磕到底。张士诚派出部将吕珍带人援助常州，徐达等人见常

第四章 / 张士诚屡次发难 /

105

州一时间难以攻克，就将其团团围困，等待时机。

至正十七年（1357年）二月，朱元璋派出了耿炳文带人攻打浙江最北面的长兴。此地位于太湖西岸，陆路直通广德，战略位置十分重要。得到此地，张士诚的骑兵、步兵就不能出广德，窥视宣城等皖南城池。耿炳文的父亲耿均用在宜兴之战中阵亡，因此，这次耿炳文出兵也有为父亲报仇雪恨之意。张士诚派出了部将赵打虎率领三千人迎战。耿炳文在战场上看到张士诚的军队，想起了父亲的惨死，顿时血灌瞳仁。他大喝一声，率领部下杀向了敌军，赵打虎难以抵挡，只好落荒而逃。二月初三，耿炳文就攻克了长兴，擒获了长兴守将李福安和答失蛮，还缴获战船三百多艘。朱元璋得到捷报，将长兴改名为长安州，立永兴翼元帅府，以耿炳文为总兵都元帅，镇守长安州。耿炳文在长安州一守就是十年，他的防守本领也是明朝开国诸将中的佼佼者，后来在"靖难之役"中也让朱棣吃了不少苦头。耿炳文的防守本领据说来自一个人的真传，这人是个儒生，叫作温祥卿。耿炳文当时正在长兴一带躲避战乱，温祥卿看到朱元璋的军队军军纪严明，觉得朱元璋一定能成就大业，于是就携带家眷来投奔耿炳文。耿炳文与温祥卿交谈之后，发现此人精通兵法韬略，于是就将其留在了军中做参谋。温祥卿精通守城之略，对耿炳文倾囊而授，例如如何派兵把守各处要津，如何准备守城战具……耿炳文能坚守长兴十年不丢，也正是得益于温祥卿的传授。

随着围城时间越来越长，常州城内张士诚的部队日子也越来越难过了。徐达得知这个消息，督促部下猛烈攻城，终于在三月将常州城一举拿下。吕珍见大势已去，就带人乘夜逃跑了。

常州之战对于朱元璋来说也十分艰苦，整整耗时八个月之久。虽然朱元璋付出了巨大代价，但是常州城的取得为今后他与张士诚之间的对峙提供了优势。更重要的是，朱元璋也得到了一个经验。对于那些一时间难以攻克的坚城，可以通过长期围困来攻取。此后，武昌、平江、庐州等城池的获得，都是通过长期围城来实现的。常州之战后，朱元璋论功行赏，廖永安被任命为行枢密院同金，俞通海升任行枢密院判官，常遇春升为中翼统军大元帅，胡大海升为了右翼统军大元帅。这就是朱元璋驭将之道，有过错惩罚批评，有了功劳则不吝赏赐，所以才能将士用命，无往而不胜！

张士诚方面当然咽不下这口恶气，他在五月间乘着朱元璋亲征宁国之际，在东线主动挑起了战事。他派人意图夺回长兴，结果遭到了耿炳文的迎头痛击。耿炳文还乘胜攻下了安吉。至此，湖州路全部被朱元璋军控制了。

至正十七年（1357年）五月，朱元璋派出水军将领俞通海以水师攻打太湖马迹山，迫降了张士诚的部将钮津。俞通海打算乘胜取道东洞庭山追击，但是好运没有一直伴随他。俞通海部遭遇了吕珍的突袭，诸将仓促迎战，有人提议撤退。但是俞通海有勇有谋、有胆有识，他深知此刻撤退无异于自寻死路。现在他们在张士诚地盘上，而且敌众我寡，一旦撤退，就让敌军知道了自己实力不足，如果沿途再遇到敌军攻击，就有可能面临全军覆没的危险。将士们听了俞通海的分析，下定决心与敌军决一死战。俞通海身先士卒，第一个冲向敌军。战斗正激烈的时候，突然对方阵中飞来一支流矢，正中俞通海的右颧骨，顿时俞通海血流满面，疼痛难忍。俞通海咬牙将箭头拔下，带着伤继续指挥作战，但是时间一久，箭伤实在难以忍受，他只好命人为自己穿上盔甲，立在船头继续指挥作战。看到主将如此拼命，手下的士兵们深受感染，精神振奋，拼尽全力杀向吕珍。吕珍难以应敌，只好带人灰溜溜地撤退了。

六月，朱元璋的部将赵继祖攻下了长江南岸的战略要地江阴。得到了江阴，也就意味着张士诚的水师再也不敢逆流而上偷袭镇江的金山、焦山等战略要地了。张士诚进一步陷入了被动之中。此刻的张士诚沉思，现在他可谓是三面受敌：东有朱元璋步步紧逼，南

第四章 / 张士诚屡次发难 /

有方国珍骚扰，北有元军时刻准备征讨他。面对这样的困境，张士诚突然想到了兄弟张士德临死托人传信给他，建议他可以投降元朝，借助元军力量消灭朱元璋。张士诚心想，现在他面临绝境，也只有这一条路可以走了。于是，张士诚与手下商议之后，决定投降元朝。至正十七年（1357年）八月，张士诚让投靠他的元朝前江南行台御史中丞蛮子海牙送信给元朝朝廷请降，朝廷很高兴，便授予了张士诚太尉之职。

七月，徐达带军到达宜兴，攻克了张士诚占据的常熟，还缴获了战马五十匹，战船三十多艘。朱元璋深知张士诚不会善罢甘休，必然反扑，于是在江阴这个重镇布置了两名得力干将把守。这两位大将就是吴良和吴祯兄弟，他们是最早追随朱元璋从军的元老，都是定远人，吴良最初名国兴，朱元璋为其赐名为"良"，吴良精通水性，能潜水进行侦察工作；而吴祯则擅长化装后进行谍报工作。江阴虽然守军不足五千，但是因为吴家兄弟二人训练士兵有方，加上他们实行屯田来保障军粮，所以张士诚军不敢轻易来犯，当地百姓对他们也十分信赖。到了八月初七，朱元璋军和张士诚军在常州与平江交界的望亭和新安大战。朱元璋军攻克了两地并夺取了石牌。接下来，双方又在江阴马驼沙交战，这一次，朱元璋军并没有攻克此地。

至正十八年（1358年）正月，朱元璋又派出廖永安和俞通海、桑世杰二次进攻马驼沙。经过一番血战，朱元璋军仍然没有攻下此地，反而损失了大将桑世杰，对于张士诚来说，总算挽回了一丝颜面。而朱元璋和张士诚之间的争斗远远没有结束，接下来还会发生更多或精彩或惨烈的战事。

三、胡大海被刺殒命

朱元璋在至正十七年（1357年）取得了巨大胜利，但是也陷入了东西两线作战的困境之中。东边的张士诚和西边的陈友谅成为他的主要对手。

至正十八年（1358年）正月，张士诚在取得了第二次马驼沙之战的胜利后，派兵反扑常州，意图一举拿下，却遭到了汤和的迎头痛击。

至正十八年（1358年）六七月间，廖永安在常熟和通州郎山击败张士诚军。十月，他乘胜带领水师在太湖攻击张士诚水师，张士诚水师大败而逃，廖永安紧追不舍。在追击过程中，廖永安遇到了张士诚部下吕珍的阻击。结果，廖永安作战失利，加上战船遇到了搁浅，他不幸被吕珍俘虏。廖永安当时官任枢密院同佥，是统领巢湖水师的核心人物，他的被俘是巢湖水师的巨大损失。张士诚对廖永安的被俘十分高兴，他几次试图劝降廖永安，却被这个铁骨铮铮的硬汉拒绝了。张士诚也不杀他，一直囚禁了他八年。至正二十六年（1366年）七月，廖永安死于监狱之中。

失去了廖永安，朱元璋决定提拔他的弟弟廖永忠为巢湖水军的统领，之所以不选择地位仅仅次于廖永安的俞通海，是因为不想让俞通海趁机做大。

至正十九年（1359年）二月，不甘心失败的张士诚又派人进攻江阴。这一次，张士诚的舰队声势十分浩大。面对强大敌军的进攻，吴良命吴祯带一支军队出北门和张士诚交战，而元帅王子壮出南门，一起合击张士诚军。最后成功击败张士诚军，战果颇丰。同时，胡大海在进攻绍兴时遭遇了失利，而北线的情况也不容乐观。邵荣在湖州击败了张士诚军队，张士诚退到城中死守，邵荣将湖州团团围困。次日，张士诚带所有守城士兵出战，邵荣迎战失利，只好退回临安；

他在临安设下伏兵，总算击败了张士诚的追兵，维持了北线的稳定。

至正二十年（1360年），朱元璋取得了应天保卫战的胜利，正在庆功之际得到了战报：张士诚派出吕珍带领水师自太湖兵分三路进攻长兴。长兴守将耿炳文派出手下副将刘成出兵五里牌，而总管汤泉出兵蒋婆桥，张琪出兵下新桥，与张士诚军交战。结果这一次遭受了挫折，汤泉和张琪战死，刘成和张士诚军交战一昼夜不分胜负。耿炳文只好亲自率兵增援，这才打退了张士诚军，还缴获了大量的战船。为了表彰前线浴血奋战的将士们，十一月，朱元璋将江阴守将吴良召回应天。他当众宣布："吴良保障一方使我没有后顾之忧，可谓劳苦功高！"说完，朱元璋命宋濂为吴良写了好几首诗称赞他的功绩。

至正二十二年（1362年）的一次叛乱，对朱元璋的团队造成了极大的影响。这就是发生在二月份的金华处州苗军叛乱事件。最初，胡大海带兵攻占建德路时，走投无路的苗军元帅刘震等人自桐庐来归降胡大海。苗军虽然军纪很差，但是素以彪悍著称，胡大海对于苗军的归降十分欢迎，他将这些苗军将领留在自己帐下，对他们十分倚重和信任。等到这些人准备反叛的时候，刘震感觉良心上有些过不去，毕竟胡大海对自己有收留之恩，又十分看重，他不忍心对其痛下杀手。而这时李福对众人说："胡参政对待我们确实不错，但是这支军队大权在主将手中，如果不杀了主将，我们的事情就难以成功，到时候死的就是我们自己了！举大事不可顾及私恩啊！"众人见他说得有理，就下定了决心。他们派人通知衢州和处州苗军元帅李佑之等人，约定二月初七这一天同时起义。至正二十二年（1362年）二月初七这一天，蒋英等人假装请胡大海来到八咏楼下观看射弩箭。等到大家看完之后，胡大海打算上马离开，蒋英部下的钟矮子突然在胡大海马前跪下，装出一副可怜相说："蒋英等人要杀我，大帅救我啊！"胡大海觉得诧异，就回头问蒋英等人是怎么回事。

蒋英这时候手持铁锤，做出一副要锤打钟矮子的样子。胡大海对此毫无防备，他没有想到这家伙的目标是自己。只见蒋英趁胡大海没有防备，一锤就狠狠砸向了胡大海的脑袋，胡大海惨叫一声翻身落马。蒋英立刻冲上前去，用刀砍下了胡大海的首级。可怜胡大海一世英才，没有战死沙场，却死在了叛将之手，真是令人惋惜！蒋英手提血淋淋的胡大海人头，在各处宣示，迫使各文武官员归降。然后，这伙杀红了眼的叛军又杀死了胡大海儿子胡关住，又捉住了郎中王恺。王恺面对叛军的劝降，誓死不从，他怒斥贼人："我官居郎署，一心守卫这片土地，虽死也无憾，绝不跟从贼人作乱！"刘震心生怜悯，打算释放王恺，没想到有人和王恺有仇，乘机杀了王恺。胡大海的死讯传到了金华地区，当地人无不痛哭流涕，如丧考妣！可见，胡大海在当地得人心之深。

　　蒋英等人叛乱的消息传到了处州，处州的苗军元帅李佑之和贺仁得之前就接到过金华方面苗军商议同时起义的信件，便乘机作乱杀死了院判耿再成、都事孙炎和知府王道同以及朱元璋养子朱文刚等人，一举将处州城占据。这帮人作乱的时候，耿再成正在陪客人们用饭，他听说了消息后，立刻上马应敌，不过，还没有等他整顿好队伍，叛军就杀到了眼前。耿再成对叛军大声叱骂："你们这帮贼骨头，朱元帅怎么辜负你们了，要造反？"叛军也不容他继续说，一起上前，刀枪齐举，可怜耿再成好虎架不住群狼，最终死于叛军之手。孙炎之前为朱元璋招来了大才刘伯温，此时，孙炎面对叛军毫不畏惧，对敌人大声叱骂，结果被乱刀砍死。

　　苗军叛乱的消息传到应天，朱元璋对于胡大海的死十分痛惜，他追封胡大海为同知大都督府事，谥号"武庄"，此外，他下令李文忠带兵征伐金华的叛军。李文忠立刻派出了元帅何世明和郭彦仁等人带兵平乱。大军到了兰溪，蒋英等人闻讯之后不敢抵抗，在金华城大肆抢劫了一番之后，就带兵投降到张士诚处。处州方面，朱

/ 第四章 / 张士诚屡次发难 /

元璋派出邵荣带兵征伐。邵荣带大军到了处州城下，他命院判张斌、王祐和胡深等人进攻处州四门，并焚毁东北二门，然后将士们登城而入。李佑之被迫自杀，邵荣让王祐守城，处州之乱被平定。

浙东这次叛乱引起了巨大的震动。胡大海死后，大局无人主持。朱元璋升任李文忠为左丞，杨宪和胡深为左右司郎中，让他们驻扎金华，统领浙东军队。李文忠自此接替了胡大海的职位，成为浙东一带的统帅。

至正二十二年（1362年）对于朱元璋来说，是祸不单行的一年，这一年他遭受了多次叛乱。

之前陈友谅的部将胡廷瑞投降了朱元璋，他本人是诚心诚意归顺。为了避讳朱元璋的字"国瑞"而改名为胡美（也称胡廷美），他还将自己的长女嫁给了朱元璋。但是，没有多久洪都方面就传来了消息，祝宗和康泰叛乱，攻陷了洪都府。原来，当初胡廷瑞投降的时候，他的部将祝宗和康泰就十分不满，他们时常挑拨胡廷瑞再次叛乱，但是胡廷瑞对他们好言安抚，将此事暂时压了下来。等到胡廷瑞到应天之后，他怕这两人生事，自己脱不了干系，就将二人挑拨之事告诉了朱元璋。朱元璋就下令，命祝、康二将带领部下到湖广听从徐达的调遣。这二人心中有鬼，觉得朱元璋有可能要对他们下手了。于是，他们决定先下手为强，抢先一步发动了叛乱。因为事发突然，来不及准备的邓愈只好带着十几个骑兵出逃，他与叛军几次交手，且战且退，跟随他的部下大部分战死。幸亏邓愈武艺高强，加上养子舍命相救，将其战马让给了邓愈，才得以侥幸脱险。邓愈虽然保住了一条性命，但叶琛和万思诚却死在了叛军刀下。朱元璋得知洪都叛乱的消息，急令徐达从湖广带兵来平乱。徐达一举攻下洪都，将祝宗杀死，活捉了康泰。朱元璋深知江西对于战局的重要性，便派侄子朱文正去镇守。

这次顺利平定叛乱，但是接下来的一次叛乱就发生在朱元璋身边，还险些导致他葬送了性命。这一次叛乱是由朱元璋的得力部将邵荣和赵继祖等人发动的。邵荣是濠州起义军中的"老革命"，他本是郭子兴旧部。我们分析一下至正二十二年（1362年）朱元璋部下的势力组成，就会发现很多端倪。第一派是濠州旧部和渡江以来陆续归附朱元璋的人员，这些人包括朱元璋嫡系以及历次归附的人员和郭子兴的旧部；其中，朱元璋嫡系还有历次归附的人员以及渡江以后陆续归附的人员是绝对服从朱元璋的。第二派为巢湖水军，在廖永安被张士诚俘虏后，朱元璋提拔了廖永忠和俞通海一起统领此军，他们对朱元璋也绝对服从。因此，只有濠州旧部中的郭子兴旧部这一部分人最让朱元璋头疼了。郭子兴旧部中的张天祐、郭天叙和郭天爵已经作古，最重要的首领只剩下了邵荣和赵继祖两个人。邵荣在濠州时期就多次和朱元璋并肩作战，在渡江之后，小明王册封他的官位与朱元璋是平级。朱元璋后来逐渐成为队伍的实际主帅，而邵荣沦为副职的角色，不过，他也仅仅是比朱元璋低半级而已。就是功劳赫赫的徐达，职位也在邵荣之下，而赵继祖则与常遇春和邓愈等重要将领平级。邵荣一路走来，也立下了不少战功。朱元璋最开始对他也十分欣赏，真心希望他能真诚地服从自己，为自己所用。邵荣仗着自己平定了处州之乱，颇有些居功自傲，对朱元璋多有怨言。这些不满的言辞传到了朱元璋耳中，邵荣得知情况之后，索性下定决心与赵继祖密谋叛乱。

  邵荣和赵继祖在密室中商议，昏暗的烛光下，有一双布满血丝的眼睛和一张因为仇恨而变得扭曲的脸，看起来十分恐怖。这正是邵荣，他深知叛乱可能有掉脑袋的危险，他咬着牙对赵继祖说："朱元璋要去三山门阅兵，我们就在那里设下伏兵，将他除掉！"二人计议完毕，就等朱元璋阅兵的时候动手。不过，朱元璋在阅兵那天感觉到了一些异常，他改换了衣服从其他道路回去。邵荣没有得手，他手下的宋国兴暗中到朱元璋那里告密，朱元璋命廖永忠和康茂才去将邵荣召唤过来对质。邵荣知道密谋败露，也不想掩饰，大大方方地承认就是他所为。朱元璋将邵荣等关押起来，然后召集众将商议应该如何处置。邵荣毕竟名义上还是这支队伍的副统帅，位高权重，不同于其他人物。常遇春第一个出来表态："邵荣等人凶悖，竟然犯上作乱，妄图杀害主公，纵使主公不忍心杀他，我们也不想与他一起活在世上！"其他诸将看到常遇春这样坚决的态度，也都纷纷表示赞同。朱元璋在杀邵荣之前请他喝酒，邵荣却不肯喝，只是悔恨流泪。而赵继祖却对邵荣大喊："如果你早点儿下手，也不至于有今天，事已至此，哭有什么用！"朱元璋含泪将邵荣等人处死。随着邵荣的死，郭子兴旧部这一派势力也就被彻底打压了下去，再也没有机会兴风作浪了。这一点十分重要，因为只有这样，在接下来的鄱阳湖生死大战中，朱元璋才能令行禁止，不担心内部出现问题。

四、李文忠威震浙江

在明初的开国将领中，李文忠是仅次于徐达、常遇春的重要人物，他与朱元璋的关系，既是君臣，又是甥舅。其人十多岁投奔朱元璋，身经百战，驰骋战场，他东定浙江，南征福建，北伐大漠，西镇西番，屡建功勋，是一位值得大书特书的传奇儒将。

（后）至元五年（1339年），李文忠出生于一个贫穷的农民家庭。他的母亲就是朱元璋的二姐，父亲是李贞。他自幼跟随父母学习各种活计，虽然因为家贫并没有机会读书，但是他在父母的教诲下，懂得不少道理。父亲不辞辛苦地劳作，母亲操持家务勤俭节约，这些都对幼年的李文忠起到了言传身教的重要作用。因为常年的劳累，在李文忠十二岁时，母亲不幸病逝。从此，李文忠跟随父亲一起生活。除了做一些体力活儿之外，懂事的李文忠还学习一些拳脚功夫，以强身健体。红巾军起义之后，战事波及父子二人居住的盱盱一带。眼看家乡无法居住，李贞便带着儿子背井离乡，四处逃荒。在流浪途中，他们从濠州流民口中得知了一个好消息：李文忠的舅舅朱元璋在郭子兴队伍中已经成为重要将领。于是，李贞带着李文忠去投奔了朱元璋。甥舅相见，朱元璋想起了过世的二姐，便将李文忠紧紧抱在怀里，痛哭流涕。之后，朱元璋对外甥刻意栽培。最初，十四五岁的李文忠就开始读一些《三字经》《百家姓》之类的启蒙读物来识文断字；后来，他又熟读"四书五经"，精通诗文；在学问之外，他还勤学苦练武功。到了李文忠十九岁时，他学文习武都有了较大的进步。朱元璋开始授予他舍人之职，让他投身军旅锻炼自己。至正十七年（1357年），李文忠带着亲军加入了增援池州的战斗中，这也是他显示军事才能的第一次机会。当时，常遇春和廖永忠分别率领水陆两军攻下了徐寿辉的地盘池州，擒杀了其部将洪元帅等。朱元璋得知消息后，派人告诫常、廖二人："徐寿辉的部下，多平庸无能之辈，只有陈友谅十分猖獗，不可不防啊！"果不出其所料，陈友谅带领猛将十多人，战船百余艘来夺取池州。双方发生了激烈战斗。在战场上，小将军李文忠英姿勃发，只见他骑一匹骏马，手持长槊，在敌军阵中驱驰奔腾，真有一股初生牛犊不怕虎的气势。李文忠配合常遇春和廖永忠，四面冲击天完军队，杀退了敌人的战船，凭借他的勇敢，朱元璋军取得了池州战斗的胜利。李文忠也因为这次卓越表现，被称为"诸将之冠"。之后，李文忠会同邓愈和胡大海攻占建德路。李文忠和元将阿鲁灰在万年街作战，取得胜利；接下来，他又在於潜、昌化击败苗军；之后，还乘胜攻下了建德城。朱元璋将建德改名为严州府，命李文忠镇守。在严州府期间，李文忠曾经和胡大海、杨宪有过矛盾。当时的李文忠实际上是朱元璋的代表，他负责监视各将领，并且有节制之权力。由于胡大海多次建立军功，朱元璋对他十分倚重。朱元璋听说了外甥和胡大海之间的矛盾，就派人来告诫李文忠："保儿你是我亲外甥，胡大海是我的

/ 第四章 / 张士诚屡次发难 /

心腹。身包其心，心得其安。心若安定了，身自然而定。保儿对胡大海要真心对待，和其融洽共处，我的大业才能成功！"

　　李文忠在严州期间，年少好色，曾经在娼妓韩氏家里住宿。杨宪当时在严州担任参政，他出于职守，将李文忠的不法之事告诉了朱元璋。朱元璋就派人杀了韩氏，还召来李文忠问罪。马氏得知此事，劝说丈夫："严州府紧靠着敌人边境，位置重要，不要轻易更换将领。保儿秉性贤明，杨宪只是道听途说，岂能一下就相信他的话？"朱元璋听了马氏的话，没有立刻惩处李文忠。李文忠听说此事后十分惊慌，他身边的儒生赵伯宗和宋汝章乘机劝说他投靠杭州的张士诚部。李文忠也知道朱元璋军纪严明，不管是谁触犯了都给予严厉惩罚，六亲不认，他也有些心动。于是，一时糊涂之下，李文忠就命赵伯宗前往联络。

　　当李文忠与身边的参谋侯原善等人拟定议降书时，朱元璋的亲笔书信到了。信中朱元璋对他大加安抚，赏赐他金银良马，命他用心镇守严州。李文忠回到严州，担心此事泄露，将赵伯宗和宋汝章投入河中淹死灭口。此事在当时虽然掩饰过去了，但是后来朱元璋也有所耳闻，这就种下了朱元璋对李文忠不满的种子。此事之后，李文忠死心塌地为朱元璋服务，没有再生出异心。苗帅杨完者带兵攻打严州，被李文忠击败。至正十九年（1359年）三月，张士诚带兵攻打严州，李文忠乘着敌军立足未稳，带兵冲杀出来，左右进击。张士诚主力部队集中在城东，李文忠就自己率兵在东门抵御。同时，李文忠派两名将领从北门绕出，偷袭张士诚部队，使得张士诚部队腹背受敌。李文忠终于获得了大胜。

　　四月，张士诚部队又来进攻严州。张士诚带兵在大浪滩和分水岭驻扎。李文忠主动出击，带兵在大浪滩乘胜攻取了分水岭。张士诚又派出将领在三溪据守，李文忠将其击败，并烧毁了其营帐，落败的张士诚军只好大败而逃。张士诚知道了李文忠的厉害，很长一段时间不敢再窥视严州府。李文忠成长为独当一面的大将了。

至正二十二年（1362年）三月，张士诚乘苗军叛乱造成的混乱局面，派出张士信带领万余名士兵进攻诸全。诸全是水陆要道，地理位置十分重要。此时的诸全守将是谢再兴，他是朱元璋的部将，又是其亲家。因为谢再兴的女儿嫁给了朱文正。张士信带军杀到，他在离城数十里之处筑造堤坝，拦住了溪水，打算乘着潮汛来临时候开坝放水，来个水淹诸全。谢再兴知道后，不断派人偷袭，他守城很有一套。张士信带着一万多人来进攻诸全，与谢再兴日夜激战，前后二十九天未分胜负。谢再兴在城外设伏，打算趁着敌军来战时自己带兵冲出，两面夹击张士信。李文忠知道诸全地位重要，多次派人告诫谢再兴不可轻敌，要加强城防。果然，张士信的部队不久之后又来攻打诸全，这次共有兵力十万，将诸全团团围困。谢再兴连忙派人突围向李文忠告急。李文忠派出胡大海的养子胡德济带兵增援。胡德济军队来到诸全，不但没有打退敌军，反而和谢再兴一起被围在了城中。谢再兴派人再次向李文忠求援。但是，此时李文忠身边兵马已经不多，没有更多兵力来支援。不过，李文忠得知朱元璋派出邵荣带兵征伐处州的叛乱，他就和部下谋士们商议，故意借助邵荣出兵的消息，到处扬言说徐达和邵荣已经带领大军进发严州，还派出谍报人员在义乌古朴岭揭榜。张士信手下的士兵看到了这个榜文，很多人惊惧不已。乘着张士信军中人心浮动，胡德济和谢再兴带兵半夜杀出城，张士信军无斗志，自相践踏和溺死的很多。这一次的诸全之战，张士信军中带着乐器和舞女前来，日夜以蹴鞠饮宴为乐，部下将士们也没有斗志，才导致了最终的失利。诸全之战胜利后，李文忠又遇到了一个大麻烦，那就是谢再兴竟然叛变投靠了张士诚。原来，谢再兴部下有两名心腹石总管和糜万户，他们两人经常以军中违禁之物到张士诚管辖地盘贩卖，从中牟利。朱元璋知道后十分恼怒，命人将石总管和糜万户斩杀问罪，将二人首级悬挂在谢再兴的厅堂之上，以提醒谢再兴管理部下失职之罪。

此外，朱元璋还打算做主将谢再兴次女嫁给徐达，并将谢再兴叫回去听候宣谕，同时又派出参军李梦庚到诸全节制军马。谢再兴回去之后还要听从李梦庚的调遣，他对此十分不满，口出怨言："他要我女儿嫁人，不同我商量，还要我听从别人节制，夺取我的权力。"于是，在至正二十三年（1363年）四月，谢再兴和诸全知府栾凤商议，将李梦庚、王玉、陈刚捉拿，然后带着诸全的人马到了绍兴投靠张士诚。这样一来，李文忠的辖区形势一下变得紧张起来。九月，自称吴王的张士诚派出谢再兴带兵攻打李文忠辖区范围内的东阳。李文忠和处州总制胡深在义乌迎敌。李文忠挥舞着长槊，亲自带领精锐骑兵数千人，杀入了敌阵，谢再兴抵挡不住，只好败退。胡深十分有智谋，他领兵宽厚，用兵十多年，没有乱杀过一个人，是一个文武全才之人。李文忠和胡深十分投缘，他们在击败了谢再兴之后，商议：诸全是浙东的屏障，谢再兴熟悉诸全防务，日后必然还要攻打诸全，如果诸全丢失，衢州就不能防守；为了防守诸全，必须在城外险要之处筑造新城，分兵防守，以成掎角之势。李文忠筑造的新城离诸全五十里。果然不出他们所料，张士诚派出李伯昇带兵十六万杀到了诸全，因为新城建筑比较牢固，才没有被攻破。李文忠、胡深带兵杀出，将李伯昇杀退。

张士诚确实是个难缠的对手。至正二十五年（1365年）二月，张士信为了报诸全失败之仇，带领二十万人，派遣李伯昇和谢再兴进攻诸全新城。这二十万兵马摆开了阵势，绵延十几里地，建造庐舍和仓库，呈志在必得之势。新城守将胡德济坚守待援，李文忠得报，连忙带领朱亮祖等将领前往援救。李文忠人马在距离新城十里处扎营，胡德济派出的使者报告说，敌人来势凶猛，我方兵马严重不足，需要等待大军来救援。李文忠表示："兵在于精不在于多。"他下令部下："敌人虽然众多但是志骄，我方人少但是精锐，以精锐对骄横，必然获胜。"他还鼓励手下："这一次张士信带来了大量辎重，军中铠甲、粮草堆积如山，如果获胜，这些都是你们的！"就在李文忠向大家训话的时候，东北方向突然飘来了一大片白气，李文忠命人占卜，说此战必胜，全军上下一片欢腾。第二天，李文忠命令将士们急行到达了新城。在出发之前，李文忠集合诸将当众发誓："成败在此一举，我绝不会因爱惜身躯而落在三军将士之后。"大家见主将立志冲锋在前，深受鼓舞。李文忠命令徐大兴、汤克明等将领率左军，严德、王德率右军，自己则亲自率帅中军杀向了敌军营地。正在此时，胡深的援军也从处州赶来会战，大家一起努力拼杀。李文忠乘着大雾散去之后，带领着几十个骑兵，手持长槊，居高临下冲向了敌军。敌军见是李文忠亲自来冲杀，就打算将他擒拿，他们派出精锐骑兵将他团团围困。关键时刻李文忠毫不畏惧，反而越杀越勇，他手持长槊左右冲击，逢人便杀，遇人就刺，亲手斩杀了敌军多名将领，血染征袍。全军将士们见主帅用命，无不奋起杀敌。这时候胡德济也带兵加入了战斗。李文忠带着朱亮祖，乘胜焚烧了敌军营帐几十座。这一战俘虏张士信部下三千六百多人，缴获战马八百多匹。李伯昇护卫着张士诚的五儿子仓促逃窜。韩谦、滕忠、周遇、萧寿山等人成为俘虏，至于那些丢弃的铠甲兵器，还有粮草，漫山遍野，好几天都收拾不完。

　　捷报传到应天，朱元璋大喜，将李文忠召回，连续几天设宴款待为他庆功。在任命李文忠为平章政事的文书中，朱元璋盛赞外甥：摧枯拉朽，厥功奇伟！

第四章 / 张士诚屡次发难 /

大明王朝
诞生记

第五章
陈友谅好战覆国

```
                          ┌──────────────┐
                          │ 陈友谅枭雄发迹 │
                          └──────────────┘
                                 │
   ┌─────────────────┐   ┌──────────────┐   ┌──────────────────┐
   │ 1351年，徐寿辉起 │   │ 陈友谅投效天完 │   │ 1359年，陈友谅掌握天 │
   │ 兵，建立天完政权 │   │ 政权将领麾下  │   │ 完政权，自立为汉王  │
   └─────────────────┘   └──────────────┘   └──────────────────┘

   ┌─────────────────┐   ┌──────────────┐   ┌──────────────────┐
   │ 1360年，陈友谅进犯 │  │   太平城    │   │ 陈友谅攻下太平城， │
   │ 池州，被徐达击败   │  │  花云死义   │   │ 花云以死相抵      │
   └─────────────────┘   └──────────────┘   └──────────────────┘

   ┌─────────────────┐   ┌──────────────┐   ┌──────────────────┐
   │ 康茂才诈降于陈友谅 │  │   应天城    │   │ 刘基献计朱元璋，  │
   │                  │  │ 陈友谅败走  │   │ 死守应天城        │
   └─────────────────┘   └──────────────┘   └──────────────────┘
                                 │
                          ┌──────────────┐
                          │ 征江州西线得胜 │
                          └──────────────┘

   ┌─────────────────┐   ┌──────────────┐   ┌──────────────────┐
   │ 朱元璋被加封为吴国 │  │ 傅友德投奔朱元璋， │ │    朱元璋       │
   │ 公，逐渐走向自立   │  │ 被任命为大将    │ │   攻取龙兴路     │
   └─────────────────┘   └──────────────┘   └──────────────────┘
                                 │
                          ┌──────────────┐
                          │ 不顾险安丰救驾 │
                          └──────────────┘

   ┌─────────────────┐   ┌──────────────┐   ┌──────────────────┐
   │ 1356年，刘福通三路北│  │ 1363年，朱元璋进攻安│ │ 陈友谅趁机备战，准 │
   │ 伐，直捣元朝大都城 │  │ 丰，安丰之战拉开帷幕│ │ 备一举消灭朱元璋  │
   └─────────────────┘   └──────────────┘   └──────────────────┘

   ┌─────────────────┐   ┌──────────────┐   ┌──────────────────┐
   │ 1362年，朱文正被朱元│  │   朱文正    │   │ 朱元璋军死守洪都， │
   │ 璋派遣到洪都，洪都城│  │  力保洪都   │   │ 八十五天后陈友谅  │
   │ 防大大加强        │  │            │   │ 撤军              │
   └─────────────────┘   └──────────────┘   └──────────────────┘
                                 │
                          ┌──────────────┐
                          │ 1363年，鄱阳湖血 │
                          │ 战，陈友谅战死  │
                          └──────────────┘
                                 │
                          ┌──────────────┐
                          │ 1363年，朱元璋大军│
                          │ 夺取武昌，汉国覆灭│
                          └──────────────┘
                                 │
                          ┌──────────────┐
                          │ 1364年，湖广行省 │
                          │     设立       │
                          └──────────────┘
```

一、陈友谅枭雄发迹

朱元璋一生有三大对手，可谓是他夺取帝位道路上最强大的绊脚石：一为元帝国；二为张士诚；还有一位就是陈友谅。

陈友谅是沔阳人，他本是渔家子弟出身，属于当时社会的底层人物。陈友谅祖上本姓谢，因为后来入赘到了陈家，后代才改姓了陈。出身于这样的家庭，陈友谅想改变自己命运的想法十分强烈，他不甘心平庸一生。幸运的是，陈友谅的家庭在极其困难的情况下，还供他读了几年书，就这样，知识改变命运。陈友谅没有继承父亲渔民的职业，后来成了县里的一个小吏。对于普通人来说，可能拥有这样一个"铁饭碗"就十分满足了，但是陈友谅的抱负远大，绝不可能满足于眼前的现状。对他来说，只做一个小吏是埋没他的才能，他还想爬得更高。有一位擅长看风水的先生，看过了陈家祖坟之后对陈友谅说，他们家当大富大贵。也许这就是行走江湖的老先生惯用的骗术，陈友谅却当了真，他更加确信自己将来一定会发达。陈友谅相貌非凡，身强力壮，他拥有一身好力气，而且还有不错的武艺。在当时湖广一带有农民军起义，对于陈友谅来说，乱世出英雄，正是他一展身手的大好时机。

说起这湖广农民起义，首先要说下彭莹玉和徐寿辉两人。

彭莹玉又名彭翼，本是袁州一个农民家庭之子，十岁的时候他因为家贫到了当地慈华寺为僧。不过，随着年龄的增长，彭莹玉并不安心于寺庙清修和青灯孤影，他关心外界局势，了解到元朝政府的腐败，意图在乱世中有所作为。彭莹玉重义气，又精通医术，他时常为人治病疗伤，因此，没有多久，民间百姓就对他顶礼膜拜。彭莹玉是白莲教徒，他信奉"弥勒降生、明王出世"之教义，在（后）至元四年（1338年）六月，彭莹玉和弟子周子旺等人以"寅年寅月寅日寅时"为号召，带领信徒起义。当时起义者背心上都写着一个"佛"

字，彭莹玉对大家说："我们有了弥勒佛保佑，就可以刀枪不入。"愿望是美好的，但现实是残酷的。尽管彭莹玉这样说，但是等元军来镇压之际，信徒们才发现自己都是血肉之躯，哪里有什么刀枪不入的本领。结果，在元军镇压之下，周子旺被杀，彭莹玉只好在淮西逃亡。因为彭莹玉的信徒众多，所以总能得到庇护，而官府尽管下了大力气要捉他，却没有如愿。此后的十几年间，彭莹玉在江淮等地宣传白莲教，足迹遍及今天的安徽、江西、湖南、湖北各地，他还在各地招收门徒，时刻准备再次起义。彭莹玉的这番努力没有白费，正是因为他的努力，为日后起义培养了大量的白莲教教徒骨干。朱元璋最初在两淮流浪期间，正是彭莹玉在淮西传道之时，他才接触到了白莲教的教义。彭莹玉有一个著名的女弟子叫金花小姐，赵普胜、左君弼、廖永安、俞通海等叱咤风云的人物都是她的弟子。

徐寿辉是罗田的一个布贩子，他走南闯北，见过不少世面，也结交了不少江湖朋友。徐寿辉有一个突出的特点，就是人长得很帅，他身材伟岸，仪表堂堂，是闻名的美男子。徐寿辉为人也十分正直，喜欢打抱不平，因此在当地十分有名。至正十一年（1351年）五月，刘福通等人在颍州起义之后，邹普胜也积极准备起义，他需要物色一位体态雄伟的人物，以应弥勒佛下生之教义。巧的是，徐寿辉正好带着十斤好铁来到了邹普胜家中，让他帮忙打造一柄锄头；在与邹普胜攀谈之时，徐寿辉蹲坐在了铁砧上。更巧的是，此前邹普胜曾经做梦梦见有黄龙蟠其铁砧之上，他就认定徐寿辉有天子之相，邹普胜当下跟徐寿辉说明此事，徐寿辉本来没有造反之意，但是架不住邹普胜的三寸不烂之舌，加上对将来美妙前景的描述，徐寿辉终于心动了。邹普胜见状趁热打铁地说："现在的天下形势还铸造什么锄头？我会为你打造一柄剑赠送。"就这样，邹普胜、徐寿辉和来到此地的彭莹玉一起号召大家起义，他们打出的口号是"弥勒佛下生，当为世主"。这支队伍的总指挥是徐寿辉，彭莹玉在名义上是徐寿辉部将，但是因为他强大的号召力，大家还是尊奉为他祖师，他自称为"彭祖家"，他的核心徒众以"普"字排辈命名，所以我们才看到这么多名字里面带"普"的人：邹普胜、丁普郎、赵普胜等等。这支队伍起义之后发展迅速，在十月攻克了蕲水。徐寿辉以蕲水为都城，建国号为"天完"。彭莹玉取的这个国号颇有些讲究，寓意就是在"大元"两字上面分别加上"一"和宝盖头，表明新政权就是要彻底压垮打倒元王朝。天完政权的皇帝是徐寿辉，年号为"治平"，邹普胜是太师，然后他们开始封赏官员。天完政权发展十分迅速，他们在至正十二年（1352年）正月一举拿下了汉阳、兴国、武昌等重镇；二月又攻克了江州、岳州、袁州、饶州、徽州、信州等地，天完大军所到之处，百姓纷纷响应；七月，天完军穿过皖南竟然一路到达浙江地界，还一举拿下了杭州。不过，元军很快又夺回了杭州城。元朝政府反应过来以后，开始对这支义军疯狂镇压。到了年底，元军夺回了常州、湖州和信州等地，彭莹玉和金花小姐也相继战死。

对于天完政权而言雪上加霜的是，这时候北方的元军在镇压了芝麻李和刘福通等人的起义后，得以腾出手来全力对付他们。至正十三年（1353年）年底，各地元军会合，一举攻下了天完政权的都城蕲水。徐寿辉突围而出，带着部下到了黄梅山区和沔阳一带，和元军打起了游击战。

徐寿辉他们在等待时机东山再起。这个时机很快就到来了，因为张士诚等人的起义，又将元军主力吸引到了高邮。至正十五年（1355年）正月，徐寿辉部将倪文俊乘机攻占了沔阳城。三月，徐寿辉带兵攻克襄阳，但是很快被元军夺回。五月，倪文俊攻下了中兴路，七月，又拿下了武昌和汉阳。天完政权果然实现了复活。

至正十六年（1356年）正月，倪文俊在汉阳建都，迎请徐寿辉为帝，倪文俊自称丞相，他们派出大军攻打湖南各地。到了至正十七年（1357

年)正月,倪文俊攻下了峡谷州,他的部将明玉珍攻克了川蜀各地,四川地区也纳入了天完政权的版图。军事上的节节胜利,冲昏了倪文俊的头脑,他变得骄横无比,开始不把徐寿辉放在眼里。而徐寿辉也没有其他本事,便成了倪文俊的掌中玩物。到了八月,倪文俊图谋杀掉徐寿辉,自己取而代之。没有想到事情败露,倪文俊只好逃亡到黄州,却被自己的部将害死,而这名部将正是陈友谅。

陈友谅在徐寿辉起义之后,加入了他的队伍。当时,陈友谅看到天下大乱,意图有所作为,就辞去了小吏的职务,与弟弟陈友仁、陈友贵等聚众起义,元军前来镇压,他抵挡不住,便投奔了徐寿辉。刚加入时,陈友谅并不被重用,他被分配到了倪文俊手下做一个负责文书钱粮之事的小官。不过,陈友谅善于利用机会,他在立了几次功劳之后,被提升为倪文俊身边的一员带兵元帅。地位不断上升,陈友谅的野心也不断上涨,他打算百尺竿头更进一步。到了至正十七年(1357年),这个机会来到了。看到老上司倪文俊落魄来投,陈友谅打起了他的主意。虽然之前倪文俊对自己有提拔之恩,但是现在他已经没有利用价值了,反而可以作为自己向徐寿辉邀功的筹码。恩情在野心勃勃的陈友谅看来丝毫没有价值,他只想着不择手段,实现自己的目的。于是,陈友谅选择了背叛倪文俊,他将倪文俊杀死后,接管了其麾下的军队。陈友谅自称宣慰使,之后又改称平章政事,他基本控制了天完政权的大权,徐寿辉又成为他的傀儡。

陈友谅掌握了天完大权之后,对地盘的贪婪又促使他四处出兵。至正十八年(1358年)正月,陈友谅开始大举进攻安庆城。元朝行省左丞余阙是安庆的主将,他派出水军在安庆西南的小孤山驻扎,以防止陈友谅的进攻。但是陈友谅部下人多势众,战斗力极强,他们很快就拿下了小孤山,进军安庆城了。经过几个昼夜不曾停息的围攻,正月初七,安庆城破,余阙自刎而死,他的妻子儿女也选择了投井自杀。城中有几千军民自焚而死。陈友谅感慨于余阙的悲壮气节，称赞余阙为"天下第一人"，并隆重为之下葬。

安庆落入了陈友谅之手后，他的地盘与东边的朱元璋接壤了。这也标志着朱元璋与陈友谅的军事争夺正式开始了。

前文我们讲到过常遇春趁着池州城内主将赵普胜外出，乘机攻下了池州。朱元璋之所以选择首先动手，是因为他感觉到长江中游的陈友谅对自己威胁太大了，即使陈友谅现在暂时没有对自己动手，但是陈友谅占据地理上的优势，对于他来说，就是一把随时可能刺向自己的达摩克利斯之剑！朱元璋知道陈友谅不会善罢甘休，二人之间早晚要发生一场惨烈的对决，因此，他加紧训练军队，为了克敌制胜，他还让部下着重进行了火器训练。

火铳是早期火器中的利器，它的使用开始于元朝，其优点是使用寿命比较长、制造规格比较统一、构建比较合理、拥有较快的射速。火铳在研制成功后，元朝军队开始将其用于作战，经过实战的检验，大家都认为它是战场上制胜的法宝。不仅是官府在使用，元末各路群雄和义军也开始使用火铳，其中朱元璋部队对它的使用最为广泛。朱元璋部队不仅仅是简单地使用火铳，还对之进行了改进，逐渐形成了三种类型的火铳：普通士兵使用的单兵手铳，用于装备战船或者守卫营垒的中型碗口铳，用于守卫城池要塞的大型铳炮。在火力方面，这种大中型火铳可以有效地压制襄阳炮。襄阳炮是一种威力巨大的抛石机，从中亚传入中国。襄阳炮曾经被蒙古军队用于灭亡南宋的战争，并在其中发挥了举足轻重的作用。大中型火铳在其他义军队伍中使用很少，陈友谅的军队多使用襄阳炮，却没有想到朱元璋部已经广泛使用大中型火铳，这也导致在今后的战争中，陈友谅在火力方面吃了很大的亏。朱元璋部研发使用的这些火器在进攻和防御中都起到了巨大作用。如在洪都保卫战中，如果离开了火铳的威力，恐怕朱文正就是有通天的本领，也难以坚持三个月之久。在朱元璋军北伐元帝国时，火铳的作用体现在压制蒙古骑兵方面，这也使得南方政权第一次通过北伐完成了全国统一。朱元璋早在占据太平之后，就开始将火铳大规模地装备在了战船之上，专门用于对付元军战船的威胁。在朱元璋军与蛮子海牙的战斗中，战船上的火铳就发挥了关键的作用，将元军的战船打得七零八落。

至正十八年（1358年）四月，天完皇帝徐寿辉、丞相陈友谅命赵普胜重新夺取池州。赵普胜事先经过了充分准备，他从枞阳进攻池州，一举将池州城拿下，还顺带活捉了朱元璋部将赵忠。赵普胜乘胜又攻下了建德，多亏朱元璋部将罗友贤后来又带兵夺回了建德。陈友谅在占据了龙兴路之后，标志他往东扩大势力范围到了极致，再向东就要和朱元璋发生大规模战事了。六月，谢再兴带兵在池州附近遇到了陈友谅的军队，双方展开了激战，陈友谅军大败，士兵四百多人被俘虏。可以说，朱元璋和陈友谅对江西的争夺已经是大势所趋，只是当时的陈友谅忙着巩固自己的权位和后方，忙于战备，暂时还没有对东线发动大规模攻势。而朱元璋这一方，也正忙于浙江的攻略，暂时无力西顾，所以双方暂时保持了一段相对和平的阶段。

至正十九年（1359年）初，双方战事又起。赵普胜带兵攻打太平，结果被朱元璋军队击败，还损失了一万七千多石军粮。偷鸡不成蚀把米，赵普胜不甘心，又与朱元璋军在栅江口激战，结果还是失利而归。让赵普胜更恼火的还在后面，四月，朱元璋的部队又收复了池州。先是赵普胜攻克池州后派部将防守，他自己则在枞阳水寨驻防，以便窥视朱元璋地盘。徐达觉得赵普胜始终是一个巨大威胁，他派出了俞通海带领水师前去攻打枞阳水寨。这一场对决，最终以俞通海的获胜而结束。赵普胜部将赵牛儿和洪钧等人被俘虏，他自己则是丢弃了战船之后，从陆路逃跑才捡回了一条性命。俞通海部缴获了数百艘战船，乘胜一举收复了池州。当时还在浙江的朱元璋听说了捷报之后，升徐达为奉国上将军、同知枢密院事，俞通海则被提升为金枢密院事。之后，俞通海又带兵和赵普胜作战，结果这一次被赵普胜打败。朱元璋对赵普胜也深为担忧，赵普胜能征惯战，是陈友谅的得力干将，并已经给朱元璋造成了多次麻烦，不除掉此人，朱元璋恐怕也是寝食难安。朱元璋想出一条离间之计，他得知赵普胜身边有一个门客精通兵法，常常给赵普胜出主意，赵普胜对其也十分信任，视其为心腹之人。朱元璋就暗中派人以重金贿赂了这个门客，为了挑拨门客和赵普胜之间的关系，他还故意让人将双方联络的信件送到了赵普胜处。赵普胜看到信件，对这个门客产生了疑心，门客怕有杀身之祸，干脆就投靠了朱元璋一方。朱元璋厚待门客，门客也知无不言、言无不尽，将赵普胜平日的所作所为和盘托出。原来，赵普胜是徐寿辉的心腹将领，对陈友谅专横跋扈早已十分不满，只是没有表现出来，但是暗地里也有不少针对陈友谅的反抗动作。得到了这些重要的信息，朱元璋便用重金收买了一个说客到陈友谅亲信处告发赵普胜。陈友谅得知此事之后，他本来就猜忌心很严重，加上赵普胜掌握兵权，万一有所动作，后果不堪设想。于是，陈友谅决定除掉这个眼中钉、肉中刺。八月间，朱元璋养子朱文逊攻下了安庆东北的无为州。九月，徐达偷袭了浮山寨，击退了赵普胜的部将。他们一路追击到青山，再一次击败敌军。当他们追击到潜山时，遭遇了陈友谅部下郭泰的军队，双方在沙河大战，结果郭泰战死，徐达乘机攻下了潜山县。这次潜山之败令陈友谅十分气愤，他觉得是赵普胜作战不利，才导致自己损失大将。这时候，又有人在他耳边说了不少赵普胜的坏话，还说他有意投奔朱元璋，所以才在多次战斗中故意失败。陈友谅听了以后，决定立刻除掉赵普胜，不留后患。陈友谅找了借口，说要到安庆视察军队，请赵普胜过来一起检阅。赵普胜对陈友谅已经猜忌自己的事情毫无所知，他亲自登船来见陈友谅，没有想到上船之后，陈友谅二话不说，也不容他分辩，就命人将他五花大绑，直接推出去斩首了。然后，陈友谅将赵普胜的部队收编在自己属下。

陈友谅中了朱元璋的反间计，自毁长城，折损了一员大将。这对于朱元璋来说，是绝好的消息。接下来，朱元璋又派出了俞廷玉攻打安庆，战斗失利，老将军也战死沙场。

与朱元璋对比，陈友谅现在占据了今安徽、江西、湖南、湖北、福建五省的大部分地区，发展速度远远超过了朱元璋。随着势力和地盘的不断增长，陈友谅的骄狂之心也日甚一日。在杀了赵普胜之后，陈友谅手下人对他多有不满，再加上他"挟天子以令诸侯"，徐寿辉的死党也日夜谋划着对他有所动作。

至正十九年（1359年）十二月，徐寿辉亲自带兵来到南昌，当时身在南昌的陈友谅也猜疑徐寿辉会对自己不利，他决定先下手为强。徐寿辉带人到达了江州时，陈友谅假装出迎，然后以伏兵埋伏在城西门外，等到徐寿辉等人进城之后，立刻关闭城内，伏兵四出，将徐寿辉的部下全部杀死。至此，徐寿辉的死党被彻底消灭，徐寿辉真的成了一个孤家寡人。从此，徐寿辉彻底沦为陈友谅的傀儡，陈友谅自封为汉王，在江州城立王府，同时自己建立官署，天完大权彻底归他所掌握。

就当时的天下形势来说，淮河北面，基本被元朝政府和归附元政府的军阀势力占用；也有极个别红巾军占据的地盘，如山东一带。长江流域，出现了三个势力强大的军事集团：占据长江中游地区的陈友谅，占据浙江大部和今江苏、安徽一小部分的朱元璋，占据江苏大部和浙江一小部的张士诚。三强之中，又以陈友谅占据的地盘最大，地理位置也最佳，同时，他还拥有厚实的人力、物力和财力资源，其实力是朱元璋的数倍。当然，陈友谅也存在自己的弱点，他依靠政变上台，属下对他多有不服，他一味采取强硬的打压手段，长此以往势必不能长久；而且军队素质、根据地建设和民心归属方面，陈友谅也远远不及朱元璋。此外，还有一个最重要的因素，陈友谅本人以及他部下将领的素质和能力，与朱元璋相比，差距极大。

陈友谅和朱元璋各有长短，二者之间的争斗是空前惨烈的。朱元璋也在付出了巨大代价的前提下，才最终取得了胜利。

二、太平城花云死义

目前的朱元璋可谓是面临着巨大考验：东边张士诚不断侵扰；西边陈友谅步步紧逼，虎视眈眈。

对此，朱元璋忧心忡忡，不过，谋士刘基的一番话让他豁然开朗："主公虽然两线对敌，但张士诚仅仅有海边之地，南不过会稽，北不过淮扬，他表面上归附元朝，实则背离，缺乏进取心，不过是一个守财奴罢了；陈友谅尽管占据广大地盘，但是他的地位并不稳固，因为其挟君而威胁部下，其部众怨声载道，而且此人性格是剽悍而轻死，自然会驱使部下拼命，作无谓之牺牲，经过长期的作战，其内部必然土崩瓦解。"在这种情况下，刘基主张朱元璋应该首先集中兵力对付陈友谅，在消灭陈友谅之后，再灭掉势力孤单的张士诚，然后一举北伐，夺取天下。

还没有等朱元璋先动手，陈友谅就自己找上门来了。至正二十年（1360年）五月，陈友谅带兵从安庆出发，大举进犯池州，结果被徐达带兵击败。陈友谅在吞并了赵普胜势力后，就有渡江攻取池州的打算。为了加强防备，朱元璋将常遇春从浙江前线调回了池州，协助徐达防守。将两名最重要的将领用来防守小小的池州城，可见此地在朱元璋心目中的重要作用。对于此次作战，朱元璋提前做好了部署。按照他的部署，徐达和常遇春以五千人守城，一万人在九华山下设伏。陈友谅来势汹汹，弃舟登岸后，大军直扑池州城下。城中的兵马也列阵迎战。陈友谅军开始攻城，打算速战速决。就在这时候，突然九华山下伏兵四起，一起呐喊着杀向了陈友谅军背后，陈军只好掉头迎战，城内的士兵们又对之进行夹击，陈友谅军被两队人马围困其中。一番激战后，陈友谅军一万多人成为刀下之鬼，三千多人被生擒。对于这三千多俘虏，常遇春建议全部杀掉，以绝后患。徐达表示了反对，他说："主公一向主张不乱杀俘虏，我们应该请示才是。"常遇春却坚持自己的意见："这些都是强敌，如果不尽快杀掉就是祸害。如果你请示，就杀不成了。"徐达觉得事态严重，连忙派人去请示朱元璋。朱元璋告诉使者："抓紧赶回去，告诉诸将，现在我们刚同陈友谅开战不久，不能乱杀俘虏，使得他们绝了后路。三千降军立刻释放！"但是，等使者日夜兼程赶到池州之时，那些投降的士兵大部分已经被杀，只剩下三百人。朱元璋知道此事后十分不快，因为常遇春这样做，以后投降于朱元璋的人就越来越少。不过，现在正是用人之际，对于常遇春，朱元璋只是口头警告了一番，要他下次不准再犯而已。

其实，朱元璋军之前也有过一些杀俘虏的行为。至正十七年（1357年）八月，耿炳文将俘虏的张士诚军队一千多人押解到应天处死。至正十九年（1359年）五月，朱元璋在浙东将张士诚部投降的士兵五千多人斩杀。只不过后来随着战事进行，朱元璋意识到需要宽待俘虏来获取人心，这种大规模杀俘的事情才越来越少了。

对于剩下的三百俘虏，朱元璋下令徐达立刻将他们释放回陈友谅处。陈友谅对于这三百俘虏的释放，专门派使者向朱元璋致谢，还向朱元璋做出了解释，说这一次作战不是他本人的意思，是部下不慎挑起了战事。陈友谅这是暂时隐忍仇恨，还打算麻痹朱元璋，以便将来出其不意，报这一箭之仇。

经过一番准备，闰五月，陈友谅带水师突然绕过了池州，直奔下游的太平而来。当时的太平城守将是枢密院判花云和朱元璋养子朱文逊。当时太平城内兵力不足，尽管这样，面对陈友谅军的猛攻，太平城还是坚持了下来，因为城中有猛将黑脸将军花云坐镇。陈友谅军中有人提出攻城的好办法，那就是依靠他们高大的战船。太平城墙紧靠姑熟溪，等到溪水高涨之时，陈友谅将大型战船停泊在了城西南，命士兵们爬上和城头齐平的船尾，然后直接跳跃进城。这时候朱文逊已经阵亡，花云在拼死抵抗，他虽然勇猛，也杀死了很多进城的陈军士兵，但是好虎架不住群狼，最终力气耗尽而被敌人俘虏。陈友谅军的士兵怕他挣脱，将他捆绑结实。花云血灌瞳仁，虎目圆睁，对敌人骂不绝口，双手虽然被捆绑，但是他在暗自发力，突然他用力将捆绑自己的绳子给挣断了。花云夺过一把大刀，一连砍死了五六个陈友谅军的士兵，士兵们一拥而上，才再次将其制服。陈友谅军的士兵为了泄愤，用刀背击打花云的脑袋，然后将他捆绑在了桅杆之上。陈友谅劝降，花云破口大骂。陈友谅大怒，命士兵们乱箭齐发，可怜一代猛将，被活活射死！

花云本是怀远人，他幼年丧父，跟随母亲嫁到了张姓人家。花云体格健壮，身材高大，面如生铁，骁勇过人，他很早就投奔了朱元璋，立下了很多战功。在攻打横涧山和滁州时，花云都是首当其冲，立下战功。有一次，敌军包围了朱元璋，眼看性命危险，这时候，花云一马当先，杀入敌阵，将朱元璋解救。这一幕，仿佛是唐朝猛将尉迟恭在敌阵之中解救李世民的重演。朱元璋对花云十分器重，命他在自己左右护卫。在攻下集庆时，花云得到了士兵千人，被朱元璋提升为总管。后来，花云征伐镇江等地，立有战功。有一次，花云带领三千人马赶到宁国，半路上遇到了土匪。花云毫不畏惧，他手提一把大刀，遇到盗贼就杀，一路上斩首数百人，自己却一点儿都没有受伤！花云殉难之时只有三十九岁，他夫人郜氏在城破之际，将幼子花炜托付给了侍女孙氏，自己则投河而亡，追随丈夫而去了。后来，朱元璋带兵收复了太平，孙氏带着花炜来见，朱元璋十分感慨，他将花炜抱在了怀中，叹息道："这是花云之子，将门之种啊！"

太平城破之后，院判王鼎和知府许瑗等人誓死不降，也被陈友谅军所杀。得到了太平城，陈友谅心中狂喜。这座城池是朱元璋最早的根据地之一，得到此处，就可以再攻取孤立无援的池州，然后顺流而下，夺取应天，一举消灭朱元璋。消灭朱元璋后，再灭张士诚，然后一路北伐，推翻元朝统治。想到这里，脸上本来充满笑容的陈友谅突然心头一震，天下一统、南面称孤的是天完皇帝徐寿辉啊！自己这番努力，难道要为他人作嫁衣？徐寿辉何德何能成为一国之主？这江山本就应该姓陈，现在是时候下决心了。想到这里，陈友谅拿定了主意，他在五月初三这天，派人到采石矶登上了徐寿辉的座舰启奏事情。正在徐寿辉侧耳倾听之际，陈友谅事先安排好的士兵在徐寿辉身后举起铁杖向着他的脑袋狠狠打了下去，只听一声惨叫，徐寿辉当场脑裂而死。

　　杀死了徐寿辉，陈友谅就着手登基大典了。闰五月初四正午时分，陈友谅匆匆忙忙地在采石镇的五通庙内举办登基大典。陈友谅宣布国号为"汉"，改年号"大义"，邹普胜为太师，张必先为丞相，张定边为太尉。因为庙太小了，大部分官员只好跪在沙滩之上。陈友谅事先没有让人观察天象，结果闹出了笑话。只见突然电闪雷鸣，一场瓢泼大雨倾盆而下，官员们一个个变成了落汤鸡，他们实在支撑不住，再也顾不得礼仪，纷纷抢先到偏殿廊房躲雨。有人动作迟缓，没有占据有利位置，干脆就挤到了五通正殿。突然，一阵霹雳响过，所有人都心头一震，他们不是被惊雷所吓，而是这时候眼前的闪电在云端之中画出一个端坐的人形，有人连声惊呼：那人形看起来很像是徐寿辉！

　　总之，陈友谅登基这一天发生的事情，很多人都以为是天意，他们私下议论，认为陈友谅的汉国不能长久。陈友谅急于称帝，人心不服，一个很严重的后果在当时可能还没有多少人意识到，那就是他杀了徐寿辉自立，占据四川的明玉珍对他十分不满，也自立为王。试想一下，如果陈友谅能得到四川明玉珍的支持，将来他与朱元璋对决的底牌就更足了，那时鹿死谁手，还真不可知！

说起明玉珍，此人也是元末一位英雄人物。明玉珍出生在河南行省随县梅丘村，本姓旻，因为信奉了白莲教，以明王出世而改姓为明。明玉珍家里世代务农，因为有一身武功，担任了巡司弓兵牌子头。明玉珍身高八尺，为人英武有大志，他不好色、不贪财，善于骑射。明玉珍看到天下红巾军并起，就召集了乡间的耆老，对大家宣称："元朝皇帝无道，天下兵乱，百姓遭难，我们这些人也不能幸免。现在我们应该怎么办？"耆老们纷纷回应："明公平日勇敢，富有谋略，人们都十分信服，我们应该集结乡兵，在青山屯占，根据形势或者进取或者自卫。"于是，在耆老们的支持下，明玉珍组织了乡兵，修栅治城，在南青山等要害处驻扎，结寨自保；他手下有乡兵一千多人，他自己被推为了屯长。后来，天完红巾军进入了湖北，明玉珍接受了徐寿辉的招抚，他被任命为统军元帅。徐寿辉命他带领本部军马，镇守沔阳，隶属于倪文俊部下。在元军将领哈麻秃攻打沔阳时，明玉珍带兵英勇抗击，却不幸被流矢射中了右眼，导致一目失明。从此，人送外号"明眼子"。

至正十三年（1353年）十二月，天完都城被元军攻下，徐寿辉逃入了黄梅山一带。这时候明玉珍在沔阳湖中，与徐寿辉等人遥相呼应。到了至正十五年（1355年），天完政权成功复活。红巾军中倪文俊命明玉珍带领一万多士兵到夔州筹粮。当时夷陵为天完将领姜珏所控制，因此明玉珍得以往来巫峡运粮，四川百姓也没有受到骚扰。明玉珍在四川的运粮，成功地解决了天完红巾军的军需供应，为倪文俊军事上的胜利提供了有力支援，这是明玉珍为天完政权立下的大功。

至正十七年（1357年）正月，效忠于元朝的义兵元帅杨汉带兵到了重庆，在江北驻扎。当时镇守重庆的元朝四川行省右丞完者都正在招兵买马，打算扩充势力，他听说杨汉带兵前来，就派人招纳。杨汉不知其中有诈，就去拜见完者都，结果被其在席间被杀。杨汉的将士们起兵报仇,他们夺取了船只顺江东下。明玉珍那时在巫峡,杨汉的部众向他诉说了杨汉被害之事,而且还说重庆城守备薄弱,完者都和另外一个守将四川行省左丞哈麻秃不和,这时候带领船队杀回,一定能出其不意攻取重庆,得到重庆就可以进一步图谋整个蜀地。明玉珍一时犹豫不决,他的部下戴寿献计:"飞鸟困顿投林,人遇困顿投人。明公在沔阳是为百姓,到了重庆也是为百姓。不如将船队一分为二,一半载粮草到沔阳赈灾,另一半攻打重庆,如果成功就占据,不成功就回来,我们也没有损失。如果出兵,可以窥视陇蜀,占据上游保荆襄之地,开辟粮道,一举三得,您不要再顾虑了。"明玉珍听从了戴寿的计策,带领杨汉部下的士兵到了重庆。当时蜀地太平已久,忽然看到大批战船来袭,十分震动。完者都见明玉珍来势汹汹,连夜逃亡到果州。哈麻秃带兵出战,结果兵败被擒。明玉珍轻松攻下了重庆城。明玉珍入城之后,军纪严明,毫不扰民,百姓们对他十分拥护。明玉珍派使者将俘虏的哈麻秃献给汉阳的徐寿辉,徐寿辉大喜,将明玉珍册封为陇蜀行省右丞。

至正十八年(1358年)二月,逃亡到果州的完者都和平章革歹、参政赵资,带兵到嘉定州,妄图一举夺回重庆。明玉珍命他的义弟明三带兵围攻嘉定,相持了半年之久,并没有攻下。明玉珍带兵西进。当时北方红巾军韩宋政权的西路军李喜喜部在陕西作战失利,只好退入四川,占据了成都等地,改称"青巾军"。六月,明玉珍在普州击败了"青巾军",李喜喜带军退回到成都。明玉珍西进的时候曾经在泸州驻军,有人说隐居方山的刘桢富有才略,明玉珍遂亲自拜访。双方交谈之后,明玉珍大喜道:"我得到了一个孔明!"明玉珍将刘桢请到舟中,与之纵论天下大事,拜其为理问。

明玉珍得知陈友谅杀死倪文俊之事后,曾经上表斥责陈友谅;而陈友谅派出刺客陈亨等潜入四川,意图刺杀明玉珍,虽然最终没有得手,但是明玉珍和陈友谅的关系彻底决裂了。明玉珍的智囊刘桢曾经建议明玉珍："今天下大乱，中原无主，西蜀乃是形胜之地，东临瞿塘峡，北有剑门关，一夫当关，万夫莫开。蜀地沃野千里，是天府之国。您如果占有此地，安抚百姓，清除盗贼，则可以立业。这时候不称帝维系人心，部下将士们就会思念故土，各自离去，到时您怎么建国？"刘桢建议明玉珍在四川称帝建国，明玉珍遂在至正二十二年（1362年）三月，在重庆称帝，国号"大夏"，以"天统"年号纪元，立明昇为太子。在称帝之后，明玉珍着力于加强内政建设，另外还派出万胜攻打云南，结果因为孤军深入，被梁王孛罗帖木儿的元军击败，夏军只好退回。至正二十六年（1366年）二月，明玉珍病危，他召集臣下留下遗言："西蜀险要，你们要同心协力辅佐明昇自守。不然，后事非我所能预料。"不久，明玉珍病死，十岁的明昇即位，改元为"开熙"，母亲彭氏摄政。明玉珍人品高尚，他喜欢读书，而且还具有节俭的品质；他出身社会下层，看重民生，重视民间疾苦；他将蜀地建设成了乱世中的一片"世外桃源"，百姓赖以安居乐业。但是，明玉珍也有刚愎自用、疏于远略的弱点，他得到蜀地之后，曾经进攻云南，失败之后就不再远图。这与雄才大略、志在天下的朱元璋相比，就有很大的差距了。

至正二十五年（1365年）九月，朱元璋将湖广地区纳入了自己的版图，明玉珍派出使者来应天通好。当时，朱元璋的主要敌人是张士诚和元帝国，所以他暂时要对明玉珍实行安抚。朱元璋派出都事孙养浩到了明玉珍处送信，在信中，朱元璋自比孙权，将明玉珍比作了刘备，王保保比作曹操。朱元璋建议应该如历史上的刘备、孙权一样，加强与彼此之间的联合，一起对付元帝国。至正二十七年（1367年）九月，明昇派遣使者来给朱元璋送礼，使者在言谈之中指出大夏国地形险要，希望朱元璋不要将其作为战略目标的意图。在使者走后，朱元璋讥讽道："蜀人不以修德保民为本，仗着山川险要，夸耀他们的富饶，这难道是国运长久之道？然而自从用兵以来，商贾路绝，民力疲倦，财力缺乏，还称赞自己富饶，这难道是从天而降的吗？"

朱元璋看不起明昇，但也因为忙于东北线战事，暂时没有攻取之心。到了后来，朱元璋的使者蔡哲出使蜀地回来，说蜀地明昇昏庸，手下权臣擅政，还献上了自己绘制的山川险要地图，以将来进取川蜀之用。

三、应天城友谅败走

在攻克了太平城之后，陈友谅打算集中精力，一举拿下应天城，以便彻底消灭朱元璋势力。当时，很多人建议朱元璋应该立刻夺回太平，然后从侧后方牵制进攻应天之陈友谅军。但是朱元璋却不同意这个作战方案："太平乃是我们最近着重防守的城池，敌人若是从陆地进攻，肯定不能攻破。但是他们有巨舰，如果让其占据上游，他们必然顺势来攻打应天，他们水师是我们的十倍，我们仓促迎战难以取胜。"朱元璋还指出："敌军既然占领了太平，就已经准备好对应我们再次夺取，如果出兵，他们只需要在半路派兵拦截，就能让我们进退两难。然后敌军再派水师顺江而下，将可以直线攻打应天，到时候，应天也保不住了。"

陈友谅带领的水师可以说是当时最强大的舰队，战舰的名目就有撞破天、混江龙、赛断江、惊破天这些威武的叫法，而陈友谅本人的座舰，叫作鲲鹏海。这些战舰不仅仅拥有威武的名字，其战斗力也十分惊人。陈友谅对于水师舰队的投入是十分巨大的，这也是他在后方着重打造的王牌部队。这些战舰都有两层楼高，在上面不仅可以骑马，还装备了无数的火炮火器，战舰周围也布满了铁甲钩杀，可以说是装备齐全的超级舰队！陈友谅在出兵之前还写信给张士诚，约他一起出兵进攻朱元璋，并且承诺好了，等事成之后，两人平分朱元璋的地盘。其实，按照陈友谅一贯的秉性，他即使战胜了朱元璋，也不可能和张士诚平分地盘，而是极有可能乘胜连张士诚一起消灭掉。张士诚本身就缺乏战略眼光，加上他极有可能看透了陈友谅的为人，所以对于东西夹攻朱元璋的事情也不是十分上心。

我们回头再说朱元璋召开的这一次军事会议，所有的幕僚们都聚集在一起，商议如何应对这次朱元璋起兵以来的最大危急。会议上，谋士们提出的建议主要包括两条：退守滁州，然后等待机会再战；退守濠州，等待机会卷土重来。总之，这两条意见的一致之处就是放弃应天城，躲避强大的陈友谅军队。为了说服朱元璋逃跑，这些平日里自诩为诸葛亮、姜子牙的谋士们不停地责怪常遇春惹上了陈友谅这条疯狗，指责花云轻敌导致失败，他们突出的重点，就是陈友谅大军不可抵挡，我军不堪一击。他们的中心目的也很明确，就是告诉朱元璋绝对不能迎战，战则必败，只有逃跑才是上计！当然，还有一种意见就是退守到钟山之上据守，这比直接放弃应天稍微好一点儿。不过，最让朱元璋生气的是，竟然有人建议干脆投降陈友谅。朱元璋看着这些幕僚们，实在是对他们失望透顶。他现在心烦意乱，一时间也想不出什么办法来应敌。突然，他的眼光落在了一个面庞清瘦但是精神矍铄的谋士身上，只见此人正在微笑，仿佛对这紧张的局势视而不见。此人正是刘基。朱元璋于是就问刘基："先生有何高见？"

刘基自从加入了朱元璋阵营之后，一直比较低调沉默，没有在大庭广众之下提出过什么高见。所以有一些人怀疑刘基的能力，打心眼里看不起他。不过，刘基脾气很好，人缘也不错，所以也很少有人攻击他。当朱元璋命刘基献策时，这位平时的好脾气先生此刻却露出了狰狞恐怖的一面。只见刘基用极其鄙视的眼神看了一眼这些平日里目中无人的谋士们，然后大声说道："今日我们如果放弃应天便会无处可去，等于自寻死路。主公绝不可弃城逃走，定要与应天共存亡！"当所有人都惊讶于刘基的勇气时，这时候他的一句话让所有人不寒而栗："建议主公将那些建议逃跑和投降的人立刻斩首！"

众人惊呆了，这还是平日里那个少言寡语的刘基吗？竟然如此杀伐果断！朱元璋听了刘基的话之后，立刻站了起来，坚定地宣布："这是决战，如果有人胆敢蛊惑军心，胆敢逃跑，立刻斩首！"

至此，在刘基的帮助下，朱元璋算是稳定了军心，下一个重要议题就是作战方法。经过一番激烈的讨论，有谋士提出可以趁着陈友谅军倾巢而出，偷袭他们的后路，然后攻下九江，来一个围魏救赵。还有的谋士说可以以全部兵力出击，趁着陈友谅立足未稳，半路上偷袭陈友谅军，这样也可以获胜。

这是两条看起来不错的主意，但是也被刘基给否定了，他分析道："围魏救赵攻打九江是很难成功的，因为那里是陈友谅的都城，防守十分稳固，无懈可击，而如果攻不下九江，应天城再被陈友谅攻陷，我们就彻底没有退路了。这是军事冒险，绝不可行。另外，想趁着陈友谅立足未稳，全军出击也不可行，因为陈友谅刚攻下太平，士气正旺，如果正面应敌，我们没有胜算，还极有可能遭受损失，这样一来，就再也没有力量来全力防守应天。"在诸位谋士的质疑声中，刘基指着地图上的一个地方说："我军获胜的办法只能是打伏击，伏击的地点就是这里！"所有的人顺着刘基手指的地方看去，此地赫然标着两个大字——龙湾。接下来，刘基讲解了自己的方案，即想办法引诱陈友谅大军到龙湾，然后在龙湾设伏，将其彻底歼灭，也就是集中优势兵力来打击对手。

再说陈友谅方面。陈友谅刚攻下了朱元璋的重镇太平，又登基做了大汉国皇帝，四十岁的他感觉自己正在走向人生的巅峰。只是，陈友谅万万没想到，这巅峰也是他衰落的开始，很快他就要面对人生中最惨痛的失败了！

这一天，陈友谅收到了来自应天城的一封信。来信人署名老康，也就是朱元璋帐下的水寨元帅康茂才，蕲县人，精通经史，侍奉母亲至孝。乱兵攻克了康茂才的故乡，康茂才便召集了民兵保护乡间，他投靠了当地势力最大的民团，只不过他是拥护元政府的。后来，康茂才凭借镇压义军之功，被提升为淮西宣慰司和都元帅。朱元璋攻克集庆城时，康茂才投奔了他。

接到康茂才的来信时，陈友谅感觉十分意外，他展开书信，仔细阅读，原来是康茂才觉得应天难保，打算投奔陈友谅，而且他还要里应外合，帮助陈友谅攻下应天城。陈友谅看后十分高兴。康茂才早年和陈友谅有些交情，两人有感情基础。陈友谅很自信，他相信自己大兵压境，朱元璋内部已经分崩离析，康茂才是出于真心才投诚自己。

其实，康茂才只是诈降。朱元璋听取了刘基的计策之后，首先想到的引诱陈友谅的人选就是康茂才。朱元璋将康茂才单独召唤到密室，把这个计划和盘托出。康茂才这才依照计策写了诈降信，然后派人送给了陈友谅。陈友谅问送信人："康公现在防守哪里？"来信人回道："江东桥。"陈友谅又问："江东桥是一座什么样的桥？""一座木桥。"陈友谅听了之后心中狂喜，这朱元璋看来也是名过其实，竟然以康茂才防守如此重要的应天门户之地。陈友谅好好款待了送信人，然后告诉他："你回去之后，一定告诉康公，我大军到后，就以'老康'为暗号，切记，切记！"眼看陈友谅沉浸在即将夺取应天的快乐情绪之中，他身边有一人暗自着急，这人就是他手下的第一猛将——张定边。此人是陈友谅的沔阳老乡，也是出身于渔民家庭。他对陈友谅十分忠诚，而且作战勇敢，富有谋略，是陈友谅军中顶级的名将。张定边长得也不错，他身材魁梧，留着五绺美髯，为人十分侠义豪爽。张定边精通拳法，还熟读兵法、天文、医学等书籍，是一个全才。早年，张定边与陈友谅、张必先等人结

第五章　陈友谅好战覆国

为异姓兄弟，一起起义，可谓是生死之交。之后，张定边加入了红巾军，跟随陈友谅东征西讨，立下了不少战功，连朱元璋都对他十分敬佩，建议常遇春等将领向张定边学习。张定边思考问题有远见，为人也较为稳重。对于陈友谅的称帝，张定边就曾极力劝阻，却没有想到陈友谅置之不理。这一次，张定边看到康茂才的来信，劝说陈友谅小心为上，不要轻易相信对方。但是陈友谅对康茂才已经深信不疑，对于张定边的良言相劝毫不在意。张定边无奈，只好悻悻而退。

再说朱元璋这边，接到了送信人的消息后，他们开始着手准备送给陈友谅一个大大的"惊喜"。李善长命人将江东桥的木桥拆毁，然后换成了铁石材料。经过一个通宵，就将江东桥"旧貌换新颜"了。这时候，有一个富户带着家眷从陈友谅那边逃亡到了应天城，他告诉朱元璋："陈友谅曾经向我问起新河口道路的事情。"朱元璋由此知道陈友谅极有可能在打这个地方的主意，他命人在新河口抓紧建设了虎口城，还派了重兵来防守，以便截断陈友谅军水师通过。徐达和常遇春率领着一些主力部队回到了应天协助防守。朱元璋下令在龙湾附近山岭设伏，冯国胜和常遇春在石灰山侧边设伏，徐达在南门外集合，而杨璟则在大胜港驻防，张德胜和朱虎带水师出龙江关外随时待命。朱元璋本人在紧靠长江的庐龙山上坐镇。朱元璋命人带着黄旗埋伏在山东边，带着红旗埋伏在山西边，并提前叮嘱众人："敌军来的时候就举起红旗，如果看到黄旗举起来，伏兵就一起杀出。"朱元璋的军队做好了准备，就等着对手到来。

陈友谅军的水师顺流东下来到大胜港，他们发现杨璟的军队布防在此。大胜港的水道十分狭窄，陈友谅军的战船又过于庞大，所以只能容纳三艘战船并行进入港中。陈友谅见大胜港水寨不容易攻克，也无法发挥巨舰的优势，便命船队退回到了长江之上，改道攻打江东桥，以便和康茂才尽快会合。陈友谅听说江东桥是一座木桥，就打定主意，船队从此破桥而过，顺流直攻应天城。陈友谅船队到了江东桥时，发现四周寂静无声，根本没有任何人在等候。陈友谅大喊了几声"老康"，却没有任何人回应，他心中开始有些忐忑了，觉得大事不妙，而且让他更为惊讶的是，这座江东桥也不是木桥，而是铁桥！陈友谅这才发现自己上当了。虽然如此，陈友谅仗着自己兵多将广，又有巨型战舰，因此他稳了稳心神，决定派出自己的弟弟，号称"五王"的陈友仁，命其带领一千多艘小船向着龙湾行驶，到了后再派兵占领滩涂，建立营寨，在那里站稳脚跟，以便后续的攻城行动。陈友仁虽说瞎了一只眼，形象不佳，但是作战十分勇猛，还有些计谋。眼看战局顺着朱元璋和刘基所设想的一步步发展。刘基早就料定陈友谅军登陆只能选择龙湾，因为其他地方都被朱元璋军堵死了，陈友谅军无法通过，所以只能到龙湾，陈友谅军没有想到，他们正一步步走入朱元璋和刘基精心设计的"口袋"之中。此时的陈友谅还没有意识到朱元璋的可怕。

　　此时正值盛夏，骄阳如火，朱元璋身着盔甲，坐在一把大伞之下指挥着手下的将士们。朱元璋看到士兵们一个个热得气喘吁吁，就命人将自己的伞盖撤掉，他立志要与将士们同甘共苦，以激励士气。突然，朱元璋对大家说要下雨了，赶紧吃饭，等到雨停了之后再攻击作战不迟。不过，大家抬头看天，发现天上没有明显的乌云，也没有什么要下雨的迹象，很多人怀疑朱元璋的预测是否准确。但是没过多久，乌云就从东北方向涌了过来，瞬间大雨倾盆而下。其实，这是善于观察天象的刘基之前就预测到有大雨，提前告知了朱元璋。这时候红旗举起，朱元璋命令部下冲击龙湾。陈友仁带着部队刚刚登岸，正在岸上设置栅栏。朱元璋军就冲杀了过来，一时间，龙湾内喊杀声震天。其实，这只是朱元璋部队的试探性进攻，目的在于引诱陈友谅军主力乖乖钻进事先准备好的"口袋"之中。陈友谅得知双方大战的消息后，便带领主力来到龙湾增援。此时，雨已经停了下来。看到陈友谅军全部进入了包围圈，在山上观战的朱元璋下令击鼓，西边早已埋伏好的军队听到了鼓声，便用力挥舞着黄旗。冯国胜、常遇春看到了旗号，带领着伏兵迅速杀了出来，徐达和邵荣的部队也冲了出来，紧接着，张德胜、朱虎带领水师也赶来助战，他们截断了陈友谅水师的退路，打算来一个"关门打狗"。双方混战在一起，一时间，喊杀声、怒骂声、兵器碰撞在一起的声音以及火器火铳的爆炸声纷纷交织在了一起，小小的龙湾顿时成了血火战场。双方力量相差不大，但因为陈友谅军战船比较庞大，在小小的龙湾内难以施展，优势反而变成了劣势。而且陈友谅军突然遭受了埋伏，一时间被杀得有些晕头转向，所以就处于下风。随着战斗的进行，陈友谅发现自己的部队被逐渐分割包围，朱元璋军正在集中优势兵力对他们一一消灭！陈友谅在战船上看到朱元璋军的将士们作战如此勇猛，自己的兵将渐渐抵抗不住，纷纷后退，不禁胆怯了起来。陈友谅部下的将士们见皇帝都有些害怕，他们也深受影响，很快便阵脚大乱。陈友仁登陆的军队，无法与徐达和常遇春带领的精兵对抗，开始向战船上撤退。但是，让陈友谅军的将士们郁闷的是，等他们退到了船上，才发现船竟然不能动了！原来，因为潮水退去，大船发生了搁浅，成了朱元璋军将士们的固定靶！陈友谅军见情况危急，纷纷设法逃命，再也无心抵抗。陈友谅亲自砍死了好几个退却的士兵，却根本阻挡不了手下士兵四下逃跑。陈友谅军退却的浪潮也势不可当。陈友谅军在这一战中损失惨重，被杀死和淹死江中的不计其数，被俘虏的就有两万多人，陈友谅的巨舰百余艘因为搁浅，也被朱元璋军所缴获。陈友谅部将张志雄、梁玹、俞国兴和刘世衍等人被俘虏，陈友谅乘坐一条小船才得以侥幸逃走。战后，有人将康茂才的那封书信呈给了朱元璋，朱元璋不禁放声大笑，陈友谅此人虽然彪悍好斗，却如此骄狂轻信，岂能不败！

朱元璋不仅得到了张志雄这员猛将，还从他口中得到了一个重要消息：陈友谅这次倾巢而出，安庆的守军主力也都被抽调而来。此刻安庆空虚，可以乘机进攻！朱元璋得知这个重要情报，便立刻命徐达、冯国胜、张德胜带领部队追击逃跑的陈友谅军，然后又派出了一位姓余的元帅攻打安庆城。结果，张德胜在慈湖追上了陈友谅军余部，经过战斗，他们又纵火烧毁了敌军很多战船。两军在采石矶再一次激战。这一次张定边发威，奋起反击，朱元璋部将张德胜战死沙场。冯国胜率军赶来支援，陈友谅和张定边在巨舰之上指挥部下迎战，结果冯国胜也被击败。由此可见，陈友谅军的战斗力确实不弱，能反败为胜，是一个劲敌。陈友谅经过这次失败的打击，有一些草木皆兵，虽然取得了反击的小胜，但还是放弃了太平城，带着残兵向西逃窜。徐达带水师一直追赶到池州，眼看要进入敌军腹地，才撤军而归。余元帅也拿下了安庆城。至此为止，应天保卫战才算落下了帷幕。

应天保卫战是朱元璋一生中面临的巨大考验，能取得大胜，实则是刘基等人谋划以及部下将士们用命拼的结果。经过此战，陈友谅也遭受了沉重打击，短时间内无力再发动大规模进攻。虽然取得了胜利，朱元璋也不敢掉以轻心，继续加强战备，以防止陈友谅卷土重来。六月，朱元璋任命安庆总管童敬先为安庆翼统兵元帅，并且他又派人加固了太平城，之前因为太平城西南靠姑溪太近，才给了陈友谅水师攻破城池的机会。这一次，常遇春特意将城的西南角向外扩了一些范围，离开姑溪有二十多步远，这样就可以防止敌军再次依靠大船靠近城墙进行攀登攻城。为了加强应天防备，朱元璋派人在龙湾新修建了虎口城。

至正二十年（1360年）九月，原徐寿辉的部将欧普祥献出了袁州城来投降朱元璋。陈友谅也得知这个消息，他派出陈友仁带兵攻打。结果，欧普祥十分善战，他不仅击退了来敌，还将陈友仁生擒活捉。欧普祥早就恨透了陈友谅弑君夺位，杀害徐寿辉，这一次，他将所有的怨气都发泄在了陈友仁身上，他亲自用鞭子狠狠抽打了陈友仁一番，然后还将其关在囚笼里示众。陈友谅十分顾及兄弟之情，他得知了这个消息，连忙派出太师邹普胜到袁州与欧普祥讲和。双方约定今后各自守卫边境，绝不互相攻打，欧普祥这才同意将陈友仁释放回去。

至正二十一年（1361年）正月，小明王对朱元璋取得的战绩十分欣喜，派人来加封他为吴国公。朱元璋部下将领也跟着升迁：常遇春升为中书省参知政事，邓愈被任命为中书省参政，邵荣被提拔为中书省平章政事，仅次于朱元璋。三月，朱元璋以侄子朱文正为大都督节制中外军事，毕竟是自家人，朱元璋对朱文正给予了充分的信任和期许。但是这对于朱文正来说却并不完全是好事，二十岁出头的他还没有经历过多少战火考验，就坐上了这样的高位，所以也导致了他日后的骄傲自满。

大败陈友谅之后，朱元璋打算提升朱文正的职位，他先私下找来了侄子，问他打算要个什么官。朱文正的回答出乎朱元璋意料："爵赏不先赏其他人而急忙给予私亲，这样会使得众人不服。而且，叔父您如果建立了大业,侄儿还愁富贵吗？"朱元璋觉得侄子识大体，心中越发高兴，他觉得自家人可靠，最后才给予其大都督职位。

四、征江州西线得胜

朱元璋被小明王加封为吴国公意义重大，这标志着朱元璋可以在小明王龙凤政权下建立一个附属政权，也是其走向自立的关键性一步。

至正二十一年（1361年），朱元璋对自己的统治机构进行了一些调整。二月，朱元璋改分枢密院为中书分省。这就进一步明确了治所位于应天的江南等处行中书省中央，与占领地方之间是一种行政隶属关系。三月，朱元璋将枢密院改为大都督府。

为了加强财政经济建设，朱元璋也采取了一系列措施。至正二十一年（1361年）正月，朱元璋建立盐法，开始对食盐进行专卖，从商人手中以每二十分取一的比例抽取利润，来襄助军饷。二月，朱元璋建立宝源局，进一步加强对货币的管理。宝源局铸造了"大中通宝"钱，与历代铜钱兼相使用，规定四百文为一贯，四十贯为一两，四文为一钱，当年铸造了钱四百三十一万贯。除了食盐，朱元璋又对茶叶做出了规定。规定商人买茶后，需要将所买数目告知官府，纳钱得到茶引后，才能出境贸易。每一引包括了茶叶一百斤，需要缴纳钱二百来换取。朱元璋通过对茶叶实行经营垄断，从中抽取了相对稳定的利润收入。朱元璋由此可以从占领区内获得充足而稳定的军饷，这也是其他割据政权难以做到的。稳定的后勤供应为朱元璋取得军事胜利提供了有力保障。

朱元璋还完善了地方政权建设。至正二十一年（1361年）五月，朱元璋以枢密院同佥胡大海为中书分省的参知政事，镇守金华城。同佥枢密院事李文忠奉命在严州防守。六月，朱元璋驳回了耿炳文的请求。当时耿炳文镇守永兴，他以其地靠近敌境，请求留下广兴翼兵作为声援。朱元璋命耿炳文训练士卒，自为镇守，目的就是要地方拥有足以单独对抗敌军的势力，而不是过度依靠外援。朱元璋的这些举措对于稳固地方起到了重要作用。朱元璋有条不紊的安排，地方军民团结，政权稳定，形势大好，与朱元璋这一阶段对地方的建设是密不可分的。

至正二十一年（1361年）四五月间，朱亮祖带兵攻打陈友谅的一处地盘，却被击退。朱文辉攻打池州的建德，却得手了。不久，陈友谅部将李明道进攻信州，信州守将胡德济当时兵力不足，形势十分危急。胡大海听说了之后，带兵由灵溪向西进发，当胡德济听说援军到来，就带兵出城迎战李明道。胡大海援兵赶来，二人的部

/ 第五章 / 陈友谅好战覆国 /

147

队合并一起进攻敌军，结果击败了李明道大军，将李明道和宣慰使王汉二等人活捉。朱元璋将被俘虏的两员将领恢复了原职，作为日后进攻江西的先导。八月，邓愈攻克了鄱阳湖附近的浮梁，陈友谅军守将弃城而逃。这时候，朱元璋得知了一个坏消息，那就是安庆失守了。攻下安庆的正是陈友谅的猛将张定边，安庆守将余元帅等逃回了应天，朱元璋军法严明，虽然有常遇春等人为之求情，依然将败军之将全部处死。安庆的失手对于朱元璋来说后果十分严重。长江上游的防守落入陈友谅之手，他就可以再一次顺流而下，进攻应天！

朱元璋为了解决好北方的忧患，在察罕攻下了龙凤政权都城汴梁后，派遣使节前往通好。北线暂时被安定了，朱元璋打算全力对付陈友谅。

降将李明道将陈友谅内部的消息透漏给了朱元璋："陈友谅自从弑君以来，将士们纷纷离心，其政令不一，擅权横行，骁勇的将领如赵普胜又被他杀死，他部下虽然众多，却没有什么可怕的！"朱元璋听了这番话，心中有底，在出兵之前，他要先鼓舞大军士气。朱元璋告谕诸将："陈友谅杀害徐寿辉，篡位称帝，此乃是天理不容之事！偏偏他又不自量力，一再犯我疆域，前一次是自取败亡，还不知道悔悟。如今他又攻陷了安庆，是可忍孰不可忍！"

徐达附和道："出师理直为壮，现在我们有理而对方理屈，哪里有不胜利的道理？"这时候刘基也向着朱元璋拱手道："我昨日观察天象，金星在前，火星在后，这是师出必胜的兆头。但愿主公顺天应人，早日攻伐！"朱元璋部下文武官员们听了这番话，个个群情激愤，摩拳擦掌，纷纷表示要一举荡平陈友谅。朱元璋的目的达到了，他见军心可用，就准备征战事宜。正在这时，刘基的老母病逝，他只得向朱元璋请假三年，回去守孝。朱元璋深知现在战事迫在眉睫，正是用人之际，就亲自写信挽留刘基。刘基也只好答应下来，直到朱元璋西征回归，他才特准刘基回家守孝一年。各项工作都已经准备就绪，朱元璋带领着徐达、常遇春等各路大军从龙湾逆长江而上。朱元璋乘坐一艘龙骧巨舰，上面树立一杆大旗，上书八个大字：吊民伐罪，纳顺招降。朱元璋此次出征阵容强大，有海船五十多帮，大的可以容纳千人，小的也能乘坐八百人，五只船是一帮，朱元璋自己乘坐的龙骧舰可以容纳一千三百人！如此规模宏大的船队，有风斗船五十多艘，还有平口浅船装载马匹、粮食、兵器等物资。朱元璋挑选了轻便的快船，命之为先锋，船队绵延百余里。军士们所站立的地方，都写上姓名，称之为"信地"，不可擅自离开，否则一律斩首不饶。一时间，船队旌旗遮天蔽日，军士们衣甲耀日，金鼓之声威震远近。

　　朱元璋如此大规模的征伐目的很明显，就是要一战彻底消灭陈友谅。朱元璋水师第二天就到达了采石矶。陈友谅布置的侦察部队望风而逃，根本不敢和强大的朱元璋军交手。几天后，船队到达了安庆附近。安庆守军见朱元璋军来势凶猛，只好闭门不战。朱元璋和刘基商议之后，决定先出兵从陆路佯攻，然后引诱其出战，水师就可以乘机大举进攻。于是，当陈友谅军和朱元璋军在陆上激战之时，廖永忠和张志雄带领水军迅速攻破了陈友谅军水寨。陈友谅军现在已经是首尾难顾，两路朱元璋军乘机以钳形攻势攻打安庆城。不久，安庆就落入了朱元璋之手。朱元璋大军一路追击敌军到了小孤山，结果驻扎在此的陈友谅军守将傅友德和丁普郎投降。这两人都是著名的猛将，尤其是傅友德成了明朝开国诸将中的佼佼者。

　　傅友德先祖乃是宿州人，他出身于贫穷的普通农家。因为暴雨成灾，家里的几亩薄田被水淹没了，赖以容身的两间茅草屋也倒塌了。之后，傅友德全家迁徙到了颍州横涧村。刘福通和韩山童在此举义，成千上万的饥民加入其中。本来傅友德也想加入，但是犹豫再三，他还是决定躲避战祸，跟随父母迁回到宿州老家。傅友德的想法是

第五章 ／陈友谅好战覆国／

靠着自己的一身好力气，踏踏实实干活儿养活一家人，过安稳日子。但是当傅友德回到故乡之后，满目望去，皆是蒿草丛生，狐兔出没，已经完全变了模样。没有居住的房屋、没有农具、没有耕牛，连种子也没有，更没有借贷的人家，傅友德仅存的一线希望，瞬间破灭了。傅友德独自站立在茫茫荒野，极目远望，他不知道路在何方。

万般无奈的傅友德打算再一次远走他乡，但是他的父母认为故乡才是归宿，他们不愿意再离开了，傅友德只好单独外出。这时候正好芝麻李的义军攻占了宿州，傅友德将仅存的一点儿粮食留给了父母双亲，然后自己毅然决然地投奔了义军。

傅友德吃苦耐劳，而且作战勇猛，闲暇时间就勤学武艺，骑射功夫十分了得。但是，傅友德空有一身本领，芝麻李的队伍中鱼龙混杂，派系明显。傅友德又沉默寡言，不善于交际和逢迎，所以一直没有得到重用，一些将领聚敛财富，欺辱兄弟们，这些也让他看不惯。不久，傅友德双亲离世，他孤身一人，再无牵挂，于是他决定离开芝麻李的队伍靠卖力气混口饭吃。傅友德到了砀山一带，给一家店铺当伙计。凭借着年轻力壮，傅友德什么脏活儿累活儿都能干。傅友德忍受着终日劳苦，唯一的希望就是能在这乱世吃饱肚子，维持生计。但是不管傅友德如何勤快，却一直被刁钻刻薄的老板娘没完没了地挑剔和责骂。傅友德也是血气方刚的汉子，他难以忍受，就另谋生路。后来，经过别人介绍，傅友德做了枣庄一户程姓人家的养老女婿。一个不明来路的外乡人，平白无故拥有了一份产业，所遭遇的便只是嫉妒和敌意。傅友德在这种环境下整日里唉声叹气，愁眉苦脸。邻居一位姓高的老人家建议傅友德凭借着一副好身板，到外面去闯荡一下。

但是对于傅友德来说，天下之大，何处可以容身？说来也巧，韩山童战死后，刘福通打算拥立他的儿子韩林儿为皇帝，这时候正派人到砀山县夹河来迎接。傅友德听说了之后，觉得这是一次机会，至正十五年（1355年）二月，他投奔了红巾军。因为傅友德武艺高强，又敢打敢拼，很快就得到了李喜喜的赏识。傅友德跟随李喜喜从亳州北上山东，又打进了关中，南下兴元，一路攻克了秦陇等地。在凤翔遭遇了察罕军反击，红巾军失利，丢失了巩昌，李喜喜只好带领残部退到了四川。

之后，傅友德又归降了明玉珍，但是明玉珍对他不信任，没有重用他，傅友德一气之下又投靠了陈友谅。但是陈友谅也对傅友德不信任，只是命其协助丁普郎镇守小孤山。这次朱元璋大军杀到了小孤山，傅友德就顺势投奔了传说中的明主朱元璋，打算有一番作为，也不辜负自己的一身本领。傅友德投奔朱元璋后，两人进行了交谈，朱元璋在言谈之中发现了傅友德的闪光点。朱元璋认为傅友德其人非池中之物，便将其任命为大将。

朱元璋军水师杀到鄱阳湖湖口时，正好遇到了陈友谅军的一支侦察部队，朱元璋命常遇春将他们消灭。此时，陈友谅正在江州城中，他听说了敌军来袭，亲自带兵迎战；结果朱元璋将水师分为两翼，一起夹攻陈友谅军，陈友谅军难以抵抗，落荒而逃，战船一百多艘被缴获。朱元璋乘胜追击，将江州城围困。此地乃是江西的西边门户，十分重要。虽然江州城内的陈友谅军数量众多，但是这里的城池有一个弱点，就是有一段城墙临江，是可以直接从水路发动进攻的。廖永忠吸取了陈友谅军攻破太平的经验，他在战船船尾造桥，称之为"天桥"，高度和江州城齐平。廖永忠命手下将战船顺风倒着行驶，使得天桥和城墙连接在一起，然后水军将士们借助天桥攀登而上，很容易就攻入了江州城内。陈友谅见难以抵挡，将宫殿仓库等焚烧一空后，带着妻子儿女，乘着夜幕逃出城外，直奔武昌而去。

朱元璋进入了江州城，他派出徐达带领水师继续追击陈友谅。徐达得知陈友谅军正在沔阳一带赶制超级大型战船，准备迎战，他出于慎重考虑，没有轻举妄动，只是命部队在汉阳驻扎，待机而动。

朱元璋将安庆改名为宁江府，以池州改名九华府。

之后，朱元璋大军乘胜拿下了南康，陈友谅的平章吴宏献出了饶州城投降，九月，王溥献出建昌投降。陈友谅所在的南昌也就是龙兴路已经处于朱元璋军包围之中。不过，正在这时候，东边的张士诚派出李伯昇带兵十几万攻打长兴。朱元璋得知长兴告急的消息，派出了援军相救。朱元璋这边命投降的吴宏去攻打抚州，守将是陈友谅部下右丞邓克明。吴宏先派人去招降，邓克明假装答应，他听说邓愈带领一支军队在不远处驻扎，就主动派人到邓愈处联络，说要献城投降。

邓愈对此将信将疑，他知道吴宏已经在招降他，为何不去那里，反而要到自己这边？这里面一定有问题。邓愈一面答应了接受投降，另一面带兵连夜赶到抚州，等到第二天天亮，大军突然从东西北三门杀入了城中。邓克明知道自己的诈降被识破了，仓皇上马从南门脱逃，结果没有跑多远，他担心被追兵杀死，就决定回去向邓愈真心投降。邓愈将邓克明扣押在军中加以监控，命其弟邓志明去收集旧部。邓克明十分狡猾，他借口要去九江面见朱元璋，邓愈就派兵押送他前往，结果半路上他乘人不备，又一次逃走了。一个月之后，南昌和附近地盘都落入了朱元璋之手，邓克明有些害怕，他想真的投降，又担心朱元璋惩罚他。最终，他化装成了一个小商贩乘坐小船到了南昌城下，他先找到了一个占卜之人为自己算卦。结果，占卜的人还没有说出个子丑寅卯，邓克明就被守军抓住了。朱元璋觉得此人反复无常，就将其押送应天囚禁。

陈友谅手下很多官员看到陈友谅失势，纷纷寻找出路。江西行省丞相胡廷瑞和平章祝宗等派遣使者到江州会见朱元璋，商讨龙兴路等地投降之事。胡廷瑞的使节郑仁杰向朱元璋提出了归降的条件，那就是不能拆散他的旧部，不接受朱元璋改编。朱元璋觉得这个条件有些苛刻，正在犹豫之时，身后的刘基悄悄从后面轻轻踢了一下他所坐的胡床。朱元璋这才反应过来，很爽快答应了对方要求。

至正二十二年（1362年）正月，胡廷瑞正式投降了朱元璋，朱元璋亲自从九江赶到南昌，接受其投降。入城之后，百姓安居乐业，军队丝毫没有骚扰，军纪严明。朱元璋亲自拜谒孔庙，然后在滕王阁与当地名流儒生们赋诗为乐，第二天，朱元璋下令抚恤城内贫苦百姓，还在西山释放了陈友谅之前豢养的一些梅花鹿。朱元璋还下令将南昌城西面临水的城墙向内移动了三十里，这样就将东南城墙扩展了两里地，这也是吸取了之前太平城因为城墙临水被陈友谅军攻克的教训。后面的事实证明，朱元璋的这一决策有多么重要！接下来，朱元璋在城北龙沙高台之上召集了城中百姓集会，他告谕大家："自古攻城略地，刀兵之下，百姓们难免受到灾祸，现在你们的生命安全多亏丞相胡廷瑞得以保全。陈友谅占据此处时，多行苛捐杂税，你们负担很重。现在，我宣布这些全部革除，军队供应无须拖累百姓。你们各自从事本业，各守本分吧。"说完，台下一片欢腾。朱元璋将龙兴路改名为洪都府，以叶琛出任知府。

再说九月间，追击陈友谅的徐达派出薛显带兵沿着汉阳城焚烧舟船。次日，大军进攻武昌，陈友谅亲自登上黄鹤楼督战，坚守城池。徐达自寅时攻击到午时，还没有破城，只好将城外的房屋焚烧后撤退。徐达进攻武昌的失败，说明朱元璋大军此时的进攻能力已经到了极限。不过，这一次朱元璋西征取得了洪都，这个城池以其坚固而险要的位置，成了此后很长一段时间内朱元璋对抗陈友谅军的前沿阵地，避免了再度出现陈友谅军直趋太平，逼近应天城的场景。这次西征也可谓是奠定了日后朱元璋与陈友谅之间胜败的基础。

五、不顾险安丰救驾

朱元璋之所以能顺利在江南建立并巩固根据地，而且无北顾之忧地开展与群雄的争霸之战，其中一个重要原因就是北方有小明王龙凤政权为之遮风挡雨。

刘福通拥立韩林儿为小明王，以"宋"为国号，这是利用人们的故国之思，以此表达对蒙古人入主中原的强烈不满。元帝国对于河南的局势十分紧张。因为按照成遵的说法："现在天下州县，有一半遭受了战乱破坏。只有河北地区因为凭借着黄河天堑而稍有安定。"为了镇压红巾军，元帝国对于河北地区的人力物力的运用，可谓到了敲骨吸髓的地步。如果黄河防线被红巾军拿下，元帝国将面临人心动摇的困境。元朝廷任命曾经战胜过红巾军的答失八都鲁为河南行省平章政事，希望他能再一次建立功勋。刘福通在与答失八都鲁的争斗之中长期处于优势，他曾经一度从孟津渡过黄河，杀进了元帝国的腹地河北地区。但是，随着一代战神级别的人物察罕投入战场，红巾军的势力遭受了重大打击。强渡黄河失败的刘福通将怒气发泄在了杜遵道身上，将兵败之后的他处死了事。随后，刘福通自任丞相，准备发动一场声势浩大的北伐战争。

至正十六年（1356年）九月，刘福通发动了准备已久的三路北伐。表面来看，刘福通是打算直捣元朝老巢大都城，实则是为了减轻红巾军在河南战场上遭受的压力。红巾军分西路、中路、东路三路进行北伐。西路军由李武和崔德带领，这支部队出了潼关之后，攻克陕州和虢地，然后到函谷关，再转向杀向山西南部。

至正十七年（1357年）初，李武和崔德又带领西路军攻入陕西，攻克商州，然后攻击武关；到了二月，夺取了七盘，然后占据蓝田，前锋部队到达灞上，直指奉元路也就是今天的西安。李武、崔德两人分兵攻占了同州、华州等地，全陕震动。元帝国连忙派出察罕、李思齐和刘哈刺不花前去救援，西路军被击败，逃到了兴元。到了闰九月，刘福通派白不信、大刀敖、李喜喜等人到陕西增援崔、李二将，他们自兴元转攻秦州、陇州等地，占据了巩昌，但是有一次被察罕击败。西路军只好败退。到了第二年，李喜喜带领一路西征军进入了四川，改称为"青巾军"。最终这部分红巾军被迫投降了李思齐。东路军的统帅是毛贵，他原先是赵均用的部将。至正十四年（1354年），赵均用带领部下放弃濠州后，到了盱眙和泗州，然后占据安东州，与元将董抟霄在北沙、庙湾等地作战，并在泗州大败元军。到了至正十六年（1356年）三月，扬州地区青军头领张明鉴起兵来对抗元朝镇南王孛罗普化。赵均用乘机联络了张明鉴，一起围困淮安，杀死孛罗普化占据了其地。刘福通将赵均用任命为淮安等处行中书省平章，赵均用派出毛贵出战安东、海宁、赣榆一带。

至正十七年（1357年）初，毛贵部下夺取了元帝国的海军战船，然后驾驶着从海道进入了山东。二月，毛贵夺取了胶州，杀死了元朝山东宣慰使释嘉讷。然后他们又再次下海，攻打益都，元益王买奴逃跑，滨州被红巾军攻下。四月，又攻下莒州。山东州县在短短两三个月内全落入红巾军之手。元朝廷见形势不妙，连忙派出了湖广行省左丞相太不花、知枢密院事孛兰奚和董抟霄出兵对付毛贵。同时又命答失八都鲁攻打曹州义军盛文郁部，防止盛部与毛贵相互联络。为了防止毛贵北上，元朝廷从太不花和答失八都鲁的部队内抽取了精锐来防守河北。到了七月，元朝负责镇守黄河的义兵万户田丰响应毛贵，攻下了济宁路。这一年冬天，驻守棣州的义兵千户余宝杀死了知枢密院事宝童起义，而负责镇压山东红巾军的总指挥一直躲藏在了东昌城，不敢出战。

至正十八年（1358年）正月，田丰攻取了东平。二月，毛贵攻下了济南。山东几乎全部被红巾军占据。韩宋政权任命毛贵为行中书省平章。毛贵建立了宾兴院，选用官员，然后在莱州进行屯田，山东被渐渐建设成了稳固的基地，毛贵带兵继续北上。至正十八年（1358年）二月，毛贵部抵达了河北南皮魏家庄，与元将董抟霄再一次交手。董抟霄在战前高呼："我受命在此，必当以死报答国恩。"

第五章 / 陈友谅好战覆国 /

董抟霄挥舞佩剑指挥战斗，最终还是抵挡不住红巾军的猛攻，死在了乱军之中。毛贵开始进逼大都，元朝廷震动。朝廷内人心大乱，朝臣劝说元顺帝北巡以躲避，或者迁都关中陕西一带。但是，随着中路军作战的失利，毛贵孤军深入，最终在柳林败给了元将刘哈剌不花，只好退守到济南。

中路军就是盘踞在曹州的盛文郁部。盛文郁是最终在颍州拥立韩山童的元老级人物。至正十七年（1357年）三月，盛文郁带兵渡过黄河，攻下了曹州，自任曹州行省平章。九月，盛文郁派遣关先生关铎、破头潘潘诚和冯长舅、沙刘二等将领带兵，翻过了太行山进入了山西，攻取了泽州、高平城。到了闰九月，中路军攻破了潞州，却在冀宁路受到了元军强力阻击。毛贵带领东路军攻打大都。为了加强侧翼力量，防止元军来救援，毛贵命部将王世诚和续继祖从益都出兵攻怀庆，克晋宁，与中路军配合，结果实力大增。中路军决定分兵两路，冯长舅和沙刘二攻打绛州，由沁州攻打冀宁和大同等地。但是很快毛贵进军大都失利，察罕在晋南又伏击了攻打绛州的冯长舅和沙刘二部。随着各路红巾军的失利，关先生和破头潘带领的红巾军成了处在敌人腹地的一支孤军。

至正十八年（1358年）六月，关先生和破头潘从辽州转攻冀宁，但是被察罕部将虎林赤击败。九月，关先生攻保定，但是没有成功，转而攻克定州。十月，关先生和破头潘占领了大同，北上进攻兴和。到了十二月，关先生和破头潘攻下了元朝上都。这里是元朝廷夏季避暑之地，建筑有宫殿官署。中路军对这些统统加以焚毁，在此驻军了七天，然后中路军攻破全宁，焚烧了元朝鲁王府，进攻辽阳。辽阳被拿下之后，红巾军以此为基地，准备进攻高丽国。刘福通设置了辽阳行省，以关先生、破头潘和沙刘二等人为平章。

至正十九年（1359年）二月，红巾军给高丽国王传去了书信。十一月，红巾军渡过了鸭绿江。十二月，毛居敬带领红巾军攻下了高丽义州、静州、麟州、西京平壤等地。第二年正月，高丽军在西京击败了红巾军。红巾军被迫撤退。到了至正二十一年（1361年），关先生、破头潘带领主力十几万红巾军渡过了鸭绿江攻打朔州，十二月，攻克了高丽开京，迫使高丽政府向南逃亡。到了第二年正月，高丽军队反攻，将开京收复，关先生和沙刘二被杀，破头潘被俘虏。中路军的残兵走投无路，只好投奔了孛罗帖木儿。

刘福通在发动三路大军北伐时，打算展开对汴梁的进攻，以便使之成为名副其实的韩宋政权的首都。至正十七年（1357年）六月，刘福通第一次攻打汴梁，但是未成功。到了八月，攻下了大名和卫辉两路，对汴梁形成了包围之势。十月，元朝派出了达理麻失里攻打雷泽和濮州，结果被刘福通所杀，节制河南元军的答失八都鲁只好撤退到石村。元朝廷怀疑他故意不认真抵抗，导致失去战机，因此几次来催促他们尽快进攻。刘福通得知消息之后，使用了反间计，他写了一封给答失八都鲁的通和之书信，故意丢弃在道路之上，使者得到了这封书信。答失八都鲁知道了，日夜担忧，最终忧郁而死，他的儿子孛罗帖木儿继承了他的职位，在井陉防守。

至正十八年（1358年）五月，刘福通第二次进攻汴梁，守将竹贞逃跑。刘福通迎接韩林儿据为都城。当时红巾军的北伐出现了鼎盛局面，中路军转战山西，西路军在关中，东路军占据了山东，形势大好。但是这种局面没有维系太久，九月，孛罗帖木儿带领大军攻打曹州。十月，元军攻下了曹州，杀死了红巾军曹州行省武丞相和仇知院。曹州被攻陷，导致韩宋政权中枢和山东的联系被切断。到了次年初，孛罗帖木儿北上代州和丰州一带，在大同驻守，以便切断韩宋政权和中路红巾军的联系。这时候察罕一直以重兵在渑池和洛阳驻守，随时准备发动进攻汴梁的战斗。山东红巾军这时候也因为毛贵北伐大都的失败，出现了颓势。

至正十九年（1359年）四月，淮安被元军攻下，赵均用投奔毛贵，他在濠州期间，就闹得城中义军不和，这一次，他故伎重演，竟然派出刺客杀死了毛贵。七月，毛贵的部将续继祖从辽阳回到了益都，为毛贵报仇，杀死了赵均用。这时候王士诚和田丰为了争夺势力，田丰自称花马王，王士诚称扫地王，互相攻打内斗。

至正十九年（1359年）五月，察罕包围了汴梁；八月，察罕攻下了汴梁，刘福通带着韩林儿突围逃到了安丰。元军俘虏了韩林儿的妻子以及红巾军家属上万人，还有红巾军各级官员五千多人！

屋漏偏逢连夜雨。至正二十三年（1363年）二月，张士诚派遣吕珍突袭安丰，这下刘福通彻底绝望了，这位反元英雄倒不是什么怕死之辈，他担心城破后，红巾军群龙无首，土崩瓦解，推翻暴元的目标也就化为泡影了。刘福通在绝望之际想得到了向朱元璋求救，他派人突围，向朱元璋送去了十万火急的求援信。朱元璋看到这封信时十分惊讶，他连忙召集手下文武官员来商议此事。之前的应天保卫战中，刘基的计策击败了陈友谅，起到了扭转乾坤的作用，朱元璋对他十分信任，他首先问刘基："刘先生，您以为此事该如何是好？"其实，刘基早就对朱元璋尊奉小明王为主不以为然了。原来，为了表示对小明王的忠心，每次正月过节时，朱元璋都要举办大规模的跪奉仪式。朱元璋将为小明王设置的宝座，摆放在中央，虽然小明王人不在这里，但是朱元璋却十分恭敬，他带领文武官员向着宝座行跪叩的君臣大礼。这时候，只有刘基站而不跪，他十分不屑地说："这不过是一个放牛的小子，为什么要跪拜他？"既然刘基对小明王一直是这种态度，面对朱元璋的问计，他反问朱元璋："主公认为应该怎么办？"朱元璋表达了自己的态度："安丰一定要救！首先，我们同属红巾军，韩林儿是我们的君主；其次，安丰是应天门户，如果安丰失守，应天就失去了屏障，唇亡齿寒，我们岂能不救？"

刘基听了朱元璋的话，摇摇头，他将朱元璋的这两条理由一一驳斥。首先，虽然韩林儿名义是应天政权的皇帝，但是他现在已经没有利用价值，北方红巾军几乎全军覆没，已经起不到屏障北方的作用。如果将他救出来，朱元璋该如何处置他？其次，如果朱元璋带兵攻打安丰，就违背了先打陈友谅、再攻张士诚的策略了。因为张士诚胆子小，朱元璋军和陈友谅开战，他不会贸然出兵援助，但是如果先攻打张士诚，陈友谅就必然乘机攻打应天。到时候腹背受敌，就违背了当初的战略了。

刘基不同意解救小明王，这次正好借助张士诚之手，除掉这个朱元璋登基路上的阻碍。但是朱元璋考虑到如果不救援小明王，就是自己不忠不义的表现，就失去了天下人心。如此一来，怎么能继续领军平定群雄，推翻暴元，君临天下？出兵张士诚也许是一次军事冒险，但是朱元璋相信这是必须要完成的，否则自己这支军队就失去了最根本的东西——民心道义！更何况，如果不狠狠教训一下张士诚，他就会更加猖狂，另外，如果张士诚夺取了安丰，他们就和元军在地理上连成了一片，张士诚就可以从东、北两个方向来威胁应天。就陈友谅这边来说，之前朱元璋已经数次将他击败，他一时间不可能有大规模军事行动。

至正二十三年（1363年）三月，朱元璋带领徐达和常遇春，以二十万大军杀往安丰一带。此时，安丰已经被攻陷，刘福通战死，小明王则在部下护卫下突围到了朱元璋军中。张士诚部下吕珍听说朱元璋大军前来攻打，他命人加固城防，做好战斗准备。朱元璋部将汪元帅带兵攻击，不料反而被吕珍部围攻。常遇春亲自出马，三战三胜，吕珍只好退出了安丰。

在庐州驻守的左君弼打算援助吕珍，结果也被常遇春击败，朱元璋见目的已经达到，就抓紧回到应天，他留下了徐达继续进攻庐州，安丰被元军所占领。小明王此后被朱元璋安置在了滁州，此人也不是什么明主，他日夜以捕鱼为乐，筑造了樊楼，然后整日歌舞不休，自称"樊楼主人"，他不理政事，将之交给左右之人处理。

朱元璋这次之所以敢于军事冒险，还在于他对屡战屡败的陈友谅之蔑视，他曾经对诸将说："我们出兵安丰这么久了，陈友谅也没有动静，此人的见识也不过如此，有什么可怕的？"

但是这一次，朱元璋的判断失误了。陈友谅在他的大汉皇宫里，已经在做战前动员了，只见他端起了一碗酒，一仰头，一饮而尽。从朱元璋进攻安丰的那天开始，陈友谅就在没日没夜地准备进攻战船和军队，他凑齐了整整六十万人，打算一举消灭朱元璋！

六、朱文正力保洪都

自从龙湾之战失利之后，陈友谅就憋着一口恶气。接下来的两年内，陈友谅被朱元璋一顿胖揍，接连丢失了很多人口和领地。照这样下去，陈友谅早晚会被朱元璋彻底消灭。经过几次失败的教训，陈友谅明白了一个道理：必须要拥有一支强大的水师。陈友谅倾尽了他占领区内的民力物力，不惜重金打造了一支超级强大的舰队。这支舰队中的几百艘主力舰比先前他的那些巨舰还要庞大，舰体高达数丈，外面以丹漆装饰，上下共三层，每层都设置了走马棚，下面设有板房为遮蔽，有数十支大橹，以至每层中的人说话其他层都听不到，船体和橹桨都用铁皮包裹了起来，防护力惊人。陈友谅对于此次出战抱有必胜的把握，他将自己的家属也带到了军中出战，百官倾巢而出，就是要一举消灭朱元璋，报前面几次失败之仇。

陈友谅这一次的目标首先是洪都，他选择这样的路线是力求稳妥，之前那一次之所以直捣应天，是因为江西大部属于他的领地，他行军没有后顾之忧，如今他只有先攻下洪都，以鄱阳湖为基地，才能保证行军的稳当。另外，洪都紧靠鄱阳湖，可以发挥强大的水师战斗力优势。在陈友谅看来，小小的洪都难以阻挡他的大军，势必一举拿下。此时洪都的主将是朱文正，他在至正二十二年（1362

年）五月，被朱元璋派遣到洪都。到达之后，朱文正命人增修城池，加固防守，而且还招抚了附近山寨的贼寇。为了维持社会安定，对于那些喜欢滋事扰民的人，朱文正下令一律处死。经过朱文正的一番努力，号令严肃，洪都城防也得到了大大的加强。但是另一方面，朱文正又是一个纨绔公子的做派，离开了朱元璋的监控，他如同一匹脱缰野马，做出了一些天怒人怨的勾当。朱文正以卫达可等人为心腹，命他们帮助自己到处搜罗美女，玩弄几十天后，或者抛弃，或者投入井中淹死来灭口。朱文正日日饮酒作乐，还亲自编排了曲谱让妓女们日夜演唱，以此为乐。对于朱元璋派来洪都巡视的人，朱文正加以重金贿赂；对于敢于去应天举报他的人，就索性派人在半路截杀。

　　就这样一个重镇洪都，朱元璋为什么能放心交给如此一个纨绔子弟呢？陈友谅之所以第一战选择攻打洪都，有一部分原因是他看不起朱文正，觉得此人根本不堪一击。其实朱元璋包括刘基对于朱文正的秉性十分清楚，但是另一方面这个人放荡不羁的外表下却暗藏着潜力巨大的军事才能。朱元璋知道自己这个侄子是一个能打硬仗、善于防守的狠角色，尽管他有着各种各样的问题，却也不能掩盖他的军事才华，所以才放心交给他如此艰巨的任务。再说，对于朱元璋来说，血缘上最亲近的人也无过于他，如此重要的城池难道还要交给一个外姓人不成？更何况为了防止万一，朱元璋还为侄子配备了一个堪称豪华的将领阵容。

　　后来的事情证明，朱元璋对于朱文正的这份信任没有被辜负，朱正文也将用事实来证明自己是一个防守天才！

　　当时的洪都城内有两万人马，朱文正得知敌军来犯的消息，连忙召集诸将开会，作了防守分工：邓愈防守正面的抚州门；元帅赵德胜防守宫步、土步和桥步三门；薛显防守章江和新城两门；元帅牛德龙守卫琉璃和澹台两门；朱文正居中指挥，亲自带领两千精锐作为机动力量，随时到各处城门救急。邓愈不用说了，是朱元璋的得力干将，也是朱文正麾下第一战将。赵德胜也是朱元璋的老部下，他臂力惊人，善于使用长槊，人称黑赵，有大将之才，料敌如神，是一代名将。指挥薛显也不是平庸之辈，他的勇猛可以与傅友德相提并论。陈友谅可不管城中有什么名将，他带领着自己的手下向抚州门发动了第一波攻势。为何陈友谅不故伎重演，用超级巨舰直接从江上攻击城墙，就像之前攻下太平城那样？那是因为朱元璋鉴于太平失陷的教训，已经将临江的城墙后移了。所以陈友谅要攻城，只能在陆路动用步兵。陈友谅军拥有撞墙机这样攻城的重型设备，还得到了巨舰之上的抛石机的掩护，没多久，洪都城墙就被撕开了一道三十余丈的大裂口。眼看陈友谅军就要将城墙摧毁，攻了进来。邓愈忙命将士们一齐发射火铳阻止陈友谅军的进攻，乘着这个空隙，朱元璋军在被破坏的城墙上竖立起来木栅栏，陈友谅军又冲上来争夺木栅栏，双方就隔着木栅栏展开了争夺，战况十分激烈。朱文正和牛海龙带领着援军来帮忙，朱文正亲自带领诸将一边和陈友谅军展开血腥的肉搏战，一边命部下抓紧修补破损的城墙。到了第二天天明时分，经过了一夜的鏖战和修补，城墙终于修好，而破损的这段城墙下面已经是死尸遍地了。陈友谅军死伤无数，朱元璋军中李继先、牛海龙、赵国旺、许珪和程国胜也全部战死。陈友谅虽然首战失利，但是他的侧路已经攻下了吉安和无为州，这就在战略上形成了夹击洪都的态势，形势对于朱文正来说更加严峻了。陈友谅见抚州门难以攻下，就将目标转向了新城门。新城门的守将薛显可不是好惹的，面对陈友谅大军，他没有选择消极防守，而是带兵突然杀出城，一举斩杀了陈友谅军将领刘进昭，擒获了赵祥，这样一来就重创了陈友谅军，将其攻势击退。

经过两轮暴风骤雨般的进攻，陈友谅军也需要修整，于是两军进入了短暂修整和对峙阶段。

面对敌军来袭，朱元璋军中将士们万众一心，团结抗击，连一些小人物的事迹都让人十分钦佩。朱元璋军中有一个百户徐明，平日里油嘴滑舌，外号"胎里谎"，意思是从娘胎里就开始撒谎。就是这样一个人，在夜间几次出城偷袭了陈友谅军军营，还缴获了一些良马，最终他被敌军包围，成为俘虏，誓死不降，被陈友谅军杀害。

　　尽管朱元璋军拼死抵抗，陈友谅军的攻势也不曾减弱。经过一阵修整，陈友谅军又开始了狂攻。经过几次争夺，城头死尸遍地，鲜血顺着城墙往下流淌，整个洪都城笼罩在一片血雾之中。这不是恐怖电影，而是真实的历史，可见洪都之战的残烈。就这样，洪都城坚守了一个月，仍然没有被陈友谅军攻下。朱文正眼看城中死伤越来越多，他想出一个缓兵之计，派出了一个使者到陈友谅大营中商议投降之事。陈友谅大喜，他没有想到如此能打的朱文正也打算屈服于自己了，看来，自己的军队真是天下无敌啊！于是，陈友谅暂时放缓了对洪都的攻打，等待约定的投降日期朱文正来投。没想到在约定的那天，城头的旗帜虽然换了，但是一直到晚上，城内的守军却没有一人出来投降。陈友谅这才反应过来是中了朱文正的诈降之计，他一怒之下杀了使者，命将士们抓紧攻城。但是朱文正利用这段宝贵的停战时机，已经获得了充足的休息，他们以饱满的精力继续迎战陈友谅军。

　　就这样，到了至正二十二年（1362年）六月，洪都城依然巍然矗立在陈友谅军面前。陈友谅见从陆路不能攻克，就打算偷袭洪都城的水关。陈友谅军准备从水栅攻入，朱文正得知了消息，立刻命一批精兵专门使用长槊从栅门内刺杀敌军，陈友谅军一时间难以靠近，就试着用手来抢夺伸出栅栏的长槊。朱文正就命人将铁戟和铁钩处用火烧得通红，然后再用它们刺杀陈友谅军，陈友谅军不知道厉害，还用手来抢夺，结果手都被灼烂，只好退却。陈友谅使出了各种办法，还是没能拿下水关，他又命令部下攻击宫步和土步门，

第五章　陈友谅好战覆国

赵德胜带人将陈友谅军再一次击退。但是，赵德胜这天夜晚坐在宫步门城楼上指挥作战时，突然被一支流矢射中了腰部，箭头很深，进入了六寸，射中了他的要害。赵德胜强忍住剧痛，拔出了利箭，顿时血流如注，他拍着腿长叹："我自从壮年从军，受过无数伤，却从来没有这样重的，这就是命啊！大丈夫死了没有什么可怕的，唯独遗憾不能跟随主公平定中原了！"可惜一代勇将赵德胜最终因为流血过多，伤重而亡。

经过两个月的围城之战，洪都城已经失去了和外界的一切联系。朱文正这边也是损失惨重，伤员急剧增加，城内粮草也几乎断绝，他派出了手下的千户张子明突围到应天请求救兵。张子明从水路突围而出，在半个月后到了应天城，将洪都的情况向朱元璋作了汇报。其实，朱元璋对于洪都的情况早有所耳闻，徐达当时带着主力军在围攻坚城庐州，朱元璋对于洪都能否守住心中也没有底，如果守不住，他就打算命朱文正等人突围。听完了张子明的汇报，朱元璋问道："陈友谅兵势如何？"张子明回道："陈友谅军实力虽然强大，但是战死受伤的也很多。如今江水枯竭，敌人的巨舰难以施展本事，他们出师很久了，粮草供应也有困难。如果此时主公派出援兵，一定能击败他们。"但是朱元璋对于全盘战局有自己的考虑，他一向用兵比较谨慎，他还需要再观察。于是，朱元璋对张子明说让他回去告诉朱文正，再坚持一个月援兵必然会到。张子明虽然有些失望，但是看着朱元璋那坚决的眼神，他知道多说也是无益，于是他只好回去给朱文正送信，没想到在鄱阳湖口不幸被陈友谅军所俘虏。陈友谅亲自劝降，张子明当即表示同意。陈友谅大喜，命人押他到洪都城下，劝说城内投降。但是当陈友谅军士兵押解张子明到了洪都城外，他用尽全身力气对城头的朱文正等人高喊："我们的大军将要来援救洪都了，大家一定要固守等待援兵。"陈友谅大怒，下令将张子明当场杀死。张子明没有白死，正是他带来的这条消息如同给守城的将士们打了一针强心剂，坚定了大家抵抗的决心。而张子明的视死如归、大义凛然之举也深深激励了守城一方，他们下定了决心，要与残暴的陈友谅血战到底！

话说洪都保卫战激烈之时，徐达、常遇春等人正在围困庐州城。庐州三面环水，易守难攻。守将左君弼有一天突然在城上设下了吊桥。徐达看到这个场景，担心他会夜间偷袭，就下令军中务必警觉。果然到了半夜时分，吊桥放下，左君弼带军偷袭朱元璋军，迎接他们的是一阵箭雨，左君弼见对方有防备，连忙打算撤退，但是徐达下令紧追不舍，左君弼见大败，只好退入城中不敢出战。徐达围攻庐州三个月没有进展，这对于士气也是一个打击。左君弼此人与朱元璋本是朋友，朱元璋亲切称呼他"庐州老左"，他们最初还发过誓，如果彼此有难就要相救。后来随着朱元璋势力越来越大，左君弼为了防止自己被其吞并，就投降了陈友谅。庐州城内有十万守将，加之左君弼经营多年，所以不可能轻易被攻下。对于徐达来说，最好的办法就是如同攻打平江一样，长期进行围困。就这样形成了一个战争奇观，在陈友谅军全力围攻洪都城时，朱元璋军也在竭尽力量攻打庐州，结果双方都没有得手，长期屯兵于坚城之下。

朱元璋在分析了局势之后，他觉得还是应该放弃庐州援救洪都，然后与陈友谅军在鄱阳湖决一死战。至正二十二年（1362年）七月，朱元璋调集徐达、常遇春等部兵力二十万救援洪都。其实，朱元璋长期围困庐州是一次战略失误。如果陈友谅不是那么执着，非要拿下洪都，完全可以以强大的水师顺流而下攻击应天。或者在朱元璋回师之际，派出水师来截断其归路，然后自己带领主力出击，胜面也会比较大。但是，陈友谅和他手下的智囊们眼界不及此，将主力长期困顿于洪都城之下，这就失去了绝佳的战机。在大军出兵之前，朱元璋激励部下诸将："陈友谅不断挑衅，又来围困洪都，他几次失败都不醒悟，真是上天夺去了他的魂魄而促使他灭亡！我亲自征讨，诸将各自带领舟师跟从。"朱元璋在龙湾祭旗，然后率领水师二十多万人，其中徐达、常遇春、冯国胜、廖永忠、俞通海等将领随征，参谋刘基等跟从。出师过程中也有个小插曲，大风将冯国胜的坐船给吹翻了，朱元璋觉得这不是吉兆，就命冯国胜返回了应天防守。此刻陈友谅还在带兵猛攻洪都，他没有料到朱元璋会放弃庐州来增援，更没有料到朱元璋是走水路直奔鄱阳湖而来。陈友谅在鄱阳湖没有留下守军，这等于是自断归路。朱元璋大军到了湖口，派兵将这里封锁，彻底掐断了陈友谅的退路还有其后勤供应。陈友谅在围困洪都八十五天之后，得到了朱元璋大军来战的消息，他带领全军撤去了洪都之围，来迎战朱元璋大军。于是，朱元璋建立大明朝的一次规模空前的水战——鄱阳湖大战就要上演了！朱元璋鄱阳湖大战能取得胜利，也多亏了朱文正能坚守洪都将近三个月，拖住了陈友谅主力，为他争取了宝贵的时间。因此，洪都大战也是朱文正军事生涯中的巅峰之战。

　　战后，朱文正继续担任江西都督，防守一方，哪知道，他本性中的恶不断地膨胀，最终促使自己走向了一条不归之路。至正十九年（1359年），朱文正为了取得叔父的信任，就曾经污蔑徐达有反叛之意。在江西时，朱文正通过威胁和贿赂官员，将自己的罪行进行掩饰。到了后来，朱元璋派出心腹凌说来到了江西，他是一个酷吏，面对朱文正的软硬兼施毫不动摇，派人将朱文正的罪行证据交给了朱元璋。朱文正抢男霸女，为非作歹，强取豪夺。更过分的是，他还派人到张士诚占领区内贩卖私盐来牟利，如果有人告发，他就杀掉检举人全家来灭口。在洪都保卫战胜利之后，朱文正依仗着巨大的战功，变得更加不可一世！朱元璋听到这些之后，十分生气，但是毕竟是亲侄子，他还打算给其一个改过自新的机会。朱元璋派人严厉斥责侄子，然后处死了他身边的郭子章、刘仲服等将领，因为这些人没有起到规劝和拦阻朱文正罪行的职责。朱文正部下亲随五十多人也被朱元璋下令挑断了脚筋，防止他们再次助纣为虐，帮助朱文正继续做坏事。或许严厉的处罚确实令朱文正十分害怕，他竟然打算投靠张士诚。朱元璋得到这个消息后，亲自来到洪都城，他派人叫侄子来见他。朱文正没有想到朱元璋会突然来到，他连忙来见，朱元璋哭着对他进行了斥责，然后将侄子带回应天准备发落。按照朱元璋的意思就是要依法处罚，朱文正是马氏亲自抚养长大的，对他还是十分有感情的，她劝说："朱文正虽然骄纵，但是他自从渡江以来，攻克太平，大败陈野先，拿下建康，多有战功。正是因为他坚守江西，陈友谅才不能攻克。况且他是您的骨肉亲侄，纵然有罪，也应该宽宥吧！"朱元璋听了这话，心中一软，就再一次宽恕了朱文正，他将侄子打发到荆州，等他回到应天后，一直没有再启用朱文正，于是朱文正再一次口出不逊。朱元璋将侄子叫过来，打算再一次感化他。没有想到这一次朱文正心中的不满也到了极点，竟然对叔父破口大骂。朱元璋盛怒之下，就打算处死朱文正，又是马氏再一次求情："朱文正只是性情刚烈，恐怕没有此心。他的母亲还在，当念及母子之情，宽恕了他。"身边的官员们也纷纷为朱文正求情，宋濂说："朱文正罪过当死，但是主公应该念及圣人所言亲亲之义，给他一次赎罪的机会，将他放逐到边远之地，就算是处置得当了。"于是，朱元璋看在大嫂面上，再一次选择了原谅，他将朱文正打发到濠州去祭祀祖先，希望他能念及创业艰难和手足情深，幡然悔悟。朱文正后来表现不错，朱元璋又起用他参加了平定张士诚的战事。但是，后来朱文正再一次打算叛归张士诚，才被朱元璋下令处死了。

七、鄱阳湖血战沙场

再说朱元璋带领大军进入了鄱阳湖，他告谕手下的将士们："两军相逢勇者胜。陈友谅围困洪都日久，现在听说我们的大军到了，撤围来迎战，必然要死战。诸位一定要尽力一战，有进无退，消灭陈友谅，正在今日！"

至正二十三年（1363年）七月二十日，朱元璋大军在康郎山水域与陈友谅相遇。开战之前，陈友谅命令手下将战船尤其是巨舰紧紧排列在一起，打算从气势上取得压倒性的优势。与陈友谅的巨舰相比，朱元璋战舰个头儿偏小，而且数量也不足，仅仅是对方的一半而已。面对不利局面，朱元璋鼓励部下："对方的巨舰首尾相互连接，这不利于他们进退，可以击破！"朱元璋将自己的部下分为十一队，以火器和弓弩依次排列，然后他告诫部将："如果靠近了敌人战船，就先发射火器，再使用弓弩。"

第一天双方都在紧张地布置战术，并没有交战。陈友谅的战船除了有舰体庞大的威力，还占据了以上攻下的有利条件，另外，船上还有威力巨大的抛石机，这也是一个优势。

朱元璋的舰队有劣势，也有优势，那就是他们配备了当时最先进的火器，而且射程远，杀伤力大。这些火器有火炮、火铳、火箭、火蒺藜、大小火枪、大小将军筒、大小铁炮和神机箭等各种型号的一应俱全。第二天早上，朱元璋命徐达、常遇春、廖永忠、俞通海等将领带领船队发动了进攻，一时间只见鄱阳湖面喊杀声震天，双方箭雨齐飞，炮声震动，湖面波涛惊起，火光照耀。很快百里之内的湖水便成了赤红色！徐达冲锋在前，他带领部下奋勇前进，最后击败了敌人的前军，杀死了一千五百人，还缴获了一艘巨舰，朱元璋所部军威为之大振！俞通海趁热打铁，乘着风向改以火炮齐射，焚毁了陈友谅军二十多艘战舰。陈友谅军被杀和溺死的人非常多。面对强敌，朱元璋军付出的代价也很大，混战之中，指挥韩成和元帅宋贵、陈兆先等将领先后阵亡。徐达带人冲锋在前，大火蔓延到了他的船上，陈友谅军乘机来进攻，徐达一边忙着救火，一边继续指挥作战。朱元璋见徐达危急，连忙派出部下赶过去援救。徐达见援军到来，带领部下力战，将陈友谅军杀退。

这时候，朱元璋又遇到了一次险情。陈友谅军的将领张定边发现了朱元璋的坐舰，他打算来一个"斩首行动"。张定边指挥部下拼命攻击朱元璋的坐舰。就在双方力战之时，朱元璋的坐舰竟然搁浅了，船上的将士们为了保护主公，拼命与张定边血战，张定边军一时间靠不上去。正在危急之时，常遇春驾船来救援，他暗中射出一箭，正中张定边，陈友谅军见主将受伤，士气受到了影响，纷纷退却。俞通海也驾驶战船来营救，他的大船激起了大浪，竟然一下子将搁浅的朱元璋坐舰冲击得脱离了搁浅区。陈友谅军大船虽然攻击力比较强大，但是缺点就是不灵活，转身比较笨拙。廖永忠驾驶快船打算追赶张定边，结果张定边突围而去，他部下伤亡惨重，他自己也身中数箭，多亏了铠甲护身，否则早就一命呜呼了。战斗中，常遇春的战船也搁浅了，朱元璋命部下去解救。正好有一只被敌军击败的船撞击到了常遇春的坐船，此船才得以继续行驶。到了夜色降临，双方见伤亡惨重，开始撤离。朱元璋召集众将，申明了军纪，以生死利害晓谕大家，诸将都举手加额，誓死力战。在这一天的激烈战斗结束后，朱元璋担心后方张士诚有所动作，就派徐达回到应天去坐镇防守。经过一夜休息，第二天，朱元璋亲自出战，再一次攻击陈友谅军。这一次朱元璋军来势凶猛，杀得陈友谅军纷纷后退，被杀死和溺死的不计其数。但是朱元璋军中的猛将张志雄，因为坐船的桅杆断了导致战船难以移动，陈友谅军见状拼命加以围攻，张志雄不想被敌军俘虏，选择了自刎。

不过，抵抗住了朱元璋军的一轮打击之后，陈友谅军又回过神儿来了，在宽阔的鄱阳湖水面，他们的巨舰得以充分发挥了优势，他们的巨舰以铁锁相连，旌旗楼橹，远远望去如同一座座小山丘。尽管朱元璋部将们拼死冲击，但是对方的阵型却一点儿都没有乱。

就在这场激战中，朱元璋部将丁普郎、余旭、陈弼、徐公辅等勇将力战而亡。尤其是丁普郎，他本是徐寿辉部下的四大猛将之一。因为陈友谅杀害了自己的老上司徐寿辉，他对陈友谅极其不满，后来找机会投靠了朱元璋。这一战面对自己的仇人陈友谅，丁普郎是分外眼红，他等待这一天已经很久了。丁普郎为了表达自己一定要杀死陈友谅的决心，他命人在自己的船头竖起了一块七尺白布，上面赫然写着八个大字："旁人不问，唯诛九四！"开战之后，丁普郎发挥了"拼命三郎"的精神，不要命地向前冲杀，无数陈友谅军将士倒在了他的刀下。但是无奈敌军过于强悍，兵力又多，战船也大，尽管丁普郎拼劲了全力，最终还是被陈友谅军战船围住，悲壮地战死了。丁普郎战死后，头颅被陈友谅军砍下，但是手中还紧紧握住兵器，整个身体岿然不动，保持着战斗时候的样子。陈友谅军将士们惊诧不已，以为丁普郎是天神下凡，对他顶礼膜拜，敬畏不已。

这样势均力敌的硬仗，就是身经百战的朱元璋也是很少遇到。有的人开始坚持不住了，准备后退，朱元璋见状不妙，在后面亲自督战，大声喝令不许后退。右军终于不顾他的将令，开始了撤退，朱元璋下令斩杀了十几个队长，但是依然控制不住局面。形势危急，眼看朱元璋大军就要一败涂地了。如果大规模溃退势必导致全军失败，陈友谅军此时追击，有可能导致全军覆灭！面临紧急情况，朱元璋部将郭兴上前出了一个主意："不是将士们不用命，而是敌军战舰过于庞大，必须要用火攻才行。"朱元璋也知道火攻乃是妙计，无奈风向不利于他。不过，事情还是发生了转机，在午后时分，东北风起，从朱元璋大军方向吹向了陈友谅军舰队方向！朱元璋连忙命令部下以七艘船满载着荻苇，其中装满了火药，然后再扎上了草人，草人身上披上了盔甲，远远望过去，就如同真人一般。然后由敢死队员驾驶这些小船放火，再用准备好的小船逃生。船只顺流而下，很快冲击到了陈友谅军船队面前，敢死队员们开始乘着风势纵火，风助火势，火借风威，一时间陈友谅军几百艘战船被点燃，只见湖面上火光烈焰冲天，湖水为之变赤，陈友谅军死伤大半。

其中"五王"陈友仁、陈友贵和陈普略等将领葬身在烈焰之中，陈友谅军士兵纷纷投入湖水之中。朱元璋乘机带兵杀了过去，又斩首陈友谅军两千多人。对于陈友谅来说，损失了许多士兵倒还可以接受，最不能接受的是陈友仁的死，这对于他来说是断了左膀右臂。到了七月二十三日，朱元璋见陈友谅军遭受了重创，他召集诸将训话："陈友谅战败气沮，眼看就要完了，今天大家一起努力！"之前陈友谅军在战斗中发现了朱元璋坐舰的旗帜是白色的，这一次正打算来一次擒贼先擒王，首先攻击朱元璋的坐舰。但是朱元璋的军师刘基发现了这个漏洞，他提醒了朱元璋，结果一夜之间，朱元璋舰队的旗帜都变成了白色。这下轮到陈友谅军将士们傻眼了。正在陈友谅发愣的时候，朱元璋带兵发动了潮水般的攻势，他们采取了群狼战术，以多打少，拼命围攻陈友谅的巨舰。一时间，陈友谅军很多巨舰都被朱元璋军缴获。在战事胶着之际，朱元璋坐在胡床上督战，刘基在一旁侍立，突然刘基大声呼唤朱元璋赶紧换船。朱元璋仓促之间换到了一艘小船之上，还没等他反应过来，只见陈友谅军巨舰上飞过来无数巨石，朱元璋先前乘坐的坐舰被击沉了！由此可见，这一天的战事之惨烈！

七月二十八日，双方再一次对攻。陈军巨舰再一次遭受到朱元璋军中小战船的攻击，由于他们比较灵活，作战又比较勇敢，陈友谅军遭受了重创。很多被围攻的巨舰上面的士兵都已经战死了，下层负责划船的水手们还不知晓，呼号摇橹如故，朱元璋军放一把大火，这些水手也葬身火海之中。双方一直激战到中午时分，陈友谅军大败，丢弃的军旗、兵器和辎重漂荡在整个湖面之上。陈友谅也有些胆怯了，张定边打算护着他退到鞋山，结果中路又被朱元璋军阻击，只好又退回到湖面自守，不敢再出战了。到了下午，朱元璋军到了离陈友谅军舰队五里地的泊柴棚，朱元璋派人多次挑战陈友谅，但是对方就是不敢出战。诸将建议大军先暂时退却，然后做调整再战。朱元璋却说："两军现在相持不下，如果我军先退去，敌军必然以为我们是胆怯而来追击。必须想办法移舟出湖，让敌军想追也没有办法，才能做到万无一失。"朱元璋命大军暂时转移到一处河湾内。陈友谅军见对方离开，就停泊到潴矶一带。双方对峙了三天，谁也没有出战。到了第三天夜里，陈友谅的左金吾、右金吾将军来投降朱元璋。原来，此前陈友谅见作战不力，多次召集属下商议对策。右金吾将军觉得，现在水战不利，想出湖也很难，不如将巨舰焚烧，然后登陆，奔向鄱阳湖南部地区，然后伺机而动。左金吾将军认为，虽然作战不力，但是陈友谅军人数众多，还能继续作战。如果自己焚烧战船，就是向对方示弱，如果敌军派出骑兵追杀，陈友谅军就会进退失据，形势就危险了。陈友谅也十分犹豫，他决定采纳右金吾将军的意见。左金吾将军听到了这个话，担心陈友谅会找他算账，就暗中带着部众投降了朱元璋。而右金吾将军也觉得陈友谅残暴不仁，没有心思继续辅佐他，也带人来投降了朱元璋。

　　对于双方来说，战局发展已经发生了逆转。首先，士气方面，陈友谅倾尽全部兵力来征伐朱元璋，却被一个洪都城抵挡了三个月，势必会动摇自己的军心士气。对于朱元璋来说，这是防守自己的地盘，必然拼命死战，全军有惊人的士气，抱有殊死一战的决心和勇气。其次，陈友谅的巨舰虽然威力巨大，但是行动不便，无法统一指挥，朱元璋的舰队小，但是灵活，他们发挥群狼战术，也十分有效。再次，朱元璋手下有一批富有谋略的幕僚和勇敢的将领，上下一心，空前团结，而陈友谅残暴多疑，之前因为弑杀了徐寿辉引起了军中不满，军中上下离心，将相不和。最后，在军事后勤方面，朱元璋算是在自己领地作战，洪都和后方可以源源不断地接济，而陈友谅远离本土，又被朱元璋切断了后路，军中粮食用尽，士兵产生了厌战心理。左、右金吾将军的离去给陈友谅本来就已经不稳的军心再一次重击。

朱元璋见状，乘机写了一封书信来刺激陈友谅："你数次失败，都是违背了天理人心。如果你还想继续负隅顽抗，那就不要龟缩不战；如果不敢打，就来投降。到底是何去何从，你尽快拿个主意吧！"

陈友谅看到书信，气得差点儿吐血，他在大营之中竖立起来金字大旗，还来回巡视水寨，下令一旦有朱元璋军俘虏，一律处死。而朱元璋得知了这个消息，反其道而行之，对于陈友谅军俘虏不但给予疗伤，还将他们一律送回，并且进一步下令，今后如果俘虏陈友谅军，一律不许杀害。朱元璋为了收买人心，还派人祭拜陈友谅军战死的将士。相形之下，一边是残忍好杀的暴君，一边是仁义之师，何去何从，陈友谅军将士们都有了自己的主意。就这样，双方开始了新一轮的对峙。

俞通海曾经建议大军扼守长江上游，因为湖水太浅了，不利于阻击陈友谅军的突围。刘基也建议在湖口等待陈友谅军的突围。朱元璋接受了他们的建议。朱元璋命常遇春和廖永忠等诸将带领水师在湖面拦截，等待陈友谅军突围，然后派遣一支军队在岸上立下栅栏，相互呼应。

朱元璋军在湖面布防已经五天了，但是陈友谅还是不敢出战。朱元璋又写信劝说陈友谅废除帝号，来投降自己。陈友谅尽管生气，但是又对朱元璋无可奈何，不久，他发现自己的军粮告急，于是出动五百艘战船，到鄱阳湖北岸的都昌一带去抢粮。朱文正得知这个消息，就提前命人在都昌纵火，焚烧了不少陈友谅军运粮的战船。没有粮食吃，陈友谅的军队也无法固守了。到了八月二十六日，无奈的陈友谅只好带部下再一次突围，他打算回到武昌，突围地点就选择湖口西南的南湖嘴一带。但是陈友谅的主力在此遭到了朱元璋军的强力阻击。万般无奈，陈友谅又到湖口来突围。朱元璋亲自指挥众将进行阻击，双方的激战从早上一直持续到黄昏时分，依然战得难分伯仲。陈友谅舰队到了泾江口，被等待在这里的朱元璋军又一顿迎头痛击。正在这时候，陈友谅军内部突然乱作一团，不战而逃。原来是陈友谅战死了！陈友谅为了逃命，在一条小船上打算突围，结果在他探出头打算看看战场局势的时候，却被一支流矢射中了眼睛，从头颅之中贯穿而出，当场毙命！朱元璋军将士们军心大振，乘机冲杀，将陈友谅的儿子也是他的太子陈善儿、平章姚天祥等人擒获。陈友谅军中平章陈荣、鲁参政、枢密使李才等官员带部下五万人投降了朱元璋。太尉张定边乘着夜色掩护，用小船载着陈友谅的尸体和他的儿子陈理，杀出了重围，逃往武昌而去。

　　就这样，惊心动魄的鄱阳湖大战落下了帷幕。事后，朱元璋总结了陈友谅败亡的原因："陈氏的失败，不是他没有勇将健卒，而是他们上下骄横，法令废弛，不能坚忍，只是依仗人多势众，所以到了今天的地步。假设他们持重有谋，上下一心，占据荆楚富饶之地，依靠江汉之险要，进可以窥视中原，退可以占据一方，我们哪里能得到他们的地盘？举措不当，导致土崩瓦解，真是可以作为教训啊！"

　　鄱阳湖大战是元末战争史上最为惊心动魄的一战，也是朱元璋夺取天下过程中最艰险的一战。这次胜利奠定了朱元璋的帝王之业。这次战争的胜利，离不开朱元璋从容不迫的指挥气度和卓越才能。同时也可以看出刘基对于时局的准确判断，对陈友谅、张士诚二人个性的透彻分析。如果朱元璋在生死拼搏的关键时刻，张士诚以全力来偷袭应天，历史真的有可能改写。所以在战事结束之后，朱元璋也有些后怕，他后悔当时没有听刘基之劝告，险些导致全盘皆输，他对刘基说："不听先生之言，而有了安丰之行。假如陈友谅乘着我们大军外出，应天空虚之际，顺流而下，我进无所成，退无所归，大势就去了。陈友谅不攻打应天而攻击洪都，如此拙劣，岂能不亡？"

八、夺武昌汉国覆灭

至正二十三年（1363年）九月初四，朱元璋带领大军胜利班师应天。朱元璋大封功臣，常遇春、廖永忠等人因为功劳最大，被赏赐了大量田产，其他从征将士们也多有赏赐。廖永忠被升官为中书平章政事，朱元璋还命人以漆书写了一块招牌，上面写着"功超群将，智迈雄师"八个大字，来表彰廖永忠的重大功勋。朱元璋命李善长、徐达、邓愈等人守卫应天，他自己带领常遇春、康茂才、廖永忠等攻打武昌。逃亡到武昌的张定边拥立陈理继承汉国帝位，改年号为"德寿"，依然负隅顽抗。十月初七，朱元璋大军到达武昌城下，他命常遇春等在四门建立栅栏安营扎寨，然后在长江联舟为水寨，断绝武昌城与外界的联系。朱元璋还派遣其他部将，攻打汉阳和德安等州县，切断武昌的外援。十二月初一，朱元璋离开武昌回到应天，他任命常遇春为总指挥，继续围攻武昌，他叮嘱常遇春："现在的张定边就是一头被困在圈里的小猪，他如果来叫阵，不要和他对战。你只需要坚守营寨，他早晚会投降。"常遇春按照朱元璋的吩咐，日夜围困武昌。张定边这边闭门死守。到了次年二月，武昌已经被围困了四个月，依然没有投降的迹象。朱元璋再一次赶到武昌来指挥战斗。朱元璋亲自指挥大军攻城，陈理和张定边见形势危急，忙派人突围到岳州张必先那里求援。张必先骁勇善战，外号"泼张"，他将部队带到了距离武昌二十里处的洪山一带驻扎。朱元璋见对方立足未稳，就派出常遇春带领五千精兵进攻张必先。结果张必先大败，他自己也成为常遇春的俘虏。张必先被捆绑着押送到了武昌城下，常遇春派人喊话："你们指望的就是此人吧，现在他已经成为俘虏，你们还能依靠谁？还不赶紧献城投降！"

张必先也劝说张定边赶紧投降，张定边在城头上听了十分气愤，却也无可奈何。

武昌城东南方面有一座高冠山，有一队陈友谅军在此驻防。朱元璋打算攻下此处，他问部下谁敢前往？傅友德请命前去，他带领着几百人，进攻高冠山，在作战过程中，傅友德脸上中了一箭，箭镞竟然从脑后穿出！幸亏不是伤及了脑部，否则傅友德早就性命难保了，他继续向前冲，又有一支流矢射中了他的肋骨，傅友德毫不在意，部下将士们对他的勇敢敬佩无比。也就是在傅友德的感召和激励下，朱元璋军将士们一举攻下了高冠山。朱元璋又派出了陈友谅的老臣罗复仁到城内劝降陈理和张定边，他来到了武昌城下，对着城头号哭不止。陈理将他召进了城内，两人抱头痛哭。罗复仁讲述了朱元璋的意思，陈理和张定边见武昌已经成为孤城，就放弃了抵抗，接受了招降。

至正二十四年（1364年）二月十九日，陈理上身袒露，口中衔着玉璧，带领张定边等人到朱元璋军中投降。年幼的陈理到了营门时，他浑身战栗，不敢仰视。朱元璋爱怜他幼弱，拉着他的手安慰道："我不怪罪你，你不要害怕！"

陈友谅的父母尚在人世，朱元璋命人善待其父母，还约定武昌府库中的积蓄，由陈理自己支配。

在受降的过程中，还发生了一段险情：有一个陈友谅的猛将陈同金不甘心投降，打算为旧主报仇，他突然挥舞着长枪杀入了朱元璋的军帐。朱元璋大喊身边的郭英："郭四，为我杀了这贼人！"郭英手持长枪迎面冲了上去，只一枪便将陈同金刺倒在地！朱元璋笑着称赞郭英："即使尉迟恭再世也不一定比得上你啊！"说完，朱元璋解下了身上的战袍给郭英披上，以表示奖赏。

在武昌投降之后，朱元璋军军纪严明，没有派一兵一卒进入城内，所以城内秩序安然，一片祥和景象。朱元璋又发下粮食赈济百姓，获得了民心支持。很快，汉国境内其他州县望风归降，陈友谅的二哥陈友才也带人来降。

朱元璋建立了湖广行中书省，以杨璟为参政。随着常遇春攻下安陆和襄阳，整个湖广地区都落入了朱元璋手中。随着汉国最终倾覆，朱元璋占据了长江中游的广袤地区，他具备了与北面的元帝国抗衡的资本。到了至正二十四年（1364年）七月，庐州被朱元璋军攻破，朱元璋的地盘又得到了进一步扩展。

第五章 陈友谅好战覆国

大明王朝
诞生记

第六章
张士诚丧师亡身

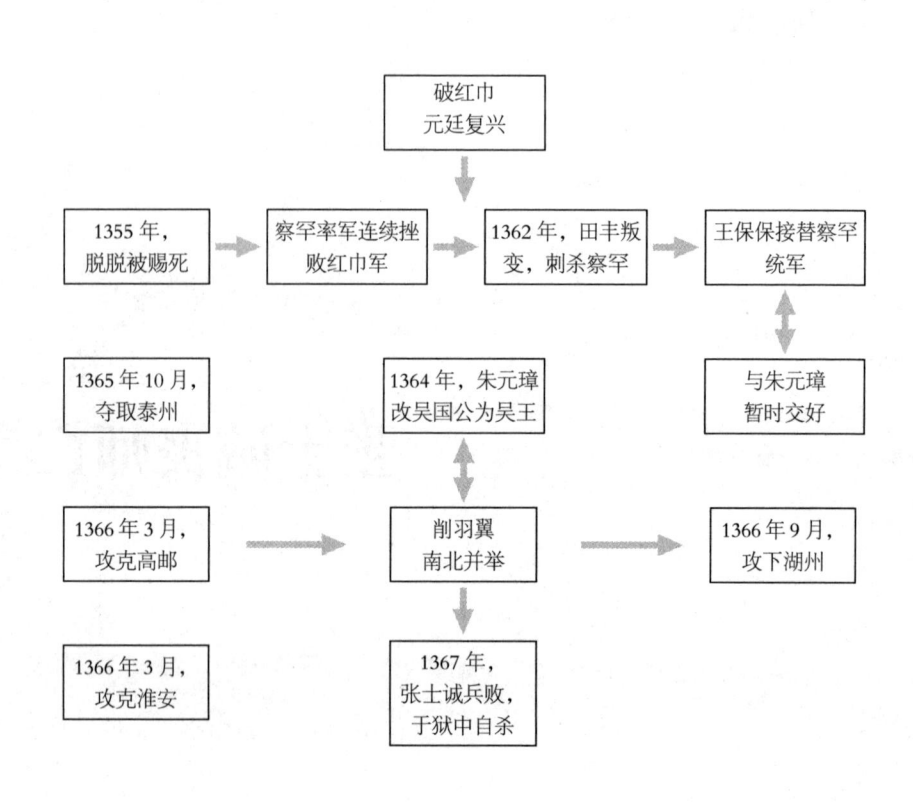

```
                          ┌──────────────┐
                          │  破红巾       │
                          │  元廷复兴     │
                          └──────┬───────┘
                                 ↓
┌──────────────┐  ┌──────────────┐  ┌──────────────┐  ┌──────────────┐
│ 1355年，      │→ │ 察罕率军连续  │→ │ 1362年，田丰  │→ │ 王保保接替察罕 │
│ 脱脱被赐死    │  │ 挫败红巾军    │  │ 叛变，刺杀察罕 │  │ 统军          │
└──────────────┘  └──────────────┘  └──────────────┘  └──────┬───────┘
                                                             ↕
┌──────────────┐  ┌──────────────┐                   ┌──────────────┐
│ 1365年10月，  │  │ 1364年，朱元璋 │                   │ 与朱元璋      │
│ 夺取泰州      │  │ 改吴国公为吴王 │                   │ 暂时交好      │
└──────────────┘  └──────┬───────┘                   └──────────────┘
                         ↕
┌──────────────┐         ┌──────────────┐            ┌──────────────┐
│ 1366年3月，   │────────→│ 削羽翼        │───────────→│ 1366年9月，   │
│ 攻克高邮      │         │ 南北并举      │            │ 攻下湖州      │
└──────────────┘         └──────┬───────┘            └──────────────┘
                                ↓
┌──────────────┐         ┌──────────────┐
│ 1366年3月，   │         │ 1367年，      │
│ 攻克淮安      │         │ 张士诚兵败，  │
│              │         │ 于狱中自杀    │
└──────────────┘         └──────────────┘
```

一、破红巾元廷复兴

朱元璋经过艰苦卓绝的苦战，终于消灭了陈友谅这个劲敌。我们再说朱元璋的老对手张士诚，他对于朱元璋地盘的骚扰，这些年似乎就从来没有停止过。

至正十八年（1358年）正月，张士诚士兵进攻常州，被当时的守将汤和击败。汤和是濠州太平乡一户贫苦农家的孩子，他出生于元朝泰定三年（1326年）。刚生下来的汤和，因为母亲瘦弱，并没有乳汁来哺育他。于是万不得已，母亲只好用野菜和糠皮加工之后，来供养这个小小的生命。汤和的幼年经历十分凄苦，父母相继离开人世，只留下他孤单一人。自此之后，小汤和就跟随姨母生活。随着岁月流逝，饱经苦难，经常做苦力活儿的汤和逐渐长成一个健壮的青年。汤和黑脸膛、大眼睛，个子高大，真可谓是仪表堂堂。汤和还喜欢舞刀弄枪，是村子里面的著名人物。不久之后，村子里发生了灾荒，家乡已经无法立足，汤和只好加入了逃荒的人群之中。

在当时的濠州，郭子兴等人揭竿而起，远近震动。正在附近流浪的汤和得知这个消息，他带着十几个同伴，一起加入了郭子兴的队伍。当时汤和二十八岁，郭子兴十分高兴，任命他为小校。汤和凭借自己健壮的体格和过人的武功，在每次作战中都身先士卒，十分勇敢。因为汤和尽职尽责，屡次立下战功，郭子兴给予他百夫长之职。接着，汤和带兵攻下了宿州，占据了九湾，乘胜回师取了定远，又生擒守将谢成和李德春等人。郭子兴十分高兴，设宴为汤和庆功，将其提升为千户长。汤和来到郭子兴部不久，发现自己同村的少年伙伴朱元璋也在军中。多年的流浪分离，少年时代的玩伴一朝相见，便抱头痛哭。朱元璋在步步升迁之际，从来没有忘记老朋友汤和。在大洪山之战中，汤和追随朱元璋立下功劳，经过朱元璋报请，郭子兴升任汤和为万户。

至正十四年（1354年），汤和跟随朱元璋攻下滁州，他率先攻城，被提升为管军总管。在攻打和阳城战斗中，也多亏了汤和舍命砍断了吊桥的绳索，大军才得以破城。汤和对朱元璋十分恭敬，每次朱元璋出门，汤和都亲自备马，亲自手持马鞭在后面扈从。朱元璋向诸将宣布了郭子兴给自己和阳镇守的任命，其他将领有些不服，不怎么理会。这时候，汤和带头下拜，请朱元璋升坐总兵上位，以正名分。众将见这位比朱元璋大三岁而且又屡立战功的将领对朱元璋如此尊重和推崇，只好收起来自己的架子，向朱元璋下拜。在攻打太平的作战中，汤和左腿中箭，他忍痛作战，这一战中，他敢打敢拼、勇敢顽强的作风，给全军将士们都留下了深刻印象。在常州保卫战胜利之后，聪明人汤和竟然也犯了一次大错误，好在这件事让他警醒了一生，以后再也没有犯过类似错误。张士诚为了得到常州，不断派遣各种间谍来打探常州虚实，汤和严密防范，使得对方不能得手。张士诚干脆派人送来大批珠宝美玉和美女，到常州来劝降汤和，被其严词拒绝。在打退了张士诚的屡次进攻之后，汤和对于胜利也有点儿飘飘然了。为了节约粮食，保障军队用粮，朱元璋曾多次下令严禁酿酒和饮酒。为了执行命令，还亲自诛杀了胡大海的儿子。但是汤和却没有引起警觉，他依然贪杯，经常喝得酩酊大醉。

有一次，汤和为了一件小事请示朱元璋，却没有得到应许，他想起自己和朱元璋的亲密关系以及立下的功劳，心中有些委屈，就喝起闷酒来，酒越喝越多，结果就开始满嘴大话了："想我汤某人在这里镇守，就像坐在了屋脊之上，我如果想向左倒就向左倒，想向右倒就向右倒，谁能把我怎么样？"等到他酒醒了之后，听到了部将对他说起自己说起的酒话，不禁打了一个冷战，既吃惊又害怕。但是，说过的话难以收回，汤和从此就以恐慌的心情等待大祸来临。过了一段时间，什么事情也没有发生，汤和就逐渐放下心来，他在攻打江阴等战斗中立下功劳，得到了朱元璋的赞扬。

汤和认为是朱元璋顾念老乡之情和自己的功劳，不再计较，他如同之前一样，严守城池，作战英勇，一心想用战功来抵消自己的过错。其实，汤和的这句话早就被朱元璋派往监军的养子听到了，朱元璋当时确实十分生气，他虽然没有治罪汤和，却将这句话记在了心间。在明朝开国后，按照汤和的功劳，本来应该晋封公爵，朱元璋却只给了他侯爵之首，有一部分原因就是这次的错误。不过，汤和也牢记了这一次的教训，日后做人十分谨言慎行，再也没有犯过大错误，而且他善于观察形势，主动交出兵权，最终得以善终。这在明朝开国将帅中也是难得的好结局。

在朱元璋和张士诚、陈友谅逐鹿江淮之时，北方各路红巾军的主要对手脱脱也迎来了自己的悲惨结局。元顺帝被各路红巾军起义闹得焦头烂额，他找来脱脱训斥道："你曾经说天下太平无事，现在红巾军几乎遍布半个天下，丞相打算用什么办法来对付？"脱脱自知理亏，汗流浃背，一时间也无言以对。脱脱只好亲自出马，带兵南下平乱，他的首要目标就是占据徐州的芝麻李，战斗过程我们前文已经叙及，在此不赘言。平定了徐州之后，脱脱做了个一件很不得人心的事，那就是屠城。许多无辜百姓死于蒙古骑兵的马刀之下。就这样，徐州保卫战虽然是元朝方面取得了胜利，但是脱脱的屠城却激起了各地民众更加激烈的反抗。

徐州之战后，脱脱以为大功告成，就只留下贾鲁继续南下，自己带兵班师回朝。回到大都的脱脱为自己竖立起"徐州平寇碑"，他躺在功劳簿上，开始有些骄傲自满起来。脱脱知道现在天下各路红巾军，除了刘福通、徐寿辉集团以及濠州集团之外，基本都已经相继覆灭了。就这三股势力中，濠州城被团团围困，指日可下；徐寿辉逃到了黄梅山和沔阳湖之中；刘福通也在被差罕帖木儿不断打压。在这种形势之下，脱脱开始将精力集中在打击自己的政治对手之上。

脱脱的政敌主要有两个人：一个是木华黎的后裔朵尔直班，此人长期与脱脱关系不睦。脱脱的弟弟也先帖木儿在沙河兵溃之后，也遭受过朵尔直班的弹劾。脱脱身边的亲信一直在他耳边进言："不杀朵尔直班，则丞相终究不能获安。"脱脱为了报仇，竟然不顾当时的朵尔直班正在负责元军后勤事务，更重要的是朵尔直班负责的是围攻天完红巾军部队的后勤。就这样，在脱脱的不断排挤和打压下，朵尔直班郁郁而终。脱脱这种不顾国家形势的做法，客观上给了徐寿辉东山再起的机会。脱脱的另一个政敌就是曾经的朋友哈麻。两人关系之所以恶化，是因为哈麻不断引诱元顺帝淫乐放纵，另一方面脱脱重新当政之后，虽然出于报答的目的给予哈麻中书省右丞相的官职，但是并不认可他的能力。因此，脱脱改为对左司郎中汝中柏加以重用。这样的做法令哈麻不满，两人关系因此急转直下。正在双方即将展开一轮争斗之时，南方传来了张士诚泰州起义和濠州红巾军发展壮大的消息。

至正十四年（1354年）六月，张士诚攻克扬州后，元顺帝恳请脱脱再次亲自出马去平乱。脱脱在决定出兵之前，亲信汝中柏建议脱脱当机立断，除掉哈麻以扫除祸患。但是脱脱在与自己的弟弟也先帖木儿商议之后，也先帖木儿觉得哈麻曾经有功于脱脱，因此反对。脱脱也就听从了弟弟的建议，没有对哈麻下手。脱脱在围攻高邮眼看就要得手的时候，却收到了朝廷解除他兵权的圣旨。这是哈麻的主意，是哈麻在争取了奇皇后母子的支持之后，元顺帝下达的圣旨。原来，此前脱脱在是否给予爱猷识里达剌太子册书和宝玺的问题上，显得比较保守，态度并不明朗。哈麻抓住这一点，向奇皇后进谗言："皇太子之所以没有举行正式的授予册宝仪式，是因为脱脱兄弟从中作梗！"就这样，奇皇后也站在了哈麻一边，对脱脱十分不满。哈麻又开始鼓动自己的党羽对脱脱进行弹劾。监察御史袁赛因不花的弹劾写得十分有艺术："脱脱出师三个月，没有建立尺寸之功，耗尽了国家财力为自己所用，带了一半的朝廷官员跟从自己。"对脱脱的弹劾奏疏到了元顺帝眼前，其实元顺帝对脱脱也很不信任，这也是他解除其兵权的最大原因。脱脱在前线接到了圣旨，他的参谋龚伯遂建议："将在外，君命有所不受。何况您出兵是接受了皇帝命令。现在我们只要以军情紧急为名将诏书暂时封存起来就可以了。一定不能放弃这样好的破城机会。"但是深受儒家传统教育的脱脱，怀着对皇帝的绝对忠诚，否定了这个建议，他迂腐地回答："天子诏我而我不从，就是与全天下对抗，君臣之大义何在？"脱脱的束手就擒令他的部下十分失望，一时间军心离散，也就导致高邮之战元军最终失利。试想，如果不是哈麻进谗言，放手让河南行省左丞相太不花等人协助进攻高邮，那么元帝国极其有可能夺回江淮一带的控制权，凭借江南运河的供应，继续得以苟延残喘。

脱脱家族被分批流放。也先帖木儿被赶到了四川，长子哈剌张被流放甘肃。脱脱在至正十五年（1355年）三月，抵达了流放地云南大理宣慰司镇西路，当地知府高惠对他十分关照，还打算将自己的女儿嫁给脱脱。但是脱脱不想再连累任何人，就拒绝了他的好意。九个月之后，哈麻派出使者以元顺帝的名义将脱脱赐死。脱脱喝下了毒酒，享年仅四十二岁。十年之后，元顺帝给脱脱家族平反，但是一切都为时太晚了，脱脱不失为一代治国忠臣，但是他一个人的努力无法挽救垂死挣扎的帝国。随着脱脱的死，元帝国也逐渐走向了最终的灭亡。

脱脱死后，元帝国支撑平定红巾军大局的是察罕帖木儿。此人祖先是畏兀儿人，他汉姓李，字廷瑞，因此当时也有人称他为"李察罕"。在元朝初年，他的祖先阔阔台曾经追随蒙古军队平定过河南，到了祖父和父亲这两代，他们在河南行省的颍州沈丘安家定居。说起来也巧合，察罕与红巾军大首领刘福通是同乡，也是日后的一对生死冤家。李察罕虽然是色目人，但是他深受汉文化影响，自幼熟读经史，还曾经过进士科考试。李察罕身长七尺，修眉覆目，左颊上有三根毫毛，每当他发怒，这三根毫毛就直竖起来，显得很是威风。察罕怀有治国平天下之志向，常常渴望建功立业，如果是在太平岁月，他的这种梦想恐怕难以实现，是元末的乱世给了他成就功名的机会。

至正十一年（1351年），刘福通在汝宁和颍州一带起义，随后，江淮各地州县都落入红巾军之手。元军的征伐最初效果不大，到了第二年，察罕起兵组织民团武装对红巾军进行镇压。最初，察罕手下只有数百人而已，战斗力不强，后来，他与信阳的李思齐合并一处，并且用计偷袭了红巾军占据的罗山，因此得到了元朝廷的奖赏，被授予中顺大夫和汝宁府达鲁花赤之职位。察罕此人极有能力，他打起仗来十分灵活，诡计多端，对付红巾军经常获得胜利。经过好几次的胜利，察罕名声也越来越大，各地的民团武装纷纷来投奔，很快，他拥有了上万人的军队，在沈丘一带驻军。

至正十五年（1355年），红巾军已经遍布大半个河南行省。为了阻止红巾军向西发展，察罕带兵向北转战，驻扎在洛阳北面的虎牢关。察罕等到红巾军北渡黄河，进军河北之际，带兵迅速赶往河北，在那里将红巾军打败。为了消灭这个劲敌，红巾军调集了三十万主力军队直捣察罕驻扎的中牟大营。面对优势兵力的进攻，察罕没有选择逃走了事，而是沉着应对，他对部下士兵们进行鼓励，大家斗志旺盛。结果，元军在他带领下，借助风沙之利，反而将红巾军杀得落荒而逃。在此次大战之后，察罕的名声传遍了整个元王朝。次年，察罕被提升为中书省兵部尚书、嘉议大夫。此时的红巾军打算攻下函谷关进入陕西，结果察罕和李思齐领兵将他们击败，得以保全了陕西。

至正十七年（1357年），红巾军由陕西武关进入了关中地区，准备夺取长安。接到了陕西急报之后，察罕带兵进入潼关迎战，红巾军再一次被击败。至正十八年（1358年），红巾军北伐战争开始了，察罕受命镇压中路北伐军，等到河东之地被平定，察罕被晋升为陕西行省右丞，同时兼任陕西行台侍御史、同知河南行枢密院事。在当时元军正规军作战不利的情况下，察罕俨然成了维持元帝国的股肱之臣。为了方便这位红巾军的克星继续立功，元顺帝命察罕统领陕西、山西和河北一带的军队，许他可以依势行事。至正十八年（1358年），刘福通在攻下了中原重镇汴梁之后，他们在此大建宫殿，正式定都，也正好应了他们的国号"宋"。察罕此时带兵防守太行山，南边巩固洛阳一线，以便和红巾军对峙。至正十九年（1359年）八月，察罕大军将围困了几个月的汴梁城攻破，刘福通带着几百骑兵掩护着小明王从东门突围而去。河南的红巾军势力完全被平定，察罕派人报捷，元朝统治者很是高兴。

　　察罕之所以能屡次击败红巾军，正是因为他看透了红巾军的弱点，那就是不善于根据地的建设和巩固，流寇思想严重。针对红巾军这一软肋，察罕集中力量打歼灭战，他消灭了红巾军大量的有生力量，而红巾军各自为战，不能相互配合，也为他提供了各个击破的机会。几年的战争下来，察罕双手沾满了红巾军战士们的鲜血，河南、陕西和河北的红巾军被他杀了个精光。察罕兵权在握，一时间成了各路义军忌惮的对象。如果不是山东还有红巾军在威胁着察罕侧翼，并且朱元璋还没有称王称霸，否则察罕在消灭了龙凤政权余部后，下一步的目标就很有可能是朱元璋和陈友谅了。山东是红巾军的北方根据地，而且靠近元朝大都，察罕觉得此处乃是心腹之患，因此集中精力对付山东红巾军。正在察罕准备对山东大动干戈的时候，其后方却出了问题。原来知枢密院事答失八都鲁曾经是察罕的上司，他的儿子孛罗帖木儿在大同驻军。本来山西、河北一带都是察罕带兵平定的，但是孛罗帖木儿看着眼馋，也觊觎这些地盘。为了争地盘，察罕竟然和孛罗兵戎相见。

　　元朝廷见发生了内斗，连忙下诏调停，这样一来，就延缓了察罕进攻山东的时间，也大大推迟了其南下的时间，朱元璋也就借助这个时机在江南进一步发展。

到了至正二十一年（1361年），山东的红巾军已经群龙无首，开始相互残杀。六月，察罕暂时放下了与孛罗之间的争斗，他从陕西到达洛阳，商议征伐山东的事情。八月，元军将山东东边的东平团团包围。东平城的红巾军守将田丰自知不敌，只好龟缩在城中不敢出来。经过一番强攻，东平眼看就要落入元军手中。但是，察罕在此时却有了招降田丰的想法。田丰见守城无望，就和王士诚等人投降了元军。之后，察罕继续围攻济南，三个月围城之后，济南也被元军收复。

到了至正二十二年（1362年），整个山东基本平定，只剩下了孤城益都还没有被攻下。眼看察罕就要一举荡平山东，创造属于自己的事业顶峰了，这时一件意外事情发生了，也直接改写了元王朝的历史走向！原来，已经投降了元朝的田丰和王士诚等人心中不甘，他们打算再次联络红巾军将士，反叛元朝廷。田丰想到，如果要起义就必须要干掉最大的劲敌察罕。于是，田丰在和众人密议之后，邀请了察罕到了其营地视察。察罕部下也隐约听到了一些消息，劝说他千万不要前往。察罕为了彻底收复人心，同时也出于自信，他说："我既然以诚待人，怎么又能处处提防别人呢？"部将见他去意已决，就建议他多带些随从，结果这也被他拒绝了。最终，过度自信的察罕只带领十一个骑兵前往田丰大营。到了田丰营地后，事先准备好的王士诚等人带兵一拥而上，将察罕杀死。可惜元王朝的擎天柱就这样轰然倒下了。察罕死后，元朝上下震惊，这也导致元朝失去了最后的复兴机会。朱元璋曾经派遣杨宪到察罕那里通好，就是因为忌惮于其军威强大。当察罕被刺杀的消息传到了朱元璋耳中时，他如释重负地对众人说："天下无人了！"朱元璋此言可谓至言，正是察罕的死，导致元朝内部进一步军阀混战，也使得后来的明军北伐一路顺风，没有遇到过于猛烈的抵抗。

察罕死后，元朝廷重用其外甥扩廓帖木儿，正式接替察罕，让他继续为元王朝卖命。扩廓帖木儿本名王保保，元顺帝为他赐名扩廓帖木儿，他自幼被过继给了舅舅察罕，从此就跟随着察罕四处征战，在战斗中不断积累经验，成了一名能征善战、富有韬略的将军。在察罕死后，王保保继承了他的位置，为了完成舅舅的遗愿，他带兵猛攻益都。元军通过挖地道进入了益都城内，红巾军首领陈猱头等二十多人被押送到大都献俘。为了给义父报仇，王保保亲自挖出田丰、王士诚二人的心脏来祭祀察罕。在山东平定后，王保保的主力驻扎在开封、洛阳一带，以窥视南方的红巾军。

朱元璋曾经在察罕活着的时候，两次派使者前往送信，并送上亲笔信和礼物，以求和好。察罕被刺杀前不久，其亲笔回信到了朱元璋手里。朱元璋看过之后，对左右之人说："察罕的书信，措辞之间有引诱我们之心，这能迷惑到谁？他只是送来了书信却扣留了我的使者，他的用心何其明显。"

在察罕亲征益都时，朱元璋乘机亲征江州，对付陈友谅，就是要赶在元军反应过来之前，在南方尽快扩展自己的势力。朱元璋暗中通好察罕，并非如张士诚一样，对元朝廷有归顺之意，他只是使用缓兵之计，打算暂时麻痹敌人，以获得更多的时机来对付南方的敌人。察罕收到朱元璋来信后，也请示朝廷，派出户部尚书张昶带着御酒和官帽，还有任命朱元璋为江西等处平章政事的诏书，前往应天。在元朝使者来到应天时，一位叫叶兑的儒生曾经写信给朱元璋，请他不要接受元朝官位，应该自立局面，不要轻易相信察罕的许诺。朱元璋心中何尝不明白，他心中暗想，这位儒生毕竟是读书人，不晓得计谋权变，自己这样做，是为了麻痹对方，为自己争取更多的时机来壮大队伍啊！自己名叫朱元璋，就是立志扫平暴元，岂能接受元朝廷官爵，向元朝廷称臣！

至正二十二年（1362年）十二月，户部尚书张昶、郎中马合谋等元朝使者来到应天。张昶等人见到朱元璋后，并不下拜，朱元璋怒斥他们："元朝廷不谙世变，还敢派人来蛊惑我的百姓！"说着，他命人将这些人推出去斩首。朱元璋暗中找一个死囚犯替代了张昶，只将马合谋等人杀死。原来，朱元璋对张昶十分器重，他曾经对刘基、宋濂等人说："元朝廷给我送来了一个大贤人，你们以后可以和他商量大事。"朱元璋之后任命张昶为行中书省参政。不过，后来思念旧主的张昶身在曹营心在汉，与元朝书信往来，意图回归。结果被杨宪所揭发，朱元璋这才不得不处死了张昶。之后，随着自己势力的壮大，朱元璋抛弃了之前对元朝廷的麻痹战略。而王保保看到朱元璋日益壮大，他主动写信给朱元璋通好。朱元璋见信之后，写信回复王保保，指出之前自己并不是要归顺察罕，如果王保保真心与自己和好，就要做好打算，元朝廷已经命不久矣，希望王保保做一个聪明人，为自己留好后路。虽然这封信中的挑衅意味已经十分明显，但是王保保正忙于朝廷的内战，根本无力南下对付朱元璋。

二、朱元璋自称吴王

至正二十三年（1363年）九月，朱元璋在鄱阳湖大战之后，回到应天，封赏有功将领。也就是在这个月，朱元璋得知张士诚自封吴王的消息，应天城内的文武官员们从陈友谅已经被消灭这个角度出发，纷纷上表，劝说朱元璋称帝建国。面对大家的请求，朱元璋想起了朱升曾经说过的"缓称王"的策略，他以人心未定、战事没有结束为借口，拒绝了大家好意，指出等到天下大定时，再来商议此事不迟。但是手下的大臣们不依不饶，坚持要朱元璋称帝。朱元璋见盛情难却，而且自己的地盘已经比过去大了好几倍，如果继续使用吴国公名号有些不合时宜了，于是他决定先称王，但是称王之后依然奉小明王龙凤政权为正朔。众人劝说他称帝的目的虽然没有达到，但是称王毕竟也算是迈出了关键性的一步。

根据一首流行在江南民间的童谣所说：富汉莫起楼，贫汉莫起屋，但看羊儿牛，便是吴家园。顺应童谣，朱元璋在至正二十四年（1364年）正月，正式将吴国公改为吴王，建立了百官官署，以李善长为右相国，徐达为左相国，常遇春、俞通海为平章政事，汪广洋为右司郎中，张昶为左司郎中，仍以"龙凤"纪年，下教曰"皇帝圣旨，吴王令旨"，以此说明自己仍然是小明王的臣属。称王之后，朱元璋对徐达等人说："卿等为了天下百姓考虑而拥戴孤王，然而建国之初，应该先正纲纪。元朝皇帝昏乱，纪纲不立，主荒臣专，朝廷权力下移，因此法度不行，人心涣散，所以导致天下骚乱。你们应该以他们的失误为鉴，同心协力，成就功业，千万不能因循守旧，尸位素餐！礼法，是国家的纪纲，礼法立则人心安定。你们一定要牢记在心，千万不能有始无终。"朱元璋这是提醒诸文臣武将，要重视纲纪伦常，要有上下尊卑，做事情一定要小心谨慎，不能坏了礼法。

有一次，朱元璋在白虎殿中与近臣孔克仁谈论天下形势，他提出现在自己兵精粮足，打算进图中原，问孔克仁的意见。孔克仁说："现在粮草充足，兵力精锐，应该待时而动，这才是良策。"朱元璋在称吴王之后，下一步就是夺取张士诚的地盘，从而进一步问鼎中原，统一天下。朱元璋为此做了精心准备，他首先调整了军制，专门设立了武德、龙骧、豹韬、飞熊、威武、广武、兴武、英武、鹰扬、骁骑、神武、雄武、凤翔、天策、振武、宣武、羽林十七卫亲军指挥使司。这也是朱元璋鉴于之前军队反复有将领背叛自己，以此来分散亲军将领的权力，增加亲军数量，使得他们成为一支真正可以保护自己的值得信赖的禁卫军。

为了纪念在历次战争中战死的将士们，也为了鼓舞活着的人继续努力，朱元璋在至正二十四年（1364年）春，下令在鄱阳湖的康郎山建立了忠臣祠，他学习历史上唐太宗凌烟阁二十四功臣的做法，命人绘制了那些死难之臣的画像，他就是要后世之人永远牢记这些忠义之臣的功绩，同时对这些臣子的遗属加以抚恤优待，以告慰忠魂。四月的一天，朱元璋退朝之后又与孔克仁讨论起历史，他说："秦朝因为暴虐和宠信赵高等奸臣，导致天下分崩离析。汉高祖刘邦起自布衣，却能以宽容大度驾驭群雄，因此被拥戴为天下之主。现在的天下大势和那时候不同，元朝的号令和纲纪已经废弛，天下群雄并起，各霸一方。然而这些豪杰都不知道修法度来严明军政，这也是他们都不能成就大事的重要原因。现在天下的形势，是河北有孛罗帖木儿，河南有扩廓帖木儿，关中有李思齐、张良弼。然而河北方面，有兵力而无纪律；河南方面稍微有纪律，但是兵力不振；关中方面道路不通，缺少粮饷；江南，现在只有我和张士诚了，张士诚多奸谋而喜欢用间谍，他驾驭众将缺乏纪律。我们数十万大军，固守疆土，修明军政，委任将帅，待时而动，天下哪里平定不了？"孔克仁听了这番长篇大论之后，叩首称贺："主上神武英明，一定会使得天下一统，现在正是时机！"朱元璋意犹未尽，又与孔克仁谈论起汉高祖刘邦。因为刘邦是历史上以布衣称帝的典型，家乡又离朱元璋的家乡很近，二人有很多相同之处，所以朱元璋对这位布衣天子十分感兴趣。朱元璋问孔克仁："汉高祖以布衣起义，却能成为开国帝王，原因是什么？"孔克仁回答道："是因为他知人善任。"朱元璋又问："你说得对，不过还不止于此吧？"朱元璋接下来分析道："周朝王室陵夷，天下分裂，秦朝能统一，但是不能守住天下。陈涉发难，群雄并起。项羽狡诈，南面称王，不施行仁义，过于依靠武力。汉高祖能隐忍，因为项羽暴虐，他自己则宽厚仁义；最终才能胜利。项羽死在了东城，天下传檄而定，所以才能成就帝业。"

朱元璋根据汉高祖的成功经验，又分析了当前局势，他说现在天下用兵，豪杰很多，都是劲敌，自己要立足江东，任用贤才抚恤百姓，伺机而动；如果只是靠武力与群雄角斗，肯定胜负难料，应该学习刘邦收取人心，才是根本之道。

在没有夺取天下之际，朱元璋就注意对那些功臣进行警示。至正二十四年（1364年）的一天，朱元璋听说一些功臣家里的家丁仆役们仗着主人的势力，横行不法，欺压良善，他就专门找来了徐达、常遇春等勋贵，语重心长地对他们说："你们跟从我在艰难之中起义，如今成就功勋，这不是一朝一夕的努力换来的。最近我听说你们家里的家童等，恃宠而骄、逾越礼法，这种事情必须要严肃处理。如果这些小人不能及时给予惩治，将来一定要惹出大祸，你们也要跟着他们倒霉。我们上下一心，共图大业，同心同德保全始终，我不希望看到这些事情。所以我才告诉你们这些事情，这就像治病一样，发现了病灶就应该及时处理，如果姑息，必然为其所害！"

朱元璋加强内政军事等建设，就是为了应付即将到来的与张士诚之间的决战。朱元璋深知在陈友谅之后，自己的最大敌人就是张士诚了。

三、削羽翼南北并举

回头再说张士诚，他在至正二十三年（1363年）九月称吴王之后，不再甘心受人约束，他命弟弟张士信将元朝的江浙丞相达识帖睦尔毒杀于嘉兴，从此张士诚大权独揽，威风凛凛地做起了土皇帝。张士信被封为江浙行省丞相。张士诚占据的苏杭一带是历史上著名的繁华之地，在此温柔乡中，张氏兄弟早已失去了斗志，沉迷于奢侈享受之中。他们觉得自己化家为国，就应该及时享受，张士诚下令大造豪宅，装饰以园林池塘，广蓄歌姬，购买名画，每日里沉迷于歌舞酒色之中。张氏兄弟如此沉迷享受，自然就荒废了政务，权力也就渐渐落入了他们手下的文吏之手。而张士诚这个人沉默寡言，他知道自己能力欠缺，也不想上台面献丑。因此，张士诚经常装出一副喜好名士的样子来沽名钓誉。朱元璋在应天建立礼贤馆，张士诚在平江建了景贤楼。如果有读书人来投奔张士诚，张士诚不会像朱元璋一样还要仔细鉴别，不管来人是否有才，是不是贤良，他都来者不拒，对来人一律加以赏赐，车马房子一律配齐。这其实并不是真正的重视人才，只能说沽名钓誉、附庸风雅。

　　这样优厚的物质待遇自然吸引了很多追名逐利的读书人，这些人鱼龙混杂，整日里就知道拍张士诚的马屁，张士诚也被这些口若悬河的读书人忽悠得一愣一愣的，以致产生了"天下名士尽入我彀中"的幻想。朱元璋得知这些消息，对张士诚十分鄙夷："我什么事都上心，言行以法，还有很多人欺瞒我。张九四整日不出门，不理政事，岂能不被人欺瞒？"张士诚的弟弟之中，张士德是最出色的，他被朱元璋擒获之后，张士诚部将们士气低落。另一个弟弟张士义早年战死，张士诚只剩下了一个弟弟张士信，此人愚蠢自大，不识大体，很多人都在背后讥笑他。张士信生活极其糜烂奢侈，他有妻妾上百人，张士信也不知道从哪里听到了元顺帝经常让后妃宫女跳"天魔之舞"的消息，他也就有样学样，找了一个教练，让自己的女人们学习。张士信园林池塘中的采莲舟都是用极其珍贵的沉檀木做成的。有这样一个草包掌握大权，张士诚政权的凝聚力可想而知。上下离心，将士们在战场上根本不肯为张氏兄弟卖命。如果有战事，需要大将出征，很多人干脆装病来要挟，要官要地，等被满足后，才慢吞吞地出战。到了战场上，这些将领又无心于军戎之事，他们随军带着妓女歌舞，日夜与能言善辩的人侃大山打发时间，或者饮酒博弈。等到这些无能之将领失败回来后，张士诚对他们又不惩罚，依然任用他们，如此一来，军纪大坏，失败和胜利差不多，这样还有哪个将士愿意在战场上拼死一战？这也就很好理解，为什么张士诚不断地骚扰朱元璋的领地，却很少取得胜利。军队内部腐败透顶，军纪不振，这是张士诚政权的致命弱点。

张士诚身边缺少贤臣，佞臣倒是不少。最有名的三个参军黄敬夫、蔡文彦、叶德新三人是张士信的心腹之人，都是迂腐书生，根本没有什么本事，但是他们却将张氏兄弟骗得团团转，掌握了权力，搞得张氏政权乌烟瘴气。当时，苏州一带的百姓对他们十分憎恨，有人编出了民谣说："丞相做事业，专靠黄蔡（菜）叶。一朝西风起，干瘪！"很明显，张氏政权控制区内的人民对这个政权已经极度不满，希望"西风"也就是朱元璋的政权尽快来消灭这个腐朽透顶的张氏政权，还百姓太平生活！

张氏政权里的各级官员奢侈腐化，整日贪图享受，醉生梦死，从来不把百姓疾苦放在心上。例如张士诚的女婿潘元绍，位高权重，可谓是张氏政权的重臣，生平却酗酒好杀人。潘元绍家里养着数十个美女，其中有一个苏姓女子才色双绝，潘元绍对她十分宠爱。突然有一日，潘元绍莫名其妙地将苏美女灌醉之后杀死，然后将她的头颅砍下盛在了金盘之中给诸位客人看，结果将客人们吓了一个半死。这种变态行为也颇有北齐高洋之真传了！后来潘元绍眼看张氏政权要倾覆，他逼着自己的妻妾们自杀，自己却依然打算苟活于人世，结果他在投降后，朱元璋命人杀了这个禽兽，将他的头颅砍下抛到了粪坑之中。

另外，张士信手下有一个官员叫作周铁星，此人因为善于聚敛钱财，后来竟然做到了上卿。周铁星别的本事没有，倒是十分擅长收税，为了逼着百姓缴纳钱粮，他发明了一种头上布满了铁钉的刑杖，这种刑杖打在身上不死也是重伤，百姓们对这个狗官恨之入骨。

张氏兄弟为了自己奢靡的生活，经常征用民力，给治下的百姓们造成了极大的负担。

对于张士诚的这些倒行逆施，也曾经有一些有识之士向他提出过建议和批评意见。比如东南名士山阴杨维桢，张士诚也深知此人的名声之大，屡次派人来聘请其出山为自己所用。杨维桢也被张士诚的热情所感动，他针对张氏政权的问题提出了自己的真知灼见："阁下的各级将帅，有生之心，没有必死之志，这样的人到了战场上怎么能打胜仗？阁下的各级地方官员，争先献媚上司，却不能体恤百姓；阁下的亲属姻党们，胡乱行使权力……"杨维桢的这番话是批评张氏兄弟不辨是非、任人唯亲，他提出了警告，长此以往，张氏政权必然毁于一旦。

对于杨维桢的这一番良言，张士诚弃之不用，还怒斥他是狂生。就这样，张士诚失去了一个直面问题、整顿内部的好机会。张氏政权也就在下滑的轨道上加速前进。另外，还有一位昆山人士郭翼，他十分有眼光，上书劝说张士诚："如今您能占据吴越数十座城池，原因是老百姓怨恨元朝统治，地方官残酷无道。您如果能反其道而行之，善待百姓，然后乘机进取，就可以成就霸业，可是现在您整日歌舞升平，追求安乐，四方豪杰并起，您就这样闭城自守，肯定不会有好结果的。"这本是肺腑良言，但是张士诚非但听不进去，还打算杀了这位儒生，郭翼得知消息，只好逃走了，再也不追随张士诚。还有一次，元朝廷向张士诚征粮，张士诚不想交，他就跟部下商量，有一个参军说："行事必须要遵守规矩，否则就失信于人。过去我们造反，可以不纳粮。如今归顺朝廷，不能不缴粮啊！"这本是良言相劝，没有想到张士诚听了之后大怒，将面前的桌案都掀翻了。那个参军看到张士诚如此气量狭小，就称病辞职了，再也不愿意为他出谋划策了。

身边有贤人能人不能用，对于那些专门阿谀奉承的小人却委以重任，仅仅从用人这一点，张士诚就和朱元璋相差得太多，这也注定了他不可能是朱元璋的对手。

至正二十五年（1365年）十月，朱元璋下定决心消灭张氏政权。当时张士诚的地盘南边到绍兴，与方国珍地界相连；北面占有通州、泰州、高邮、淮安、徐州、宿州、濠州、泗州，最北到达济宁，这是一块东西狭小、南北开阔的区域。朱元璋定下了先取通州、泰州等地，剪除张士诚的羽翼，然后专门攻取浙西的计划，这就是去其羽翼、直捣腹心的战略，北面也可以断绝其逃往元朝地界的道路。朱元璋命中书左丞相徐达、平章常遇春、胡廷瑞、同知枢密院冯国胜、左丞华高等将领，带领着骑兵、步兵和水兵齐头并进，攻取淮东和泰州等处。十月二十一日，徐达军到了泰州，大败张士诚军。几天之后，徐达军又围攻泰州新城，击溃了张士诚的援军后，他派人让城中人投降，但是张士诚的部将却依然固守。张士诚带着水师四百艘战船到了范蔡港，还派出小船在江中、孤山之间来往，让人摸不清其用意。面对这个情况，朱元璋派使者告诉徐达："张士诚不过是疑兵之计，打算分散我军兵力，他来一个声东击西。我听说常遇春出海安七十多里追击敌人，这恐怕是敌军设下的圈套，是要分散我军的兵力啊！"因此，朱元璋命常遇春在海安驻守，守卫新城，等待敌人前来。几天之后，朱元璋亲自到达江阴康茂才水寨，判断敌情之后，他还派出使者晓谕徐达，并且断言泰州这个月就能拿下。果不出其所料，到了闰十月二十六日，泰州被朱元璋军拿下；朱元璋又派人催促徐达乘胜进军，徐达派兵攻打兴化。十一月，徐达亲自率兵进攻高邮。朱元璋得到消息后，担心徐达深入敌人腹地，失去策应，他急命冯国胜接替徐达围攻高邮，命徐达在泰州坐镇，负责攻取淮安和濠州、泗州一带。张士诚为了解围，带兵围攻朱元璋控制的宜兴，情况十分紧急。朱元璋命冯国胜继续围困高邮，常遇春在海安防守，命徐达紧急援救宜兴。徐达带兵赶到宜兴，击败了张士诚，俘虏了张士诚军三千。十二月，徐达从宜兴回到高邮，张士诚派出左丞徐义从海道出发来进入淮水援救高邮。而徐义觉得

第六章　／张士诚丧师亡身／

此行凶险，竟然在昆山太仓驻军三个月不敢向前。

至正二十六年（1366年）春，张士诚部下水师驻扎君山，出兵自马驼沙逆流而上窥视江阴。朱元璋亲自带领兵马援救，结果到了镇江的时候，发现敌军已经在焚烧抢掠瓜洲和西津后逃之夭夭。朱元璋随后到达江阴，他见守将吴良防御得力，夸赞其是吴起再世。吴良兄弟确实是良将，他们在防守江阴的十年间没有出过什么差错。兄弟二人始终保持戒备之心，经常在城楼夜宿，枕戈待旦。空闲之时，吴良就延请饱学之人，为将士们讲授兵法和经史等。吴良严明军纪，从不徇私枉法，而且提倡教化，兴办学校，重视屯田，从而保持了江阴的稳定。所以朱元璋在每次西征的时候，都可以后顾无忧，这都是吴良、吴祯兄弟的功劳。

朱元璋命康茂才等出长江追击张士诚军，又派出一支军队在江阴山麓设伏。康茂才在浮子门遇到张士诚军，大败对方，有些敌军在弃舟登岸后又遭遇伏兵截杀，结果张士诚军死伤过半，被俘虏的就有五千多人。二月，朱元璋命孙兴祖守卫海安，常遇春带领水军作为高邮的声援，他派人指示徐达："张士诚十分看重泰州和高邮两地得失，已经六次派出援兵北上，所以你应该在泰州等待敌人来攻，然后给予敌军迎头痛击。"朱元璋又得到消息，说在张士诚的催促下，徐义带兵打算从海道援救高邮，而北方王保保也准备进攻两淮地区。朱元璋叮嘱徐达做好戒备，结果王保保见无机可乘就放弃了这个打算。三月，朱元璋军拿下了高邮，不过，之前冯国胜有过一次失利，那就是高邮守将向他诈降，冯国胜中计，以致入城的一千多士兵被敌杀。朱元璋知道之后十分恼怒，他将冯国胜召回应天，当面狠狠训斥了他，还勒令他步行回到高邮以作为惩罚。遭到这次打击之后，冯国胜恨透了高邮守将，他亲自督战，带领将士们向着高邮四门一起狂攻，结果一鼓作气将高邮城攻下。冯国胜为了泄愤，还打算屠城，结果被人及时制止，才没有酿成大错。

朱元璋得到高邮之后，知道江北的张士诚部下已经乱了套，可以乘机攻取淮安。兵不在于多，而在于精，朱元璋命徐达精选步兵、骑兵一万五千人，水师一万人，水陆并进。其他的兵马，由常遇春带领防守泰州、海安，以便于随时增援其他作战部队。徐达到了淮安，发现徐义在马骡港一带驻防，他带兵夜袭徐义，打得对方仓皇入海逃窜。援军逃走，淮安城内守将见没有了指望，也投降了徐达。随后，朱元璋派出江淮行省平章韩政、顾时和叶珍攻打濠州。濠州之前被赵均用占据，后来赵均用放弃此地，又被张士诚部将李济所占。

至正二十四年（1364年）十一月，朱元璋曾经命李善长写信招降李济，但是李济对于招降置之不理。既然软的不行，就来硬的。韩政带兵四面强攻濠州，李济见难以抵挡，只好开城投降。之前，朱元璋一直说自己是"有国无家"，就是为濠州不在自己的版图之内而感到遗憾。至此，朱元璋的家乡也被攻下了，他十分欣喜地说："今日有国有家了。"朱元璋又派出李文忠到徐达军中商谈守卫淮安事宜，他指示徐达说："既然攻下了淮安，可以保障江淮，控制齐鲁，但是不稳定因素多，所以你们要慎重处理各种问题。"元朝徐州守将枢密院同知陆聚看到徐达军已经攻下了淮安，觉得徐州也难保，就主动以徐州和宿州归降了徐达。朱元璋对于陆聚的主动来降十分欢迎，任命他继续防守徐州。陆聚再接再厉，攻下了沛县和邳州。朱元璋指使徐达继续攻取安丰。元将竹贞带领着骑兵、步兵一万多人打算增援安丰，朱元璋命徐达先断了敌人粮道，然后伺机与敌速战速决，争取将敌军彻底消灭。徐达带领三万军队攻打安丰，虽打退了来援的竹贞，但强攻安丰不下，于是，他派人将城墙挖穿二十多丈，这才得以杀入城中，安丰城中的左君弼不得不逃到汴梁城。朱元璋担心王保保来援救，他派出使者告诉徐达："最近听说王保保打算侵犯徐州，如今你攻下了安丰，还有兵力可以增援徐州，你可以立刻派出一军到徐州，王保保不明我军虚实，如果他敢进犯徐州，

第六章 ／张士诚丧师亡身／

正好进入了我军埋伏之中。"果然，王保保带兵来到徐州，遭遇了徐达埋伏好的伏兵，大败而逃。

到了至正二十六年（1366年）四月底，兴化、濠州、宿州等地落入了朱元璋之手，淮东之地除了南通全部平定。经过半年的鏖战，朱元璋进攻东吴政权的第一阶段目标圆满完成了。对于北方的王保保，朱元璋深知这是一个劲敌，他在七月间，正是讨伐张士诚的战事激烈之时，曾经亲笔写了一封书信给王保保，指出王保保占据的地区是天下险要之处，但是他却不能利用自己的优势，只是盲目自大。当时的孛罗帖木儿正与王保保交恶，朱元璋希望王保保能主动与自己修好，归还使者。朱元璋在信中也硬气地威胁王保保，如果王保保再敢侵犯自己的领地，自己就会派兵向王保保多路攻击。但是王保保也知道此时朱元璋正全力消灭张士诚，没有多余兵力对付自己，因此对此置之不理。五月间，徐达从安丰回到了应天，朱元璋在思考下一步对付张士诚的作战方案，他命人发布了讨伐张士诚的檄文《平周榜》，从榜文的名字就可以看出，朱元璋对于张士诚的东吴政权是不承认的，依然以之前的周政权称呼张士诚政权。朱元璋在这篇檄文中列举了张士诚的八大罪状，还宣布了对于张士诚治下军民的政策：不抵抗来投顺的都可以保全，敢于顽抗者，不仅要剿灭他们，还要将其家属迁徙到边远地区。在作好了充足的舆论宣传后，七月，朱元璋召集文臣武将们开会，讨论征伐张士诚的大计。右相国李善长提出了自己的疑虑："张氏兄弟早就应该征讨，但是在愚臣看来，他的势力并没有衰落，其土地肥沃，百姓富裕，积蓄很多，恐怕一时难以消灭，不如等待机会再出兵。"朱元璋不以为然，他提出了自己的想法："张氏兄弟昏淫生事，如果不尽快消灭，必然是大患。况且他们的疆域也日渐缩小，我们用胜利之师消灭他，还担心赢不了吗？张士诚必然失败，不用等待可乘之机了。"徐达也附和道："张氏兄弟奢侈糜烂，这正是天亡他们之时，他们的骁将李伯昇、吕珍之徒，也不过是龌龊之人。谋事的黄、蔡、叶三个参军，也不过是迂腐书生，不知大计。臣愿意奉主上威德，带领精锐之师，声讨他们的罪行！"朱元璋听了之后十分高兴，他对徐达说："众人局限于浅薄见识，只有徐天德是我的知音，看来此去必胜。"

大事既然定了下来，朱元璋就命诸将加紧训练士兵，准备择日出兵。八月，朱元璋命大规模维修应天城池，风水专家刘基忙着为城墙看风水，以便使得应天城保持王气、固若金汤。

在大军正式出师之前，朱元璋在西苑召见了徐达和常遇春等重要将领，与他们商议进攻的方略。

看到主公发问，常遇春首先站起来发言，他建议直接攻打张士诚的腹心，也就是平江城。如果攻下了平江，其他地方可以不战而降。朱元璋对此却不同意："不然。张士诚起自盐贩，他和张天骐、潘元明等都是强硬之徒，而且是手足之交。张士诚现在面临困境，张天骐等人担心自己也会随之灭亡，必然全力去救。现在不分散他们的势力，而急于攻打姑苏，如果张天骐出湖州，潘元明出杭州，援兵四处而来，我们难以取胜。不如先出兵攻打湖州，使得他们疲于奔命，然后再攻打姑苏，必然会成功。"朱元璋透彻地分析了战局：平江城坚固严密，一时间难以攻克，如果敌军援兵杀来，孤军深入对方地盘的大军必然四面受敌；而且自己的后勤供应也会被敌人切断，敌人拼死抵抗，到时候大军不一定获胜。常遇春的方案过于冒险，最稳妥的就是先消除张士诚的羽翼，然后再集中兵力一举拿下孤立无援的姑苏。出乎朱元璋意料的是，尽管他已经分析得如此透彻，常遇春还是固执己见，坚持要直捣姑苏。朱元璋也十分恼怒，他斥责道："如果先攻打湖州失利，责任由我来负；如果先攻打平江失利，责任由你常遇春承担，怎么样？"常遇春见主上发怒了，也只好闭口不言，不再坚持自己的主张。朱元璋将众将屏退，单独留下徐达和常遇春二人，他对二人说："我这一次准备让熊天瑞跟随你

第六章 / 张士诚丧师亡身 /

们一起出战，我打算用反间计，熊天瑞来投降我们，并不是真心，他常常心中不满。这次，我们不把真实的作战意图告诉他，只说是要直捣平江，他一定会将此事告诉张士诚。这样一来，张士诚就中计了。"原来，朱元璋通过内探的消息，早知道了熊天瑞心怀不满的事情，他这一次打算利用他来行反间计，这样也增加了此战成功的把握。几天之后，朱元璋下诏以徐达为大将军，常遇春为副将军，带领二十万大军征伐张士诚。临行，朱元璋召集众将再一次申明了军纪，还给每人发放一册《戒约军中事》，以便随时提醒众人军纪的重要。

八月初四，朱元璋的大军自龙江港出发，次日抵达太湖地区。常遇春带兵在湖州击败了张士诚军，将他的部将尹义、陈旺擒获，兵锋直指洞庭山。捷报传来，朱元璋十分欣喜，他说："看来我们是必然胜利了！"几天之后，大军杀到了湖州毗山，在湖上驻扎的张士诚水军不战而逃，也就在这时候，熊天瑞叛降了张士诚。徐达带兵杀到了湖州三里桥，张士诚部将张天骐带三路兵来迎战。徐达正要准备出战，他手下一个术士上前跟徐达说今日不宜出战。常遇春知道了之后，怒斥这个术士："两军相当，不战更待何时？"于是徐达命大军迎战张天骐，常遇春一马当先，生擒了对方南路元帅以下军官二百多人，徐达将张天骐击退。张士诚又派出司徒李伯昇带兵来救，他会合张天骐，两路人马一起进入了湖州城内死守，徐达等人一时间攻城不下。张士诚知道湖州的得失对他意味着什么，他倾尽全力救援，派出平章朱暹、同佥戴茂、吕珍、院判李茂、五太子等将领，带领着六万精兵来救援，他们在城东驻扎，筑造了五个兵寨自固，准备和城中守军互为声援。徐达、常遇春、汤和等将领分兵在旧馆以东的姑嫂桥，筑造了十座堡垒，来截断对旧馆的援军。张士诚的女婿潘元绍在乌镇之东驻扎，为吕珍和五太子等人声援，结果徐达派兵夜袭了乌镇，潘元绍不敌，连夜逃跑。之后，徐达又命人堵塞了沟港，来断绝湖州敌军的粮道。张士诚眼看事态严重，只好自己带兵来援救。双方大军在皂林之野展开了激战，结果徐达军再一次大败张士诚，并生擒他手下三千多人。

九月，张士诚的水师来救援，常遇春迎战，突然，天降暴雨，白天顿时变得漆黑，常遇春乘机攻打敌人，生擒了敌军主将以下两千多人。朱元璋看湖州战场打得激烈，他命李文忠攻打杭州，还指示他："徐达等攻打姑苏，张士诚必然拼死反击，你去攻打杭州，不过是策应徐达。你可以灵活运用，东西冲击，务必使得敌军疲于奔命。此次出征，一定要灵活作战，牵制敌军。"朱元璋还不放心，他又派出了朱亮祖、耿天璧攻打桐庐，袁洪、孙虎攻打富阳，两路人马攻克城池之后，合并一起围困余杭。张士诚看到各路援军遭受失败，依然不死心，他派出部将徐义到湖州查看形势，被常遇春截住归路。徐义派人向张士信求援，张士信却置之不理。结果张士诚只好派亲兵来救，徐义被救出之后，他又和潘元绍一起打算和吕珍部合并，结果又被常遇春击败。吕珍部被围困，粮草断绝，部下多有投降朱元璋军者。湖州城内的张士诚部下更加艰难。为了攻心，徐达将之前擒获和投降的张士诚将领一起集中在湖州城下向城头喊话，结果城中人心浮动。

接下来，朱元璋军攻打张士诚水寨，猛将薛显冲锋在前，大败敌军和五太子的援军，逼迫五太子和朱暹、吕珍等将领向朱元璋军投降。战后，常遇春称赞薛显："今日之战，将军之力居多，我们不如啊！"其实被称作五太子的并不是张士诚亲子，他本姓梁，是张士诚养子。其人短小精悍，身手敏捷，能平地跳跃丈余之高，还善于潜水，也是一个人才。而朱暹、吕珍等将领一直是张士诚帐下能征惯战的将领，这些人的投降对张士诚打击十分巨大。冯国胜押送着吕珍等人来到湖州城下劝说李伯昇等人投降，李伯昇感到十分绝望，却又不忍心投降，他说："张太尉待我极厚，我不忍心背叛他。"他说完就要抽刀自杀，被左右之人拦下。他们力劝主将投降，也给全城将士们一个活路，李伯昇最终无奈接受了。

这样，经过两个月的激战，湖州终于被拿下了，这其中显示出朱元璋英明的决策和高超的战略部署，同时也离不开部下将士们的浴血奋战。张士诚的精锐经过此战被基本歼灭，而且朱元璋部还对平江和杭州两座最重要的城池形成了分割之势，张士诚现在是真正陷入了首尾难顾的绝境！

四、小明王瓜步沉舟

在朱元璋与张士诚的战事激烈之时，发生了一件谁也没有意料到的大事，小明王韩林儿死了！

原来，至正二十六年（1366年）十二月，朱元璋派遣水军将领廖永忠到滁州迎接韩林儿前往应天。在廖永忠临行之际，朱元璋叮嘱他："眼下战局顺利，谁正大位的事情要有所考虑了。现在皇帝远在滁州并不合适。故而派你去迎接皇帝和官员到应天。天有不测风云，长江浪涛险恶，稍微不注意就会出事。你要体谅我的一片苦心，办好此事。"廖永忠感觉话里有话，又想再问些什么，却被朱元璋打断了，他挥挥手说："你一路劳顿，先好好休息一下，准备启程吧。"

廖永忠亲自带一支精兵去滁州护卫韩林儿一家老小以及各文武官员们来到长江瓜步渡口。当时天寒地冻，北风呼啸而来，廖永忠亲自为韩林儿操舟摆渡。浪涛横冲直撞，廖永忠逆水行舟，船在旋涡之中来回盘旋，船上的人惊呼不已。突然，一个浪头打了过来，船体倾覆，一船人都纷纷落水。廖永忠不顾个人安危，在水中奋力营救韩林儿，其他船上的兵士们也纷纷跳入江中救人。但是，江中水流湍急，韩林儿一行人早就被滚滚长江水卷得无影无踪。

就这样，小明王韩林儿遭遇了事故，意外死亡。"瓜步沉舟"一直是历史上的一大疑案。很多人将怀疑的目标指向了廖永忠，认定了是他故意淹死了小明王。那廖永忠为什么要淹死小明王，作案动机是什么？首先，廖永忠和小明王是名义上的君臣，而且二人素来没有什么个人恩怨。作为朱元璋最信任的将领，廖永忠的任务就是将小明王安全接回应天，如果他下手杀死小明王，岂不是将所有疑点指向自己，这样不就等于是向全天下宣布是自己谋杀了小明王吗？但是问题又来了，如果廖永忠的背后有人指使呢？而且这个人有相当大的权势，根据谁作案谁得益的原则，小明王的死，受益最大的无非就是朱元璋。难道是朱元璋指使廖永忠害死了小明王？可朱元璋之前就有机会借刀杀人，让小明王死在张士诚手中。当时朱元璋不顾与陈友谅战局的紧急和帐下刘基等人的苦苦相劝，去安丰解救小明王。虽然最终得手，也因为有几分侥幸的成分，才没有被陈友谅直攻应天。事后，朱元璋也十分后怕，他自己都觉得这次安丰之行是一次军事冒险，有很多感情用事的成分在里面。那朱元璋又为什么要冒险去救小明王？其实，朱元璋最重要的目的就是树立自己忠臣的形象，这也是在言传身教，为自己的部下进行一次忠义教育。冒着这么大的军事风险救出来小明王，又指使人将他杀死，如此行事着实让人看不懂，这样来看，真正的指使者似乎又不是朱元璋。

明朝建立之后，朱元璋大封功臣。当时很多功臣被封爵，廖永忠被封的是侯爵。朱元璋给出的解释是这样："廖永忠鄱阳湖立功，可谓奇男子。然而他却让自己信任的儒生揣测我的意思，无非是为了要更高的爵位，所以我只封他侯爵而不是公爵。"朱元璋在此暗示了杀害小明王的凶手就是廖永忠，还有他背后指使之人和杀人目的。廖永忠杀害小明王是他自己揣测了朱元璋的意思，然后又听信了他信任的儒生建议，就擅自采取行动，目的就是邀功请赏。那这位与廖永忠关系不一般的儒生是谁？丞相杨宪在明朝建立之后与廖永忠结为同党，后来，杨宪因罪被杀，而廖永忠因有战功才免于一死。杨宪与廖永忠关系密切由来已久，而杨宪又是投机之人，心狠手辣，极有可能是他指使廖永忠杀死了小明王。朱元璋如果指使廖永忠杀死小明王的话，那他为了灭口，当时或者不久就应该杀死廖永忠，而不是等到洪武八年（1375年）才对其下手。因为，小明王死的时候，毕竟朱元璋名义上还尊奉他为主，天下未定，朱元璋要杀死自己的主子，而且这位主子还是全天下红巾军公认的主公。如果是朱元璋指使廖永忠杀小明王，就应该尽快灭口，防止他吐露事情，对自己的政治形象造成不可弥补的损失。

不过，说了这么多，是不是朱元璋与这件事一点儿干系没有呢？这也不能简单下定论，因为毕竟小明王的死，最终受益者是朱元璋，接下来他就可以无所顾忌地称帝建国了。廖永忠有可能不是朱元璋指使，但是杨宪呢？又是谁给了杨宪这样的胆量去指使廖永忠造成"意外事故"导致小明王被淹死？这真的值得人们思考。

五、攻平江十月围城

徐达等人在攻下了湖州之后，兵峰直指姑苏。大军杀到南浔时，张士诚的元帅王胜投降。接下来，吴江州的守将李福、杨彝投降。余杭守将也投降了李文忠。李文忠下一步就打算进军杭州了，这时候，他在半路上接到了杭州守将潘元明的使者送来的请降信。

原来，张士诚的老战友潘元明也打算献城投降了。李文忠对此将信将疑，使者说："杭州城中百万生灵，大军如雷霆一般不可阻挡。潘将军是担心大军兵临城下，再投降就来不及了。"李文忠在请示了舅舅朱元璋之后，接受了潘元明的投降。

杭州投降之后，其他地方守将也无心为张士诚卖命，绍兴、嘉兴、海宁等城池的守将也相继投降了朱元璋大军。

徐达带兵已经到了平江城，也就是今天苏州的外围地区，在平江城南的鲇鱼口，却遭遇了张士诚的一支军队突袭，但很快就将其击败。康茂才在尹山桥也击败了张士诚的另一队人马。大军将平江城团团围住：徐达带兵负责围攻葑门，常遇春负责攻打虎丘，王弼负责攻打盘门，张温攻打西门，康茂才攻北门，耿炳文攻城东北，仇成攻打城西南，何文辉负责城西北。就这样苏州城的各个城门都被围困攻打，朱元璋军这是要来一个瓮中捉鳖，将张士诚彻底消灭。徐达命部下架起了三层高的木塔和城中的浮屠相对，可以从上而下俯视城中。每层都安排了弓弩手和火铳手，然后架设了襄阳炮来轰击城中，对平江城造成了震慑。当时的张士诚并不是完全没有外援，无锡还在他的掌握之中。无锡的守将莫天祐派出了一个善于潜水的部将杨茂，打算混进平江与张士诚取得联系。结果杨茂被徐达部下抓获，徐达不但没有杀他，还成功策反了他，使得杨茂为自己所用。张士诚不甘心坐以待毙，他带兵攻打娄门附近的朱元璋军，结果被徐达督战击退，朱元璋军的将领茅成不幸战死。

吴元年（1367年）春正月，张士诚所辖松江府嘉定州守将王立中联系徐达商议投降事宜。这时候，朱元璋担心王保保有所动作，又给他写了一封信，但是王保保并没有回应。二月，王保保派出部将李二进攻徐州，李二在陵子村驻军，陆聚派将领傅友德率军迎战。当时在东南战场上，朱元璋军对平江的围困已经到了关键时刻，傅友德这一战可谓肩负重任。首先，傅友德没有多余的兵力补充，因为主力已经在集中精力对付张士诚。其次，傅友德不能失败，因为如果失败后果不堪设想，会对整个江淮地区的战局产生难以预估的影响。

傅友德带着两千部下乘船到了吕梁，他决定主动寻找战机。元军的纪律很差，他们四处劫掠民间百姓，傅友德立刻抓住这难得的

第六章 / 张士诚丧师亡身 /

机会，命手下人离船登岸攻击李二部。李二仓促应战，他派遣部将韩乙迎战，结果傅友德一马当先，手舞长槊将韩乙刺落马下，敌军一看主将阵亡，落荒而逃。初战告捷，傅友德并不敢大意，他深知李二不会善罢甘休，必然卷土重来。傅友德返回了徐州城，然后开门出兵，在城外陈兵，命令士兵握枪休息，随时等待敌军到来。果不其然，很快李二就带领军队前来攻城。这时候，傅友德命令部下鸣鼓前进，部下奋勇杀敌，李二部下难以抵挡，很多被淹死在河中。傅友德乘胜生擒了李二和其部下将士二百七十多人，获得战马五百多匹。

朱元璋得知了获胜消息后，并没有面露喜色，他知道这不过是王保保的偏师，而非主力，这次试探性的进攻给他提了醒。朱元璋命令安丰、六安、临濠、徐州等地的守将严阵以待，防止敌军再一次来犯。

围困平江的徐达这时候也派人来应天，向朱元璋请示下一步的作战方案。朱元璋先对徐达的功勋进行了称赞，然后他又指出，大将在外应该灵活处理，君主不应该过多干预，他命徐达依势行事。在围困平江的过程中，四月间，徐达接到了消息，上海松江府一带民众叛乱，徐达和葛俊等人只好先带兵去平定。原来，为了拓建应天城，徐达曾经传令江南各府百姓出砖来筑城，一时间怨声载道激起了当地百姓的仇恨和反抗。虽然叛乱被平定，却也引发了朱元璋的思考，那就是对于民力的使用，一定不能超过其承受限度。这也为日后其治国定下了安抚百姓、重视民生的基调。

平江围城之战眼看已经没有悬念，前线突然传来了一个坏消息：中书平章政事大将军俞通海受了重伤。原来在徐达围困平江后，俞通海带兵来增援，当他乘船到了桃花坞时，突然遇到了一股张士诚部属，两军对战，俞通海不幸被敌人的流矢射中。最要命的是射中的是俞通海的要害部位。徐达连忙派人将重伤的俞通海护送回到了应天城。朱元璋得知消息，立刻去探望俞通海，看到躺在病榻上的得力干将，朱元璋问："平章，你晓得我来探望吗？"此时的俞通海已经伤重昏迷，不能言语了。朱元璋见此情景，想起他以前的功劳，不仅潸然泪下。如今是用人之际，俞通海当年追随他南征北战，立下了无数战功，现在却要离他而去。不久，俞通海身故，朱元璋悲恸不已。

到了五月，看到张士诚还不肯投降，朱元璋也有些着急了，他专门写了一封信劝降张士诚。张士诚并没有理会，他虽然有着各种缺点，但是骨气却是极硬，绝不会轻易投降。

到了六月，被围困的时间很久了，张士诚也想有所突破，他打算带兵进行突围。有一天，张士诚在城头上瞭望查看，发现了城东南的朱元璋军十分严整，似乎无懈可击。张士诚派出徐义和潘元绍带兵偷偷从西门出击，打算偷袭围城部队，然后他们又转到了阊门，打算杀入常遇春的营地。常遇春面对来敌，打算分兵两路来前后夹攻。战斗进行了很久，因为张士诚的部下抱着鱼死网破的信念，一时间作战十分勇猛，双方难分胜负。张士诚派出部将带着千余人增援徐、潘二将，一方面自己带领一支军队从山塘返岗来增援。但是从地形来说，山塘一带比较狭窄，因此张士诚只好下令暂时先退却。常遇春发现了难得战机，他抚着部将王弼的后背激励他："军中都称赞你是猛将，你能为我消灭这些敌军吗？"王弼感觉到热血沸腾，他大喊一声，骑上战马，挥舞着双刀，带领手下冲向了张士诚的军队。一番激战后，张士诚军退却，常遇春乘机带兵掩杀。结果张士诚军队人仰马翻，很多人被淹死在沙盆潭水之中，连张士诚手下号称"十条龙"的勇胜军也被淹死在万里桥下。张士诚本人的坐骑受惊落入水中，差点儿要了他的性命，他侥幸逃回了城中之后，一筹莫展，实在想不出其他办法了。正在这时候，张士诚原先的朋友，现在已经投降了朱元璋的李伯昇，派出说客来劝说昔日主公投降。张士诚将说客召进来，问他："你打算说什么？""我为主公说一下兴亡祸福之计，主公愿意安心倾听吗？"

说客运用三寸不烂之舌，滔滔不绝："主公知道天数吗？昔日项羽叱咤风云，百战百胜，最终却在垓下战败而死。天下归于汉朝，是什么原因？这是天数也。主公你以十八人进入高邮，被百万元军围困，如同猛虎落入了陷阱之中，朝夕之间可能毙命。一旦元军溃乱，主公乘机攻击，占有三吴之地千里，带兵数十万，南面称孤，此乃项羽之势。如能在此时不忘记高邮的困厄，苦心劳志，收集豪杰，根据他们的才能，给予官职，抚恤人民，训练士兵，驾驭将帅，有功者赏赐，失败者斩杀，使得号令严明，百姓乐意归附，非但可以保住三吴，还可以夺取天下。"

张士诚听到这里还以为对方是来为自己献策的，他忙追问："足下此时不言，又有什么用？"

"我此时虽然有言，但是不能得闻，为何？主公的子弟、亲戚、将帅，掌握了中外大权，美衣玉食，歌童舞女，日夜饮宴，身着天下最美的衣服，吃着天下最美味的食物，还不能满足。"说客稍微停顿一下，继续说："带兵的将领以为自己是韩信、白起，谋士们以为自己是萧何、曹参，目中无人，傲视天下。当此之时，主公你深居在内，失败的消息也不知道，丢失了城池也没有耳闻。纵使知道，也不过问，才导致今日的沦亡啊！"张士诚见他说得头头是道，就感慨："我也十分悔恨啊！"张士诚对来人还抱有一线希望，问道："现在我应该怎么办？"说客朗声大笑："我有一策，恐怕主公不能听从啊。"张士诚脱口而出："不过是死罢了。"

"如果死有益于国家，有利于子孙，固然可以。否则，只是自己了却痛苦罢了。主公没有听说过陈友谅吗？他占据荆楚之地，带兵百万，与朱元璋大军在鄱阳湖作战。陈友谅举火打算焚烧朱元璋战船，反而被风吹过了烧了自己的战船，陈友谅兵败而死。为什么？

这就是天命所在，人力无能作为。现在形势紧急，主公想指望湖州援助，湖州失守；指望嘉兴援救，嘉兴失守；杭州也失守。现在只是守着这尺寸之地，誓死抵抗。如果变乱从内部发生，主公到时就是求死也不能了。所以我为主公献计，顺应天命，派遣使者到应天求降。主公你开城门还不失为万户侯，况且历史上也有先例。而且主公的这些土地，就如同赌博得来的，现在已经得到了人力、物力，再失去，也没什么损失！"张士诚听了这番高论，一时间拿不定主意，对他说："足下先行休息，待我再作考虑。"

几天之后，张士诚带兵出胥门迎战朱元璋军，这也是他对说客的回答，那就是誓死抵抗到底，决不投降朱元璋！一开始，张士诚军进攻十分猛烈，常遇春亲自率主力迎战，张士诚军有所退却。这时候站在城楼上督战的张士信见形势不妙，竟然大声喊叫："将士们作战疲劳了，赶紧撤退吧！快撤！"接着他就鸣金收兵了。张士信真是成事不足败事有余，张士诚军听到了这话一时间军心大乱。常遇春乘机带兵攻击，大败敌人，一路追击到城下，又开始攻城，还加固了堡垒对城池加强围困。这样一来，张士诚再想出城就很难了。有一日，张士信在城楼上正在和参政谢节等一起用餐，一盘鲜桃刚刚端上来，还没有等张士信尝尝鲜，突然一发襄阳炮石飞了过来，张士信的脑袋被砸了个稀烂。张士诚既然无法突围，就只好加强防守了。叛将熊天瑞在城内教士兵们做飞炮，拆毁了寺庙祠堂和民居作为炮具，直到城内木头石头全部用光。城中尽管原先储备了大量粮食，可是围困了八九个月，粮食已经断绝。城内人只好抓老鼠为食，鼠价狂涨，一只竟然卖到了百钱。最后老鼠也被吃光了，只好煮枯草来充饥。徐达见状，命部下加强进攻，他命令军士们架设像房屋一样的木头，上面盖上竹笆，军士们在下面埋伏，然后攻城。有了这样的保护设施，城上的飞炮就很难伤害到攻城的军士们了。到了九月初八这天，徐达方面攻下了葑门，随后常遇春攻下了阊门新寨，朱元璋军杀到了平江内城之下，张士诚部下的枢密唐杰带兵抵抗。张士诚驻军内城城门之内，他命参政谢节和周仁建立栅栏来修补外城，还梦想着能阻拦住敌军。不久，面对朱元璋军的强大攻势，唐杰、周仁、徐义、潘元绍这些将领纷纷投降。朱元璋军蜂拥而上，登上了内城城墙，张士诚还命部将刘毅带着三万人拼死抵抗。不一会儿，刘毅也投降了朱元璋军。张士诚见不妙，带着仅剩的几名骑兵回到了自己的王宫之中。之前，张士诚就担心城池陷落，他问过自己的夫人张氏："如果我战死，你们打算怎么办？"刘氏十分坚决地说："你不用担心，为妻不会辜负你。"果然，她兑现了自己的诺言，命人在齐云楼下堆积了柴薪，打算敌军攻入就举火自焚。城破之后，刘氏将张士诚所有的侍妾都带上了楼，然后点起一把大火，逼着她们全部自尽了，最后，刘氏自己也自缢而亡。

就在这时候，徐达派出了李伯昇到张士诚那里作最后的劝降。李伯昇发现张士诚所在的房屋已经被锁上了，他带着人破窗而入，结果发现张士诚正要上吊自杀。李伯昇命人将他拦下，潘元绍又来劝说老丈人投降，张士诚如同塑像一样，一言不发。徐达就命人将他抬了出来，押赴应天。

这一战经过十个月的围城，终于俘虏东吴各级文武官员和士兵二十多万人，除了叛将熊天瑞被杀之外，朱元璋还下令将黄、蔡、叶三个奸佞处死，以正视听。徐达在破城之后，再一次申明了军纪，他命令各将士悬挂一面小木牌，上面写着："掠夺民财者死，拆民居者死，离营地二十里者死"！这样一来，朱元璋军军纪严明，破城之后，没有发生大规模的洗劫和杀戮。

平江前线的捷报传来，朱元璋终于长出了一口气。为了消灭东吴政权残余势力，他下令中书省平章胡廷瑞带兵攻打无锡州，又派出大都督府副使康茂才，带领着常州等地将士们作为增援。之后，徐达派出部将攻打南通次狼山，结果守将带领七千人不战而降，几天之后，眼看大势已去的无锡守将莫天祐也归顺了朱元璋。至此，整个东吴政权彻底灭亡。

再说，张士诚在被押赴应天的路上，紧闭着眼睛开始绝食，他已经万念俱灰，有了必死之心。等到了应天城外的龙江时，张士诚又在船上不肯起身，最后，他被强行带到了中书省衙门。李善长来负责审问他。可是不管李善长怎么问，张士诚始终闭目不言。最后，李善长一气之下竟然口出恶言，这样一来，张士诚也被激怒了，反唇相讥，结果两个人骂作一团。李善长只好命人将张士诚带了下去。李善长又找到朱元璋，问如何处置张士诚。第二天，朱元璋派人问张士诚还有什么话说。张士诚就让来人转告朱元璋："我之所以失败，是因为天日照着你，没有照着我，仅此而已。"死到临头，张士诚还认为自己的失败是运气不好，真是冥顽不灵！

张士诚最终在监狱之中自缢而死。总的来说，张士诚虽然也是一代枭雄，但是战略战术、气度能力以及用人和政权建设方面，比起朱元璋来差距巨大，所以才最终被朱元璋所灭。而朱元璋对于老对头张士诚的死，还生出了一丝怜悯之心，他对群臣说："张士诚，我本来想饶他一命。但是这个人刚愎自用又没有见识，天命已定的时刻，岂能力争？我刚平定应天时，彼此之间各自守卫领土，未曾有意攻伐，但是他却主动引诱我方将士，自开兵端。由此连年战斗，最终被我所擒获。如果他能早点儿自省，对外与邻国和睦，对内抚恤百姓，岂能那么容易攻破？他失败的原因是骄奢淫逸，不念及百姓艰苦。他手下又没有忠心谋略之人，所以注定失败。他这一死，说实话，我内心还是非常怜惜他的。"

朱元璋这番话倒不是惺惺作态，此时的他就如失去了对手的武林高手，有点儿孤独而已。随着张士诚被消灭，朱元璋的下一步目标就是要统一全国，称帝建国了！

大明王朝
诞生记

第七章
日月明新朝开基

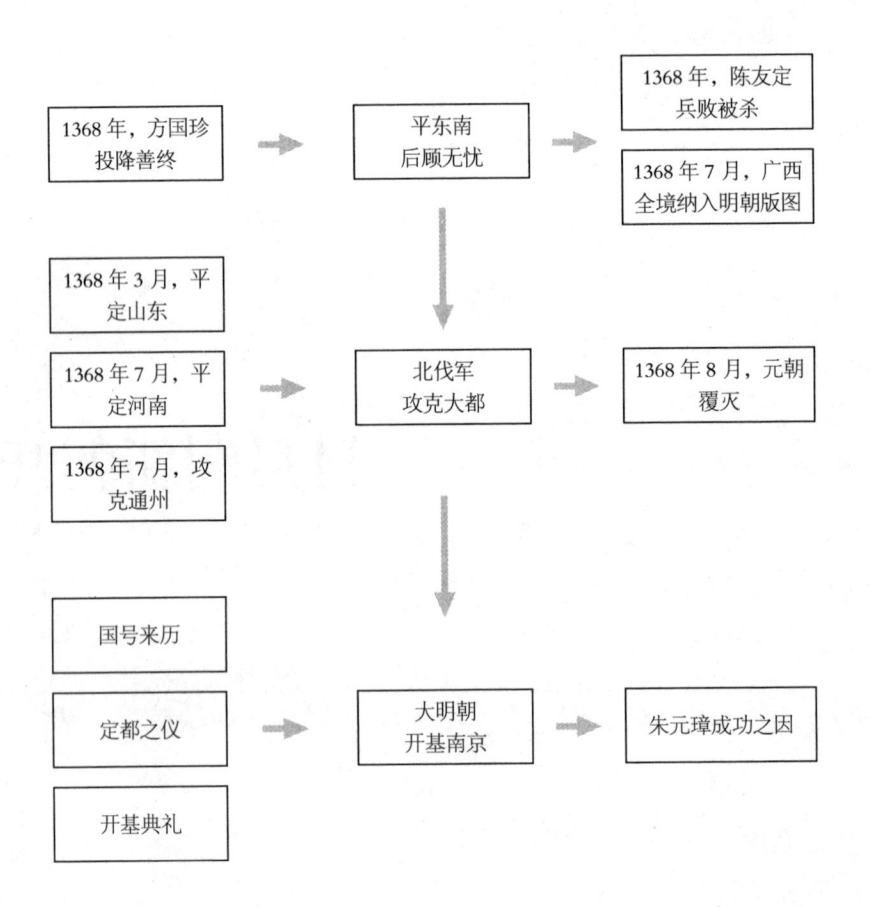

```
                                            ┌─────────────────┐
                                         ┌─▶│ 1368年，陈友定    │
                                         │  │ 兵败被杀         │
┌─────────────────┐    ┌─────────────┐   │  └─────────────────┘
│ 1368年，方国珍   │───▶│ 平东南       │───┤
│ 投降善终         │    │ 后顾无忧     │   │  ┌─────────────────┐
└─────────────────┘    └─────────────┘   └─▶│ 1368年7月，广西   │
                             │              │ 全境纳入明朝版图   │
                             │              └─────────────────┘
                             ▼
┌─────────────────┐
│ 1368年3月，平    │
│ 定山东           │
└─────────────────┘
                             
┌─────────────────┐    ┌─────────────┐      ┌─────────────────┐
│ 1368年7月，平    │───▶│ 北伐军       │─────▶│ 1368年8月，元朝  │
│ 定河南           │    │ 攻克大都     │      │ 覆灭             │
└─────────────────┘    └─────────────┘      └─────────────────┘
                             │
┌─────────────────┐          │
│ 1368年7月，攻    │          │
│ 克通州           │          ▼
└─────────────────┘

┌─────────────────┐
│ 国号来历         │
└─────────────────┘

┌─────────────────┐    ┌─────────────┐      ┌─────────────────┐
│ 定都之仪         │───▶│ 大明朝       │─────▶│ 朱元璋成功之因   │
└─────────────────┘    │ 开基南京     │      └─────────────────┘
                       └─────────────┘
┌─────────────────┐
│ 开基典礼         │
└─────────────────┘
```

一、平东南后顾无忧

在张士诚被攻灭前两个月，李善长等大臣们就劝说朱元璋称帝了，但是朱元璋出于各种考虑，并没有答应。李善长等人继续力劝："殿下从濠州起兵，完全靠自己白手起家，才成就了大业。现在四方群雄差不多都被消灭了，远近之人纷纷归心，可以见天命之所在。愿您早日正位号，以宽慰臣民的愿望！"

朱元璋推辞道："我的功业还未覆盖天下，德行还没有完全令人佩服。天下没有一统，四方还在遭受涂炭，如果急于称帝，恐怕不合人情。自古帝王知道天命之所归，人们没有二心，都还要谦让。我常笑话陈友谅得到了一点儿地方就妄自称尊，志骄气盈，以致灭亡，被后世讥讽。我怎么能重蹈覆辙？如果天命在我，固然自有其时，不用一直来催。"

朱元璋主要考虑南方的方国珍还没有平定，另外，建立新朝需要的礼乐制度也还在制定之中，所以他并不急于称帝。方国珍对元朝屡叛屡降，也是一个反复无常之人。至正十六年（1356年）三月，背叛了元朝廷的方国珍再一次接受了招安，元朝廷授予其海道运粮漕运万户兼防御海道运粮万户职务。到了第二年七月，因为方国珍进攻张士诚有功，元政府又任命他为江浙行省参知政事，仍然兼任海道运粮万户，随后升万户府为防御运粮义兵都元帅府，以方国珍为都元帅。

方国珍与朱元璋发生联系是在至正十九年（1359年）正月，朱元璋遣使到方国珍处，方国珍于正月初二派遣了使者到浙东会见正在亲征的朱元璋。方国珍为了表示诚意，献上了黄金五十斤、白金一百斤，还有众多绫罗绸缎。方国珍还亲自写了一封书信给朱元璋，在信中他极尽对朱元璋阿谀奉承之辞，表明自己打算效劳朱元璋鞍前马后。对此谄媚之言，朱元璋当然没有轻易相信，他知道此时的方国珍与张士诚之间关系紧张，而张士诚已经归附元朝，元朝廷也不会在此时为了方国珍得罪张士诚，而他自己已经在浙东与张士诚动兵了。方国珍之所以来通好，无非就是觉得朱元璋可以牵制张士诚势力，示好也是为了自保，然后在两者之间权衡时势。

朱元璋看透了方国珍的用心，所以对其来信并没有做出任何承诺，只是派出了浙东行省都镇抚孙养浩回访方国珍而已。方国珍见目的没有达到，在三月二十五日又派出了郎中张本仁作为使者，带其次子方关到浙东朱元璋处。这一次，方国珍增加了筹码，表示愿意献出自己占据的温州、台州、庆元三郡，而且还以其子方关为人质。方国珍给出的条件十分具有吸引力，但是对于朱元璋来说，这只是空中楼阁。因为朱元璋占据的地盘和方国珍之间还隔着张士诚。就算是方国珍真心献出三郡，朱元璋也很难通过张士诚的地盘来接收和管理这些地盘。方国珍的目的无非还是想拉拢朱元璋，让其帮助自己对抗张士诚，以便从中渔利而已。在朱元璋这方面来说，西部还有一个迅速崛起的陈友谅，他不会为了方国珍陷入东线作战而不能自拔。但是朱元璋也不想得罪方国珍，于是一方面他婉言拒绝了方国珍以其子作为人质的请求，一方面又对方国珍献出三郡表示接受。八月，朱元璋派出博士夏煜授予了方国珍福建等处行中书省平章政事，其兄弟方国璋、方国瑛、方国珉都授予相应官职，依然以本部兵马守城，随时待命。夏煜到了庆元后，方国珍陷入了两难境地，他本不想接受，但是自己已经答应归降朱元璋；如果接受了，又担心受到朱元璋的牵制，所以只好诈称自己有病，只能暂时接受平章之印，而不愿意去赴任。方国珍对待使者的态度也颇为傲慢。

夏煜回去之后，向朱元璋汇报了方国珍并没有归降的诚意，劝谏说必须以军事进攻才能降服方国珍。朱元璋对此也早有预料，但是他当时主要对手是张士诚和陈友谅，所以暂时不想与方国珍开战。至正二十年（1360年）正月，朱元璋派遣都事杨宪到庆元来面见方国珍，送上了自己的来信。朱元璋在信中谴责方国珍归附自己只是临时打算，并没有诚意；并指出如果他真心归附，三郡之地和他自身富贵还能保全。方国珍见信之后，派出使者向朱元璋谢罪，但是并没有进一步的表示。到了十二月，朱元璋再一次派出了夏煜出使方国珍，又带来了一封朱元璋的书信。面对压力，方国珍在至正二十一年（1361年）三月派出使者向朱元璋献上了礼物，朱元璋虽然接受了方国珍的道歉，却没有接受礼物。

在张士诚势力覆灭之后，朱元璋方面已经在准备新朝开基各项事宜，他觉得没有必要再与方国珍玩儿文字游戏，他需要一举消灭方国珍，来给自己即将举办的登基大典增添一些光彩。在朱亮祖平定了新昌等地后，朱元璋在九月二十四日命朱亮祖进攻台州，发动了消灭方国珍的战争。在朱亮祖出兵之前，朱元璋特意告谕他："三州之地的百姓十分疲倦贫困，破城之日，不许乱杀一个人！"方国珍听说西吴大军来征伐，顿时就乱了手脚，他急忙派人向福建行省平章政事陈友定求援。但是，在此之前因为方国珍部下曾经误杀过陈友定的部下，陈友定对他十分记恨，就没有派兵援救。朱亮祖亲自带领征伐大军，一路上势如破竹，杀到了天台县。天台县令汤盘看到这个情况，赶紧出城来投降。四天之后，西吴军到了台州，台州是方国珍的故乡，他不会轻易放弃此地。方国珍对朱亮祖的军队发动了猛攻，朱元璋军虽然大败了方国珍军，自己也有所损失，指挥严德阵亡。十月，朱亮祖进军到了黄岩州，镇守此处的是方国瑛，他放弃了陆路的抵抗，将民居和仓库烧毁之后，乘船到了海上仓皇逃亡。陆路元帅哈儿鲁投降了朱亮祖。黄岩州的丢失标志着方国珍势力在台州的失败。台州被平定，朱元璋军的下一步目标就是庆元，这里是方国珍的老巢。由于朱亮祖连续作战，损失比较大，朱元璋在十月初十这天派出了御史大夫汤和为征南将军兼大都督府事，吴祯为副将军，带领着常州、长兴、宜兴、江阴等各处兵马，一起攻

第七章 / 日月明新朝开基 /

打庆元。朱元璋为了安抚当地百姓，还晓谕众人，说自己是吊民伐罪，有罪的只是方氏兄弟，其他人不要生疑，各安本业，如果能擒获罪魁祸首的，一定以爵位相赏赐。朱亮祖在十月攻下了温州，最后的目标只有庆元了。十一月初一，朱亮祖带领水师在乐清盘屿击败了方明善水军，一路追击到楚门海口，随后他对方明善进行招抚。汤和在十一月初九也取得了一场大胜，他带兵自绍兴渡过曹娥江，然后到余姚县，余姚地方官李枢和沈璟不战而降，汤和得以顺利进军庆元城下。汤和具有优势兵力，他下令部下对庆元四城门同时攻击。庆元四门通判徐喜等带着官民出西门投降。

方国珍见大势已去，就命部下乘船逃亡海上。汤和带领水师继续追赶，汤和再一次获胜，杀死了众多方国珍部下，还擒获了部将方惟益、戴廷芳等，缴获了海船二十五艘。方国珍带领部众入海躲避。汤和回到庆元，攻下定海、慈溪等县，得到降军二千多人，战船六十三艘，还有粮草等战略物资。

到了十一月十七日，为了彻底消灭方国珍海上的残余势力，朱元璋派出了善于水战的廖永忠为征南将军，带领水师从海上联合汤和对方国珍发动了最后一次攻击。方国珍的弟弟方国瑛此时已经投降了朱亮祖，孤悬海上的方国珍面对大军压境，已经是走向了绝路，他的部将徐元帅和李金院等纷纷投降了汤和。方国珍见军心瓦解，已经无力再战，只好派出使者向汤和投降。十二月初五，方国珍派出儿子方关奉表谢罪，方国珍在表文里面称朱元璋为"上"，自称"臣"，这也是他表达臣服于朱元璋之意。十二月初九，方国珍和弟弟方国珉带领部下拜见汤和，全军投降，汤和派人护送方国珍等去应天，朱元璋将庆元路改为明州府，至此方国珍势力覆灭。

洪武元年（1368年）正月初七，方国珍到南京朝见已经登基为帝的朱元璋。对于俯首称臣的方国珍，朱元璋故意问他："你为什么这么晚才来？"方国珍只好叩头谢罪道："臣当时遭遇了很多艰险，在海上逃亡，实在是被手下群小耽误了，希望陛下宽恕我的愚昧，放我一命。"朱元璋对此表现出了帝王气度："草昧之时，群雄逐鹿，谁不想有所作为？那时候谁能知道帝王之命为谁？你的所作所为没有什么可以责备的，朕诚信待人，你不要担心，也不用怀疑。"朱元璋将方国珍宽恕，将他安置在南京居住，洪武七年（1374年）三月，方国珍善终。

浙江纳入朱元璋境内，接下来就是福建了。占据福建的是军阀陈友定。此人字安国，本是福州福清人，后来全家搬迁到汀州一带，他出身于农民家庭，为人勇敢，喜欢快意恩仇的游侠生活，在乡间名气也很大。至正初年，汀州府判蔡公安到清流县招募民兵，陈友定来投。蔡公安对于这位陈友定的大名也早有耳闻，他特意将其叫来问话，结果发现此人果然与众不同，他命陈友定做了这支招募民兵的头领。之后，陈友定凭借平定山寨土匪的功劳，升迁为清流县尹。至正十八年（1358年），陈友谅派出部将邓克明等人攻入了福建，汀州和邵武二地相继沦陷。邓克明又准备进攻重镇杉关。当时的元政府已经无人可用，只好以陈友定为汀州路总管，负责抵御陈友谅的军队。陈友定在黄土县大败邓克明，将其击退。到了第二年，邓克明再一次来进攻汀州，首先攻击建宁。建宁守将完者帖木儿请陈友定来增援，结果邓克明再一次被陈友定击败，而且之前夺取的福建郡县也全部被元军收复。陈友定以军功被提升为福建行省参知政事。陈友定逐渐扩张自己的势力，做到了福建平章，成为福建八闽大地的土皇帝。陈友定虽然目不识丁，但是他在占据福建之后，开始招揽一些读书人为自己所用，如郑定、王翰等人。另一方面，陈友定又杀死了不服从自己的罗良、陈瑞孙、孔楷等人。陈友定格局有限，只想占据福建，他没有远图。陈友定对元朝的忠心不变，每年通过海道向大都城运送粮食数十万石。当朱元璋占领了婺州之后，其地盘就与陈友定接壤了。陈友定对于朱元璋势力的迅速发展也十分警觉，他决心先发制人。

至正二十五年（1365年）二月，陈友定攻取了朱元璋占据的处州。参军胡深带兵援救，陈友定退却。胡深带兵追击敌军到浦城，守将岳元帅带兵抵抗，胡深将之击败，一举攻下了浦城。四月，胡深攻克了建宁松溪，还生擒了守将张子玉。五月，广信指挥王文英带领一支军队在佛母岭遭遇了陈友定军，结果再一次击败对手。胡深看局势对朱元璋军有利，他上书建议朱元璋发兵一举拿下福建全境。对于胡深的建议，朱元璋也表示赞同，他认为已经捉获了陈友定的骁将张子玉，敌人必然胆寒，可以乘机攻打，获取胜利。但是这时候刘基却表示了反对，他认为战线有过长之虞，容易孤军深入，被敌人击败。朱元璋认为陈友定的军事力量有限，适当采取多路突破的方略应该有效。朱元璋这次没有听从刘基的建议，他命广信卫指挥朱亮祖从铅山，建昌左丞王溥从杉关，配合胡深一起进攻福建。六月，朱元璋军攻下了福州。朱亮祖攻克崇安，再进攻建宁。当时陈友定部将阮德柔凭借坚城防守，朱亮祖打算强攻，胡深反对。但是朱亮祖根本就没有听从胡深的建议，他下令胡深进兵，胡深也不服从他的将令。阮德柔带领四万兵力在朱元璋军侧后方的锦江驻扎，严重威胁着胡深部的安全。朱亮祖对于坚守不出的胡深十分不满，反复催促他出战。胡深被逼不过，只好带兵进攻敌军。最初，胡深攻下了敌军营寨中的两个栅栏，但是阮德柔并没有撤走，而是带着精锐将胡深围困。胡深在突围过程中又遭遇了伏兵，战马受惊，他摔落马下。胡深被俘后，被敌军押到了陈友定面前。陈友定想收服他，最初对他以礼相待，但是胡深反而劝说陈友定尽快归附朱元璋。陈友定本无杀害胡深之意，恰好此时元朝使者来到，他逼着陈友定来杀掉胡深，胡深由此被杀。

胡深此人用兵十多年，没有乱杀过一个人，而且宋濂还盛赞他是文武之才。朱元璋也以浙东屏障视之。朱元璋得知胡深遇害的消息后，十分震悼，专门派人到胡深家中祭奠。对于这次失利，朱元璋深刻反省，他并没有追究朱亮祖的责任，他觉得是自己过于急躁，有些轻敌。当时湖南等地出现了一些反叛事件，朱元璋就暂时放置了对付陈友定的计划。到了洪武元年（1368年）正月，张士诚已经彻底被消灭，而方国珍也投降，北伐大军进展顺利。朱元璋为了营造一个稳定的南方来保证北伐无后顾之忧，在登基大典结束后命令湖广行省的平章杨璟进攻永州，然后以征南将军汤和攻打福建。杨璟在永州击退了全州方面的元朝援兵，而汤和则攻下了福州。先前，陈友定在福州城外筑造了壁垒，每五十步就建筑一个兵台，然后派人防守。陈友定听说朱元璋大军进入杉关，便留下赖正孙等将带领两万人防守福州，自己则镇守延平。汤和带领着水师从明州直接抵达福州五虎门，他们一边在南台河口驻军，一边派人到城中招降，结果使者被元朝平章曲出所杀。汤和带兵登岸准备攻城，曲出带人出南门迎战，结果被打败。这天夜间，福州城内参政袁仁等派人投降。第二天一早，朱元璋军开始攻城，城中内应打开了南门放大军入城，福州被攻下。

洪武元年（1368年）正月，元朝兴化州的守将叶万户和俞院判听说福州丢失，便带领众人逃跑。兴化州的百姓李子成带人到汤和那里请降，接着，莆田等十三县也归附了朱元璋军。汤和准备进攻延平的陈友定。在这时，朱元璋派人来告诫汤和："军中之事，应该立威树德，没有诚信则号令不一，不专权则权力分散。这些都是你所欠缺的，一定要注意。"汤和大军到了延平城外，先派出使者去劝降。陈友定不仅杀害了使者，还将他的血撒在了酒瓮之中饮下！陈友定就是要以此表示自己死战到底的决心。

当时的朱元璋军与延平城之间隔着一条河，汤和见使者被杀，就派出一支军队渡河，攻打延平城西门。陈友定对自己的部下说道："敌军刚来，他们的锐气十足，难以对战，我们不如长期围困他们，伺机而动来战胜他们。"随后，陈友定命部下昼夜巡逻城池，不得松懈；诸将再三请战，他一律不准。陈友定对自己的部将萧院判和刘守仁产生了疑心，结果刘守仁兵权被解除，萧院判被杀死。刘守仁对陈友定的这一作为极其不满，他夜晚带领部下逃出城去。朱元璋军已经围城十日，突然听到城内军器局起火，炮声震天，还以为城中发生了内斗。明军乘机攻城，陈友定见城池难以坚守，知道大势已去，他对部将谢英辅和文殊海牙说："大势已去，我无以回报国家，只能一死而已。你们自己努力吧！"说完，陈友定服下毒药打算自杀，他部下文武官员多有从死者。文殊海牙和赖正孙等人献城投降。朱元璋军进入延平城之后，发现陈友定竟然没有毒死，也可能药性有限，他一息尚存。朱元璋军将陈友定拖到东门外，不一会儿天降大雨，陈友定被大雨淋湿，竟然苏醒了过来。陈友定之子陈海听说父亲被朱元璋军捉住，献出了乐城来投降。汤和将父子二人押赴应天。朱元璋当面质问陈友定："元朝纪纲不振，海内土崩瓦解，天意革命，岂是人力所能挽回？你窃据一方，违背天意，杀害我的参军和使者，抗拒大军，意欲何为啊？"陈友定知道自己活不成了，他现在但求一死，索性回道："事败身亡，不过一死而已，还有什么好说的？"朱元璋下令将陈友定父子处死。不久，汤和劝降的使者到了漳州，元朝达鲁花赤迭里迷实换上服装向着北面跪拜，然后用斧子毁坏印章后，挥刀自刎而死。总制陈马儿献城投降了明军。

另一路的朱元璋军在胡廷美和何文辉带领下杀到了建宁城下。建宁的守将达里麻和陈子琦召集部众商议死守城池。朱元璋军几次挑战，他们都闭城不战。朱元璋军只好围攻，城内元军渐渐无力支撑了。

达里麻见大势已去，就暗中到何文辉处投降。总管翟也先不花也带领部下投降了何文辉，胡廷美对于这些人没有直接投降自己十分不满，一怒之下，竟然打算屠城。还是何文辉力劝之下，才使得胡廷美改变了主意，避免了一场悲剧。胡廷美派遣降将曹复畴诏谕汀州等州县投降，结果汀州路守将陈国珍望风归顺，泉州等郡县相继投降了朱元璋军。福建全境纳入了大明王朝版图之中。到了二月，朱元璋命御史大夫汤和回到明州，在此赶造战船，经过海道为北伐大军运送粮草，做好后勤供应。

朱元璋又派出廖永忠为征南将军、参政朱亮祖为副将，二人带领水师由海道攻打广东。当时广东的军阀叫何真。此人字邦佐，是广东东莞人，本来是县城的小吏。在元末大乱之时，何真聚集民兵自保，后来协助元朝廷镇压各地叛乱，渐渐升迁到江西行省广东分省的左丞。何真名义上虽然是元朝官员，实则是一个见风使舵之人，当他接到廖永忠派来的招降使者时，很明智地选择了投降。朱元璋得到消息十分高兴，觉得此人顺应局势，连连称赞其是窦融、李勣一样的人物。

接下来，朱元璋军方面，由湖广行省平章杨璟进攻永州，元朝右丞邓祖胜向守卫全州的平章阿思兰求救。阿思兰派出援兵，杨璟命周德兴和张彬等将领拦击敌人援兵，将他们击退。邓祖胜又派兵出南门抗敌，结果也被朱元璋军击败。邓祖胜只好收兵入城坚守不出，朱元璋军开始攻城。

全州的周文贵又派兵来援救，结果也被周德兴等人击败。杨璟派出千户王廷将攻打宝庆，到了二月，朱元璋军已经攻下了宝庆、全州、宁远等州县。四月十七日，朱元璋军攻破了永州，邓祖胜自杀。杨璟派兵攻打静江路，命周德兴守卫险要之地，阻断各处元朝援军。此时，廖永忠的部队从广州西上，攻克了梧州和郁林等城池，最后在静江路与杨璟会师。廖永忠在广州之时，接受了何真的投降之外，还生擒了海盗邵宗愚，并对他进行了审判、斩杀，此举得到了广州百姓一致称赞。随后，廖永忠派人诏谕九真、日南等三十余座城池，都不战而降。

第七章 / 日月明新朝开基 /

面对朱元璋军优势兵力，静江路内守将顽强抵抗了两个月，到了六月被攻下。之后，廖永忠和朱亮祖带兵攻下南宁和象州，杨璟攻下郴州等处。

洪武元年（1368年）七月，广西全境纳入了大明王朝版图之内。东南基本平定，西南四川的大夏政权和云南的梁王一时间对明朝构不成威胁，至此，明军南征取得了巨大胜利，这不仅解除了北伐大军的后顾之忧，更能集中整个南方的资源来支持北伐，从这一点来说，南征的意义十分重大。

二、北伐军攻克大都

在朱元璋即将北伐之际，北方的元帝国竟然还处于内战之中。先是在至正二十三年（1363年），奇皇后母子对御史大夫老的沙不满，就怂恿元顺帝将他封为雍王，赶回高丽国。老的沙是元顺帝娘舅，他在朝野中有很强的势力，自然不甘心失败，于是他在经过大同时就跑进了孛罗帖木儿的军营寻求庇护。奇皇后母子得知情况，就逼着孛罗帖木儿交出老的沙，结果被拒绝。奇皇后诬告孛罗帖木儿和老的沙一起图谋不轨，让元顺帝下诏削除孛罗帖木儿的官职和兵权，并将之流放四川。孛罗帖木儿的军队已经私人化，他不甘心听从圣旨，于是就以此诏书不是皇帝的本意为理由拒绝执行，还打着"清君侧"的名义攻破居庸关，向着大都城前进。大都城无法抵抗，皇太子爱猷识里达剌带着自己的部下逃亡到辽东。孛罗帖木儿将搠思监和朴不花处死，然后获得了太保的荣誉职位，他心满意足地回到了大同。但是爱猷识里达剌咽不下这口恶气，他在回到了大都之后命令和自己私交不错的王保保出兵征伐孛罗帖木儿。王保保的军队还没有到达，孛罗帖木儿又带兵杀到大都城下，他进入大都自任中书左丞相，元顺帝被其所控制。王保保打算进兵大都，他帐下张桢劝说他以大局为重，不要发动内战。王保保也觉得自己实力不足，就暂时选择了隐忍。经过一段时间的准备，至正二十五年（1365年）三月，王保保打着"清君侧"的旗号北上讨伐孛罗帖木儿。尽管孛罗帖木儿在控制元朝廷的一年多时间里，采取了诸如除掉奸佞大臣、裁减宦官、节省钱粮、禁止西番僧人佛事等有利于百姓和恢复统治秩序的政策，但是他在朝野上下眼中依然是一个跋扈的军阀。王保保这次联合李思齐来攻打他，孛罗帖木儿出战不利，他回到大都借酒浇愁，甚至还打起了元顺帝女人的主意。元顺帝实在忍无可忍，就派出了几个杀手，在延春门外假冒宫廷侍卫准备刺杀孛罗帖木儿。刺杀行动并不顺利，孛罗帖木儿早早回家，杀手们没有来得及行动。不过，也许他孛罗帖木儿命当该绝，派到上都阻击皇太子军队的秃坚帖木儿正好派人送来了捷报。孛罗帖木儿十分高兴，他打算回到宫中报给元顺帝这个好消息，却没有想到在延春门李树之下，那些提前安排好的刺客将他团团包围，并最终将他杀死。

　　王保保接受了元帝国总领天下兵马的任命，他曾经有意大举南下，但是经过他帐下幕僚的劝说，他决定先处理好元帝国内部的军事指挥权问题，他下檄文征调李思齐、脱列伯、孔兴、张良弼等四支军队，南下出武关，配合他渡过淮河，征伐南方义军。结果李思齐等人在接到了檄文之后破口大骂，认为王保保没有资格调遣自己。李思齐随后和其他三个统帅约定好不出武关，等王保保来了以后再带兵杀了他。双方之间的战争一触即发，元帝国好不容易得以稳定的政治局势再一次被破坏，又要面临内战的威胁。王保保多次进攻李思齐等关中军阀，都遭受失败。之后，一意孤行的王保保其内部开始分崩离析，力量也遭到严重削弱。

　　北方元朝内部军阀混战给朱元璋的北伐提供了最好的时机。对于这难得的时机，战略眼光敏锐的朱元璋是绝对不会放过的，他尽量缩短东征张士诚大军修整的时间，以便用最快的时间投入到北伐战争中，将蒙古统治者彻底驱赶出中原之地。

朱元璋将在征伐张士诚时俘虏的元朝神保大王和黑汉等九名元朝宗室人员送回了元朝廷，他还亲自写信给元顺帝："元朝天命将终，就如同上天抛弃宋朝和金朝一样，无可挽救。元朝皇室祖先曾经残忍杀害了金朝和宋朝宗室，现在我将获得的元朝宗室全部释放，希望皇帝善待他们。"朱元璋还附带给王保保也去了一封书信："之前我派出的使者都被你扣留了，以你最近的作为来看，不是元朝廷的忠臣啊！如今我已经灭了张士诚，势力增长，如果你没有力量推翻元朝廷，我就派兵援助你。"

在东征张士诚胜利回师之后，朱元璋将李善长封为宣国公，徐达为信国公，常遇春为鄂国公，他召集众将进行了北伐战争的动员。他称赞了诸将的功劳，还指出，大家应该继续努力，北伐中原，统一天下。为了准备北伐，朱元璋召集了太史令刘基和学士陶安等智囊来商议对策。朱元璋首先发问："如今张士诚被灭，南方平定，我们北伐中原，统一天下的时机是否已经成熟了？"刘基回答："时机已经成熟，我们土地广阔，人口众多，统一天下指日可待！"

朱元璋听了这话，觉得刘基有一些轻敌，他告诫道："土地广阔、人口众多虽然重要，但不足于战斗中获胜。我自从起兵以来，与各路豪杰逐鹿，每次小规模战斗也如同面临大战，所以才能获胜。现在王业眼看成功，中原虽然动荡，但是想得到也没有那么容易。如果不戒除麻痹骄傲情绪，成败也很难说啊！"一向足智多谋的刘基这一次的表现却让人大跌眼镜，他对于统一天下十分自信，他继续坚持自己的观点："我们攻灭了张士诚，元朝方面闻风胆丧，乘胜攻打中原，谁还是我们的对手？所谓迅雷不及掩耳之势也。"按照刘基的主张，就应该派兵北伐直接攻打元朝大都，如同摧枯拉朽，一举而下。

朱元璋面对刘基的轻敌，再一次进行了批评："深入研究事情，才能知道怎么应对。如今元朝方面互相为声援，我们怎么可能轻易就长驱直入？如果凭借一战胜利，以破竹之势攻取天下的话，天下早就是别人的了。必须要静心观察，等他们了有灭亡之势，我们掌握了必胜之道，然后小心持重，才是万全之策。怎么可以因为骄傲而冒险？"

朱元璋确实十分稳重冷静，且不说一支孤军能否顺利拿下大都城，即使攻下了，元顺帝也可以逃亡漠北。然后派兵切断北伐大军的粮草供应，再说，明军主力不是骑兵，机动性比元军差不少，长途奔袭不是所擅长的。

刘基虽然在民间传说中无所不能，是近乎神一样的存在，但是真实的历史中，他也是有血有肉的人，是人就会犯错误，这一次他的确犯了轻敌的错误，也多亏了朱元璋的睿智和冷静，才坚持北伐大业一定要稳扎稳打，从而确保了成功。

到了十月，朱元璋和给事中吴去疾等人商讨北伐之事。朱元璋指出，众将之中最为小心谨慎的就是徐达，平定中原的重任完全可以交给他。而常遇春勇敢善战，可以辅佐徐达，其他将领也各有所长，可以发挥自己的优势，现在人才已经具备了，就看上天能否给予这个时机。

几天后，朱元璋写信给占据关陇地区的军阀李思齐和张思道，劝说两人尽快结束内斗，让当地百姓休养生息，否则造成严重后果，两人后悔也就晚了。朱元璋在西楼宴请各位将领，席间，他指出大将军徐达应该挂帅此次北伐，众人应该同他一心，一起完成大业。

接下来，朱元璋向众人问计："元朝失政，君昏臣暗，刀兵四起，生灵涂炭。我和你们一起举义，最初为了保全身家性命，希望有能安民的圣主出现。后来我被众人拥戴，带兵渡江，和群雄相互角逐，遂打败了陈友谅、张士诚，福建和广东之地也依次平定。现在中原还处于扰乱之中，百姓离散；山东有王宣父子占据，他们反复无常，是苟且之辈；河南有王保保名义上尊奉元朝，实则跋扈；关陇有李思齐、张思道，他们彼此猜忌，势不两立，而且与王保保之间有仇。元朝灭亡的时候到了。现在我打算命你们北伐，你们有什么好主意吗？"

常遇春首先站起来说："现在南方已经平定，我们兵力充足，可以直捣元朝大都，以我百战之师攻打敌军，可以获胜。都城拿下，以破竹之势，乘胜夺取天下。"常遇春的这种战略与刘基是一致的，就是直接攻打元朝大都。但是朱元璋指出了这种战略存在的问题："元朝大都经营了百年，城防十分坚固，如果像你所说，大军一路长驱直入到大都城下，假设不能立刻攻下，大军就困顿于坚城之下，粮饷也难以为继，敌军援兵从四处杀来，那时候大军就进退无据了，这是很危险的！"朱元璋清楚地记得几年前的红巾军北伐大都，也面临过这样的困境并最终失败。朱元璋还提出，李思齐、王保保的军队战斗力也很强，为将之道在于持重，必须要做到万无一失才行，大家千万不能有轻敌情绪。

一向谨慎的朱元璋倾向于稳扎稳打、各个击破，他说出了自己的打算："第一步先攻取山东，这样就消灭了大都屏障；第二步攻取河南，这样切断了元朝羽翼；第三步夺取潼关并派兵驻守，这样关陇敌军就难以增援大都或者切断大军退路，如此，天下形势才能被我们掌握。随后再进军大都，那时候他们形势孤单救援断绝，可以不战而克。攻下元朝大都，向西进军，云中、太原和关陇可以顺势攻下。"

诸将听了朱元璋的分析之后，纷纷拍案叫绝，这确实是一条最稳妥的战略安排。朱元璋特意嘱咐徐达："兵法以妙算取胜，事先的调查和思考，胜过事后的仓促应对，所以你一定要谨慎从事。"

要想取得北伐战争的胜利，需要大量的骑兵。为此，朱元璋很早就进行了准备。在应天的时候，朱元璋多次派使者到四方购买战马。

为了解决骑兵的战马问题，朱元璋命长江沿岸的六府二州在民间养马。在北伐胜利之后，为了防止蒙古军反扑，也设立了太仆寺等机构，专门负责养马。另外，还向少数民族地区买马，来增强骑兵实力。

吴元年（1367年）十月二十一日，朱元璋命中书右丞相、信国公徐达为征虏大将军，中书平章掌军国重事、鄂国公常遇春为征虏副将军，带领大军二十五万，渡过淮河进行北伐。这只是从应天出发的军队数量，如果加上前线的配合部队，北伐大军总数不下四十万！而这时候的元朝方面，因为内争的消耗，各地精锐加起来也不过三十万，数量上已经处于了劣势，而且还分散守卫各地，不能集中，这就更注定了他们无法阻挡明朝北伐大军！

朱元璋深知这一战决定着自己建立新王朝的成败，所以，他对此十分重视。在大军出征前，有一次对重要将领之间的勉励谈话，朱元璋首先对徐达说："外面的事就拜托你了，你此行务必自山东依次进取，不要轻易攻击大都。山东是险要之地，对大军务必严明军纪，万众一心，审时度势，随机应变，战必胜，攻必取！如果我们势力大，敌军弱，则攻击他们；如果反之，则避开对方锋芒。大将，是三军的主心骨，必须要立威，只有立威，将士们才能用命。过去与我们争斗的那些豪杰，他们失败的最重要原因，就是威严不立而轻易误判了形势，你务必要在这方面加以用心！"接着，朱元璋又叮嘱大将傅友德："你此行一定努力，昔日汉高祖和项羽争霸，彭越从山东方面加以增援，立下了大功。我们此次出师也是从山东开始，你要倍加努力。"朱元璋以彭越来勉励傅友德建功立业，可见对其期许之重。不过，历史的诡异在于，日后傅友德的结局竟然也如同彭越，做了那被烹死的"功狗"！

一切准备就绪，朱元璋在强调了军纪之后，目送北伐大军浩浩荡荡开赴前线。为了在道义上号召北方百姓，突出北伐大军的正义性，朱元璋又命宋濂等人撰写了一份《谕中原檄》，此文是一篇明朝开

第七章 / 日月明新朝开基 /

国之前最重要的文告,在此,我们用白话全文翻译如下:

自古以来帝王统御天下,都是中国之君居内,来制衡夷狄;夷狄之人在外,来供奉中原。未曾听说以夷狄之人居中原而统治天下的。

自从宋朝国祚倾覆以来,元朝以北狄入主中原,四海内外,都对他们臣服,这岂是人力,实乃是天意所授。那时候,他们君主贤明,臣下优良,足可以维护天下纲纪,然而达人志士,仍觉得他们名分不正,就如同帽子和鞋子倒过来。自此之后,元朝的臣子不尊祖训,破坏纲常,例如大德年间废长立幼,泰定年间臣子弑君,天历以后弟弟毒杀兄长,还有弟弟收纳嫂子,儿子与父亲的妾室乱伦,上下相互影响,恬不知耻,父子、君臣、夫妇和长幼之间的伦理彻底乱了!人君,是百姓的宗主,朝廷是天下的根本,礼仪,是临御大防,他们的所作所为如此,岂能为天下后世为训!

到了后来他们子嗣荒淫,失去了君臣之道,宰相专权,御史台也卷入党争,官府荼毒百姓,于是人心离散,天下刀兵四起,于是我中国百姓,死者肝脑涂地,侥幸活下来的人也不能保全骨肉亲人,虽然这是人事所致,也是上天厌恶了他们的德行打算抛弃他们了。古话说"胡虏无百年之运",看来今日真的验证了,所言不假。

这时候,天道循环,中原气盛,亿万生灵之中,应当诞生圣人,来驱逐胡虏,恢复中华,立纲陈纪,救济斯民!到了现在,未闻有济世安民之人,导致大家战战兢兢,处于朝秦暮楚的境遇,实在可怜。

现在河洛和关陕地区,虽然有豪杰雄才,但是他们忘记了中国祖宗的姓氏,反而假借胡虏的名号作为美称,假借元朝封号来济私,仗着部下势众来要挟君主,飞扬跋扈,控制朝廷大权,这就是河洛那些人干的事情。或者靠兵力来守卫险要，以名爵相贿赂，等待时机来争夺，这就是关陕那些人做的事情。这两种人，一开始都假借消灭贼人为名，然后得到了兵权，等到妖人被消灭，他们志骄意满，没有再尊奉主公和庇护百姓的意思，然后相互攻击吞并，成为百姓的祸害，这些都不是华夏未来的主人！

我本来是淮右一带的平民百姓，因为天下大乱，被众人推举，带领大军渡江，占据了金陵形胜之地，得到了长江天堑的险要，现在已经十三年了。我的地盘西边抵达巴蜀，东边连接沧海，南边控制了闽越，湘湖、汉沔、两淮、徐邳都进入了我的版图，南方都为我占用，现在民心稍微得以安定，粮草稍微充足，兵力稍微精锐，我看到中原之百姓，那么久没有圣明的君主，深深为之内疚。我秉承天命，哪里敢于自我安乐，现在打算进兵，北面驱逐胡虏，拯救百姓于涂炭之中，恢复汉官的威仪！担心百姓们不知道，反而与我作战，或者携带家眷北走，反而陷入更深的苦难，所以事先告谕大家：大军到了，百姓们不要躲避，我军号令严明，对百姓秋毫无犯。归附我的在中华安居乐业，背离我的逃窜到塞外，本来我中原的百姓，上天命中原之人来安抚，夷狄怎么能统治？我恐怕中原久遭荼毒，百姓纷扰，所以带领群雄奋力平定天下，目标就是驱逐胡虏，去除暴乱，使得百姓安居乐业，一雪中原之耻。你们都要体会这个意思。像那些蒙古和色目人，虽然不是中原族类，但是也同生于天地之间，如果其中有能知道礼义愿意成为臣民的人，也与中原之人一样待遇。现在我发布告谕，通晓天下之人得知。

这篇文告用语极佳，文采斐然，又指明了朱元璋的政治目标：驱逐胡虏，恢复中华。朱元璋指出自己才是拯救天下的圣主，要求北方的百姓对于北伐大力配合。告谕发出，宣传目的达到，北伐成败还是要看大军战场上的表现。十月二十四日，徐达和常遇春大军抵达淮安，与九月初九先前受命驻扎在此的虎贲左卫副使张兴会师。到了第二天，徐达派遣使者到沂州劝降王宣和王信父子。王宣本是扬州兴化人，他曾经做过元朝的官，因为治河有功，被提升为招讨使，跟随元朝山东行省中书右丞相伊苏镇压过芝麻李的红巾军，攻取了徐州，然后升任为义兵都元帅。王宣的儿子王信，在察罕帖木儿消灭山东红巾军时也曾经出过不少力。这父子二人可谓是手上沾满了红巾军将士们的鲜血！元朝廷命王宣、王信父子二人镇守沂州。王宣父子看到应天朱元璋发展迅速，为了给自己留一条后路，他们多年前就派人通好朱元璋。在平定张士诚前半个月，朱元璋还写信给王宣父子，指责他们进犯海州。一个月后，王宣派使者向朱元璋谢罪。朱元璋也派遣侯正纪回报。通过这些来往，朱元璋对于王宣父子的反复无常也有了提防。王宣在接到徐达来信之后，立刻派人投降，他在回信中极尽吹捧朱元璋之能事，将朱元璋比作尧舜禹汤和周文王、周武王。朱元璋看到降表，就命给予王信荣禄大夫和江淮等处行中书省平章政事的职位，然后命王宣父子二人服从徐达的节制。朱元璋知道这父子二人未必是真心归顺，他特意派人密谕徐达："王信父子二人反复无常，不能轻易相信，你应该带兵到沂州，静观其变。"

果然不出朱元璋所料，十一月初八，明军方面徐唐臣等到达了沂州，宣谕王宣的兵马归于徐达调遣，王宣却拒不听从，他暗中命王信在莒州和密州等地招募兵马，又派遣员外郎王仲刚等到徐达军中犒劳，以便拖延时间。等到王仲刚走了，王宣就在当夜带兵攻打徐唐臣等人。徐唐臣乘着混乱逃跑到了徐达军中做了汇报，徐达立刻带兵到了沂州城，在北门驻扎。徐达依然对沂州抱有招降的期望，他派出梁镇抚劝降王宣。王宣命常郎中到沂州西门来会见梁镇抚。梁镇抚原本是张士诚义子，后来归降了朱元璋，他将自己的往事讲给了常郎中，进而希望他转达自己的意思："王平章不投降还等待什么？"王宣得到汇报后，将梁镇抚请到了城内，对他连连说投降。等梁镇抚回报徐达之后，王宣又闭门不理，继续抗拒。徐达见王宣这样狡诈，不禁大怒，他放弃了招抚政策，命大军攻打沂州，都督冯胜下令部下开坝放水淹城。到了第二天，徐达大军攻打沂州，王宣本来盼望儿子王信带救兵来，但是现在已经无法坚持，他只好开城门投降。徐达命王宣写一封书信，并派遣孙惟德带着信件招降王信。王信接到信件不想投降，还杀害了孙惟德，和兄长逃到了山西。徐达十分恼怒，他对王宣实在忍无可忍，就命人杖杀了王宣。王宣部将分守莒州、海州、日照、赣榆和沂水等州县，他们接到王宣死讯后，纷纷不战而降。徐达攻略山东的第一阶段胜利结束。

徐达自淮安进军下邳时，就派出了张德胜养子张兴祖带兵从西线进攻山东州县，配合东线的主力大军。朱元璋接到沂州的捷报，他不放心，派人告谕徐达："听说将军攻下了沂州，不知道现在怎么样了。如果攻打益都的话，应该派遣精锐将士在黄河沿线扼守要冲，断绝敌人的援兵，使得他们内外不能联合，然后我军专攻，就可以攻克。如还没有拿下益都，就攻击济宁和济南；如果这两座城池拿下，益都和山东势穷力竭，如同囊中之物，就可以不攻自破了。然而战场瞬息万变，这些都靠将军你把握啊！"

徐达命部将韩政带兵扼守住黄河的要冲之地，防止元军东进来增援益都，他又派人指示张兴祖从大运河北上来攻打东平和济宁。徐达自己率领主力攻打益都，临朐守将丁玉明投降，徐达命其到益都城内劝说元朝平章李老保投降，李加以拒绝。徐达督率大兵攻城，益都被拿下，李老保被捉，宣慰使普颜不花、总管胡濬、知院张俊等人战死。益都被拿下，附近的寿光、临淄、昌乐、高苑、潍州、胶州、博兴等州县也被一一攻克。

十二月初二，徐达派人招降乐安守将俞胜，几天之后，俞胜来投降。十二月初三，徐达带领大军到长山北河地区，般阳路总管李圭等人献城投降，其属下的淄川新城等县也随之归附。徐达大军攻打章丘，元朝守将王成投降。济南的元平章达朵儿只等人也献城投降了徐达大军。之后，蒲台荆玉、邹平董纲、登州董卓、莱州安然和莱阳、福山等地元军纷纷向徐达投降。另一方面，西线大军进展也十分顺利。张兴祖到了东平，元朝平章马德放弃城池逃跑，他追击到了东阿，参政陈璧献城投降，到了安山，杜天祐和蒋兴不战而降，曲阜和邹县、兖州等地相继归附，济宁城也被一举攻下。

　　第二阶段的战事也顺利结束了。十二月初六，出使山东返回应天的宋迪告诉了朱元璋一个消息：张兴祖攻下山东郡县，得到了降军万人，他建议从降军中挑选可用之人，带领着跟从北伐。

　　朱元璋认为这个主意可用，不过，他也十分谨慎，他命宋迪回到山东，告谕张兴祖："今后如果得到降将和官吏儒生，有才能可用的，就都送过来应天，不要自己留着用。"

　　徐达在济南俘虏了元平章达朵儿只，在押送到应天途中逃跑了。这也正验证了朱元璋的担心，他担心降将未必真心为自己所用。到了十二月初十，朱元璋派人告谕徐达和常遇春："听说大军攻下山东，所过郡县，元朝官员来投降的众多。一定要防备这些人，他们在我军之中杂处，如果白天遇敌，晚上遇到盗贼，将发生不测，这不利于我军。这些人一开始是屈服我们的势力，但未必得到他们的心，不如将他们送到我这里来，将他们分散在我们的官署之间，让他们日益亲近，然后用他们，就可以没有后患了。"

　　洪武元年（1368年）二月，明军在山东迎来了一场硬仗。元朝平章申荣决定坚守位于山东西北部的东昌城，常遇春攻打东昌，一连好多天都没有拿下。明军四面登梯攀登猛攻，才拿下了东昌。到了三月中旬，山东已经基本平定。徐达向朱元璋汇报了北伐山东的战绩：所攻下的山东州县，获得降军三万两千多人，战马一万六千四，粮食五十九万七千余石。

面对朱元璋的大举北伐和随后其在南京称帝建立大明王朝，元帝国也十分震恐。元顺帝命令脱列伯和孔兴从潼关出击，共同勤王，但是两人却没有行动。这时候，太常礼仪院使陈祖仁上疏皇太子爱猷识里达剌，指出元帝国想要抗衡北伐军，就必须借助王保保的兵力来勤王。但是爱猷识里达剌对此置之不理，他命令王保保倒戈的部下貊高和关保继续进攻晋宁，并下达指令，如果王保保敢于顽抗，就将他擒拿。随后，元政府削夺了王保保的爵位，命令关中的李思齐等出兵增援。

此次，大明北伐军进入了河南，李思齐虽然有心参与消灭王保保的战役，但是仍然不得不先退保潼关。

面对着徐达北伐大军的顺利进展，元顺帝对王保保的态度有所逆转，他将罪过推给了背叛王保保的部将身上，然后任命王保保为太傅和中书左丞相，带领军队，抵达彰德抵抗北伐军。

朱元璋对于王保保这位老对手也有一番精准的评价，那就是此人始终将自己放在军阀的位置上，在许多问题上不能站在全局来思考。面对步步紧逼的明朝北伐大军，王保保虽然名义上出兵勤王，但是走的路线却是从晋宁向大同。王保保虽然最终没有直接援助大都，但是客观上也给了元顺帝后来逃亡大都的机会。

回头说朱元璋，对于北伐大军第一阶段的战果还是十分满意的，他命徐达带领主力在济宁草桥准备对河南的元军发动大规模的攻势。为了加强北伐大军的实力，朱元璋命康茂才带兵北上济南，又派出邓愈带领着襄阳、安陆和景陵等地大军攻占南阳以北的河南南部州县，以此来牵制和分散元军主力，减轻徐达进军的压力。

我们知道徐达的北伐大军对决的是元帝国的正规军，为何进军如此顺利，蒙古军队的彪悍战斗力何在了呢？

兴起于13世纪的蒙古军队，可谓是当时世界上最强大的军队，这支军队拥有那个时代最出色的指挥将领以及最训练有素的士兵和最先进的武器。

这样一支军队,怎么到了朱元璋北伐的时候完全变成了鱼腩,变得不堪一击了呢?

蒙古政权的军队分为中央宿卫军队和地方镇戍军队两大部分。中央的宿卫军队包括怯薛和侍卫亲军。怯薛组织起源于成吉思汗深为信赖的护卫军,到了元朝中后期,已经包含了大量蒙古、色目贵族子孙和汉人、南人的官宦子弟,总数过万人,他们承担保卫皇室的职责。这支军队平时极少出征作战,是名副其实的摆设,其战斗力与元初相比,有着天壤之别。而侍卫亲军是忽必烈时期设置的,兵力最多时到了二十万人以上。元顺帝时期成为正规军主力,这支部队可以分为汉人卫军、色目卫军和蒙古卫军、东宫后宫卫军四类。这是元朝廷的常备军,他们负责保卫大都城的安全,另外还要随时准备对外作战。为了减轻元朝廷的财政负担,他们要负责屯田自备军饷和服各种徭役,对于战斗力产生了不少负面影响。元帝国在各地布置了大量军队,统称为地方镇戍部队,这些部队又包括蒙古军、探马赤军、陈友谅军和新附军。蒙古军是元帝国的嫡系军队,他们的待遇高人一等,主要任务是保护蒙古本土以及东北、西北等边疆地区的安全。元朝对蒙古草原这个祖宗龙兴之地采取了特殊政策,就是为了促进这个地区经济发展不惜通过剥削其他地方,从各省迁徙大量人口来发展生产,并且运来大量的物质财富来满足蒙古官吏和军队的需要。所以民间有"贫极江南,富夸塞北"的说法。

元帝国时代的漠北依然保持着成吉思汗时代的风貌,当地的蒙古军队也基本维系着平时散归牧养、战时传檄集合的特点。漠北蒙古驻军就是到了元朝末期也一直保持着彪悍的战斗力,这一点在日后明帝国与北元帝国之间的军事决战中体现得尤其明显。与蒙古军比,陈友谅军主要是由中国北部、四川部分地区以及云南等地各族人组成，新附军是南宋的投降军队组成。陈友谅军和新附军的政治地位和各种待遇是最差的，他们的军饷不能按时发放，而且士兵普遍贫乏不堪，加上不打仗的时候要做一些劳役，因此军心士气都十分低落。

元朝军队内部采取了世袭制度，当官的世世代代都是军官，而士兵也永远是士兵。这样就缺乏优胜劣汰的竞争机制和上升渠道，导致军队内部火力不足。这也是元军战斗力下降的重要原因之一。

自从元朝灭亡南宋以来，尽管地方上也有各族人民的反抗战争，但是总体规模比较小，因此驻扎在长城以内的大部分元军都过着和平生活。昔日里那些名震天下的名将子孙们整日里沉湎于声色犬马之中，失去了训练和战斗力。蒙古人和色目军人主要将领都是承袭了父祖的职位，一些昔日的王牌部队现在都是膏粱子弟掌握，他们手无挽弓之力，不能骑射，失去了往日雄风。而军中的南人和汉人深受蒙古贵族的猜忌和打压。蒙古统治者尽量不让南人和汉人拥有武器，就是对于陈友谅军和新附军也是严加防范，只有在出征的时候才给发兵器，如果不出战就收回统一保管。这对于汉族军队的训练造成了很多不便，在各地驻守的大量士兵们只知道服劳役，不懂得作战，后来干脆废武事。

就这样，元朝开国不足百年，军队已经彻底腐化，中上层将领们无所作为，他们对于军队中的种种腐败问题视而不见，习以为常。而中下级官兵们也是上行下效，龙蛇混杂，成了一群无能之兵，他们不但战斗力低得惊人，军纪还极差。有些地方的镇戍士兵假借执行公务的名义，大白天手持兵器来抢劫路人财物。

事实证明，元帝国不管是中央军还是地方军，除了镇守蒙古本部的之外，都逐渐失去了战斗力，无法应付席卷全国的农民起义，而蒙古帝国的藩属国们也被内忧外患所困扰，根本无力来援救元帝国了。

我们再说朱元璋是如何对北伐大军的。朱元璋为了给北伐的明军壮军威，特意下诏赶制了棉布战衣三万套，分为红、紫、青、黄四色。三万有些太少，朱元璋又命江西等处行省赶制了战衣一万套，表里颜色不同，使得将士们可以更换而服，称为鸳鸯战袄。这些统一的标配战衣在战场上威风凛凛，十分符合一支"王者之师"的风范。徐达带领主力军挺进河南的时候，邓愈攻取了唐州，元朝守将刘平章弃城而逃，不久，邓愈又攻克了南阳。当徐达大军到了陈桥时，左君弼带人来投降。原来，元朝汴梁的守将李克彝听说了徐达大军来攻，就招呼左君弼来商议对策："你曾经和明军交手，对他们比较熟悉，现在我给你一部分兵力，你和明军正面作战，而我带领一部分兵马从敌人后方攻击来策应，你看怎么样？"左君弼虽然十分顽固，但是他也非常感念朱元璋归还了他的母亲，早就有了投降大明的心思，他故意吓唬李克彝："明朝的军队不可抵挡啊！我见过他们的阵势，根本不敢抵抗，所以才逃跑到你这里。况且徐达善于用兵，所战皆胜，我哪里敢受命出战？"李克彝心理素质不强，被这么一说，竟然连夜驱赶着城中军民逃走了。由此，左君弼等人来投降明军。四月，徐达等进攻洛阳，当明军自虎牢关进军到洛阳塔儿湾的时候，终于遇到了一次硬仗。元朝将领詹同、脱因帖木儿带领元军五万人，在洛水北面十五里处列阵迎战。明军列阵完毕后，常遇春忘记了之前朱元璋对他的嘱托——不能单兵作战，他单枪匹马冲向元军阵中，元军阵营杀出来二十多名骑兵挥舞着长槊来刺常遇春，但常遇春毫不畏惧，他首先射出一箭，一名元军前锋应声落马而亡。元军的气势顿时就被打压下来。然后常遇春大喊着杀入了敌阵，徐达带领着众将乘胜杀了过去，双方混战之际，突然刮起了南风，元军阵脚大乱。明军追击了五十里，缴获敌军无数辎重兵器。脱因帖木儿只好收拢残兵败将到了陕州。而河南行省平章、梁王阿鲁温见大势已去，就献出洛阳投降了明军。之后，常遇春杀到了嵩州，李知院投降；冯胜和康茂才攻打陕州，脱因帖木儿被明军打怕了，弃城而逃。傅友德攻占了福昌山寨，元朝右丞潘莽儿投降，不久，常遇春又攻下了汝州。在冯胜不断胜利西进的时候，朱元璋发布了一道诏谕："如果你攻下了潼关，不要再向西进军了，现在我大军全力向北，应该选派将领留下兵力守卫潼关，以阻击他们的援兵。你带领部下回到汴梁，朕将亲自到那里与你们商议军事。"

朱元璋对于北伐的战事放心不下，决定亲自驾临汴梁来商议下一步进军方案。冯胜这时候已经杀到潼关，李思齐和张思道带兵打算抵抗，但是二人之间相互猜忌，结果军心不稳，导致败给明军，丢了潼关。冯胜带兵入关，接着派兵杀到了华州，元朝守将投降。就这样，朱元璋事先的战略构想得以实现，也就是先攻取山东，然后攻打河南，再夺取潼关，最后直捣元朝大都。五月，徐达自洛阳进兵到陕州，冯胜向他请求援兵来防守潼关，徐达命留下军队驻守。之后，徐达派人给王保保送去了劝降信。王保保也派出了使者从太原送来了三匹马和一些白金作为礼物示好徐达，徐达收下了马匹，将白金退回。五月下旬，朱元璋到达汴梁，他宣布改此地名称为开封府。朱元璋在此召见了常遇春、冯胜等将领，他慰劳这些立下战功的大将们："将军们率兵北征，不过一年就平定齐鲁，攻下河洛，真是十分辛劳。"常遇春回道："这都是陛下的威德所致，臣等只是按照您的计划按部就班而已，能为陛下效力，也是臣等的荣幸。"六月，徐达也来到了汴梁，朱元璋对他慰劳一番，然后说："朕观察天道人事，大都城可以不战而下，大丈夫建功立业，各有时机，将军一定努力，不要失去机会。"接下来，朱元璋直接问徐达攻取大都的打算。徐达回复："臣自从平定齐鲁，攻下河洛，王保保在太原逡巡，只是观望而已，现在潼关被我军占有，张思道和李思齐逃亡西边，元朝的援军已经被阻断。臣等打算乘机直捣他们的孤城，必然攻克。"

朱元璋指着军事作战地图对徐达说："你所言很对。不过，地面土地平旷，利于骑兵作战，我们不能没有准备，最好挑选一个副将作为前锋，你自己带领大军水陆并进作为后援。从山东缴获的粮食可以直接送到北面前线，一旦我们攻打大都，他们的外援来不及救应，内部发生崩溃，这样就能不战而下了。"徐达又问了一个十分重要的问题，如果攻击大都，元朝皇帝可能北逃，是否应该派兵追击。

对于元顺帝的处置，朱元璋是这样告诉徐达的："元朝起自朔方，元世祖时开始占有中原，他们乘着运气取得，此后兴盛，现在他们的气运已经远去，所以衰败，他们的成败都是上天决定的。如果放他们北归，天命厌绝，他们自然会灭亡，不用穷兵追击。等他们退走之后，我军固守边疆，可以防止他们侵扰。"

徐达心里有了底，然后他告辞朱元璋，来到洛阳召集常遇春等将领来议事。到了七月，河南地区基本平定，朱元璋亲自画了一幅进军大都的阵图，命人交给了徐达，然后命各处运粮船开赴济宁为前线战士们提供粮草供给。徐达命都督同知康茂才带兵自陕州北渡黄河，然后攻打安邑等州县，来配合东线明军攻打大都的行动。朱元璋做好了布置之后，就打算回应天了，他在临行之际，对来送行的徐达等将领再次嘱咐，要他们维持军纪，善待百姓，同时也要善待元朝宗室。

七月二十九日，徐达命令张兴祖、韩政、孙兴祖等将领带领着益都、徐州、济宁等各处军队，在东昌会师，然后北进河北，他还让薛显和傅友德带领先锋部队从安丘进军到卫辉，迫使元军退到彰德。徐达在闰七月初二离开汴梁，渡过黄河，在淇门镇会合傅友德等将领，随即连续攻下彰德、磁州、广平和赵州等地，俘虏并受降了一大批元朝文武官员，在临清会集了各路明军，然后集结船只，准备北上进军。

傅友德带领骑兵擒获了元将李宝臣和都事张处仁，让他们作为向导，从荆棘之中开辟了一条道路来使得大军前行。明军的水师因为天将大雨，得以借助上涨的水位顺利扬帆北上。徐达带领水陆大军自临清向着德州进军，元将也速带兵南下拦截明军，结果被明军迎头痛击，惨败而逃。明军浩浩荡荡向着大都城开拔。前锋部队于二十五日杀到河西务，击退了一股元朝军队，俘虏了将校三百多人和大量战马、船只和粮草。

明军到达大都城的门户通州，在城外夹河扎营。诸将打算迅速攻城，郭英向徐达建议："我军远道而来，与以逸待劳的元军作战，攻坚不是上策，可以出其不意以计策智取。"徐达十分赞同，就授予了郭英见机行事的权力。郭英利用次日大雾弥漫的机会，安排了千余人在两旁道路埋伏，自己则带领三千骑兵来城下挑战。守城的元军禁不住他的叫骂，出城迎战，郭英假装不敌而逃。元军紧追不舍，结果进入了郭英事先安排的埋伏圈，明军伏兵一起杀出，然后将敌军截为两段，各个击破。这一战，明军用步兵和骑兵协同作战，取得了很大的战果，斩首元军数千，俘虏了元朝国公知院卜颜帖木儿和也先迭儿等人，还乘胜攻克了通州。七月二十八日，明军攻下通州的消息传到了大都城内，元顺帝在清宁殿召集群臣商议对策，他打算要到上都巡幸，实则要逃跑。群臣为了自保，大都一言不发。只有左丞相失列门和知枢密院事哈剌章、宦官赵伯颜不花等人主张不能逃走。哈剌章从军事角度分析，他担心明军兵临城下之际，如果元顺帝逃亡，就会面临危险，他认为城中君臣应该死守待援，否则当年金宣宗南逃的悲剧就会再一次上演。

赵伯颜不花哭着说："天下是世祖皇帝的天下，陛下应该死守，为何要放弃？臣等愿意率领军民和怯薛部队出城迎战，愿陛下固守京城。"但是，元顺帝知道怯薛低下的战斗力，他觉得困守孤城才是死路一条，当即反驳："也速已经失败，王保保远在太原，哪里有什么援兵！"他固执己见，坚持要逃亡上都。就在当夜，元顺帝放弃了大都城，仓皇北逃。至此，大都这个元帝国的中枢系统已经面临崩溃，留守大都的还有一批元朝文武官员，他们是监国淮王帖木儿不花、义王中书省右丞相和尚、太尉中书省左丞相庆童、平章迭儿必失、朴赛因不花、右丞张康伯、御史中丞满川和参知政事张守礼。

负责监国的淮王帖木儿不花已经八十三岁了，面对紧急局势他也想不出任何有建设性的主意了。而中书省左丞相庆童得知自己需要留在大都协助淮王防守，叹息道："我已经知道了将要死在这里，再说也没有用了。"

八月初二，徐达将部下分为左、中、右三路前进，在途中遇到了少数敢于拦路的元军，明军勇将尹坚第一个冲了上去，他没有费多少功夫，就捉拿了两个佩戴着金虎符的元将。尹坚十分彪悍，他用嘴叼着刀，用两只手抓住两名俘虏，然后策马而回。这支元军见主将被擒，只好一哄而散。

大都城本有十一座城门，现在精锐部队都跟随元顺帝逃走了，只留下了老弱残兵。守卫顺承门的只有几百个战斗力极差的士兵，以致守将朴赛因不花叹息道："国事到了这个地步，看来我唯一能做的就是和城门共存亡了。"明军集中兵力攻击大都齐化门，在城外填平了壕沟后迅速登上了城墙。明军杀入城中，城内一片混乱。元朝太常礼仪院使陈祖仁在逃往健德门时，被乱军所杀。徐达在攻打大都的同时，听说元顺帝逃跑的消息，他命令薛显、傅友德和曹良臣、顾时等将领带兵出城杀到古北口，在那里搜索和追击撤离大都的元军，以求扩大战果。但是，元顺帝是沿着居庸关方向撤走的，而明军向着古北口方向出关，这两条相反的路线使得明军没有追击成功。

一些负责为元顺帝殿后的蒙古嫡系军队拼死抵抗明军，成吉思汗兄弟合撒儿的后裔图穆勒呼巴图尔，带着自己的儿子哈奇库鲁克与明军追兵激战，结果全部战死。

徐达的大军进入了大都城，他在齐化门下令处死了几个不肯投降了元朝俘虏，包括淮王帖木儿不花、太尉庆童、平章迭儿必失和卜赛因不花、张康伯和满川等人，留守大都的官员只有和尚和张守礼等人侥幸脱逃。除此之外，死于齐化门的还有赵国公丁好礼，他被明军俘虏后，拒绝参拜对方将领，还厉声斥责："我以小吏而步步高升，官居极品，爵位上公，现在老了，无法报国，所欠的只有一死而已。"明军将他关押，过了几天，明将要召见他，他不肯前往，结果被押送到齐化门处死。其他为元朝殉国的官员还有郭庸、黄殷仕、丁敬可、拜住、赵宏毅、郭允中等。明朝方面，将大都改名为北平，然后命都督副使孙兴祖留守。

昔日，蒙古军队铁蹄遍及欧亚大陆，消灭了无数国家，震撼了世界。蒙古人的武功，曾经登峰造极，不过，随着大都的丢失，元朝最终覆灭。

元朝虽然覆灭，但是元顺帝逃亡到了上都，还保持着政权建制和强大的军队，这才使得日后明朝与蒙古之间的战斗异常激烈而持久。

三、大明朝开基应天

在北伐和南征大军节节胜利之际，李善长带领着文武百官又开始劝说朱元璋称帝，朱元璋推说才德不足，李善长再次劝进，又被拒绝。第二天，李善长等人再请，朱元璋以中原未定，军旅未息，等天下大定之后再行商议为辞再一次拒绝。就这样经过了三请三让，朱元璋终于同意了李善长等人的请求。

其实，朱元璋内心早就想黄袍加身了。至正十三年（1353年）

在南下攻打定远途中，冯国用提出的先攻克金陵，然后四处征伐的那一番话，就让他十分心动。不久之后，李善长又提出朱元璋家乡距离沛县不远，那里山川王气，是刘邦故乡，建议他仿效刘邦所为。这些话对朱元璋内心的触动也十分大，他此后事事以刘邦相自拟，在心里定下了做一代帝王的决心和目标。至正十五年（1355年），太平儒生陶安夸赞朱元璋具有"龙姿凤质"，建议他攻打金陵成就帝业，这番话恰好说到了他的心坎上。朱元璋一向以自己本是淮右布衣自居自诩，就如同汉高祖刘邦能以一介泗水亭长一跃成为一代开国帝王一样，毫无出身低下之抱怨。朱元璋以刘邦为第一榜样，也以开创新王朝的汉光武帝、唐太宗、宋太祖和元世祖为榜样，学习他们的帝业之道。

朱元璋潜在的帝王思想在其当上吴王的第二天就显露了端倪，他对徐达等人说："卿等为了天下生灵考虑，一起来推举我。然而建国之初，应该先正纲纪。元朝昏乱，纪纲不立，皇帝荒政，臣下专权，威福下移，由此法度不能行使，人心涣散，遂导致天下骚动。礼法，是国家的纪纲所在，礼法确立了，则人心安定。立国之初，这是最先需要完成的。"朱元璋俨然以新朝之君自居了。在此后讨伐张士诚和北伐元朝的两篇檄文中，朱元璋都清楚明白地表达出自己要做一位救世安民圣主！如今的三请三让不过是一次政治作秀，聊表谦逊态度而已。

建立一个崭新的王朝，需要与之配套的礼仪、立法和历法制度，这些制度往往需要参照前代而制定。由于朱元璋取代的是元朝，元朝旧有的礼仪风俗显然已经不适合新王朝，必须要做出大的修改，为了恢复中华正统，必须以唐宋制度为参考。

这些制度年代久远，如果模仿参照需要做大量的工作。另外，登基的礼仪和准备也十分重要。李善长带领着一批礼仪官拟定了即位礼仪。十二月十九日即位典礼程序确定，规定即位当日，先告祀天地神灵。礼成之后，在南郊即位，丞相带领百官以下和应天百姓拜贺，山呼万岁。然后，新皇到太庙，奉上册宝对四代考妣进行追尊，礼毕，新皇穿上衮服升奉天殿，接受百官上表称贺。

到了十二月二十二日，朱元璋来到新建的吴王新宫，将他准备登基称帝的事情祭告了上帝皇祇："我中国人民的君主，自从宋朝灭亡后就告终了，上天命真人在沙漠中崛起入主中国为天下之主，他们子子孙孙相传，到现在已经一百多年了。现在他们的国运也告终了，豪杰纷争，争夺天下土地和人民。上天赐给了我英贤之才，作为我的辅佐，所以逐渐平定了群雄，使得百姓安居乐业。现在我占据土地两万里之广，臣下们都说：'现在百姓无主，必须推导帝号。'臣不敢推辞，也不敢不告上帝皇祇，于是明年正月初四，在钟山之阳，设坛备下礼仪，昭告上帝皇祇。如果臣可以作为生民之主，告祭这一天，上帝皇祇来临，天气晴朗；如果臣不可以作万民之主，到了这一天，应该烈风异景，使得臣知道。"

朱元璋这可是一场豪赌，虽然刘基等人已经提前预测了正月初四那天天气晴朗，但是毕竟这是昭告了上苍，如此神圣之事，假设有其他变化，朱元璋面对天下将难以自处！

到了吴元年（1367年）十二月，南北两大战场上的大局已定。应天城内一切登基准备工作都已经就绪。新的皇历已经颁布，新律法《律令》及《律令直解》也已经颁布执行，皇帝即位朝服和后妃官员的朝贺礼服也已经准备完成。应天城之后也被改名为南京，作为新兴王朝的首都。

自从十二月以来，南京城内到处张灯结彩，准备迎接大家盼望已久、普天同庆的大日子。但是，令人们心中不安的是，自从腊月二十日开始，漫天大雪降临了应天城。一些大臣说这是天降祥瑞，但是朱元璋内心却有些忐忑不安，他盼望着天气晴朗。到了大年初一，大雪停了，但是天气依然阴沉，朱元璋下令免百官朝贺。到了

第七章 ／ 日月明新朝开基 ／

初三，天气还没有见好转的迹象，朱元璋打算去南郊告祀，在临行之际，他特意告诫百官说，人面对上天的时候一定要真诚谨慎，只有靠着真诚和尊敬才能感动上苍。今天进行祭祀，百官和执事之人，务必要谨慎。到了正月初四这天早晨，阴云已经荡然无存，天宇澄清怡人，一轮红日喷薄而出，暖洋洋的朝阳让整个应天城都沐浴在一片喜庆气氛之中。天清气爽，苍天赐福，人人都喜笑颜开，争相向着南郊社稷坛广场涌了过去，他们要亲眼见证这百年一遇的新朝开基的盛况。

在一片鼓乐声中，头戴二龙戏珠冲天冠、身穿衮龙赫黄袍、腰间系着珠玉带、脚蹬着无忧履的朱元璋意气风发地登上了南郊的祭坛，毕恭毕敬地向上天三拜叩，然后由读祝官高声朗读祭天之文，文告中先讲述了朱元璋十几年内取得的巨大功业，然后昭告上苍新王朝的国号是"大明"，年号"洪武"，接着朱元璋在南郊即皇帝位，由丞相李善长带领着百官和应天城的耆老们北向行礼，三呼万岁。

礼成之后，在皇帝卤簿仪仗隆重的仪式导引之下，朱元璋带领世子朱标和诸位皇子奉神主来到了太庙，然后追尊自己的四代祖父母和父母为皇帝皇后，祈祷祖宗神灵来保佑大明基业繁荣昌盛，永传万代。然后朱元璋带领众人回到了奉天殿，中书省左丞相、宣国公李善长带领着文武百官上表朝贺，两厢文武官员觐见朝拜，高呼万岁。

坐在皇位上的朱元璋踌躇满志、心潮澎湃，他从一介贫民登上了开国皇帝的宝座，期间历经千辛万苦，才建立了这大明王朝。创业的艰难，朱元璋心中一刻也不曾忘怀！

在即位的第二天，也就是正月初五，朱元璋对身边的侍臣说："你们知道创业之初是何等艰难，而还不知道守成也会无比困难。"朱元璋就是这样一个凡事冷静的睿智之人。

到了正月初六，朱元璋在奉天殿内外大宴群臣，宴席结束，朱元璋专门对臣下们讲了保持忧患意识的重要性："管理天下的人，应该以天下为忧；管理一国的人，应该以一国为忧；管理一家的人，应该以一家为忧。朕和诸位卿家身上担着国家之重任，不可以有片刻忘却警惕和畏惧。"几天之后，朱元璋召见了中书省和大都督府的文武官员，对他们说："你们诸位大臣受封晋爵，职位显赫。朕常常想到古代君臣居安思危，警戒盈满骄纵，所以才能长久保持富贵。古人在自己的座位右边放置一个极其容易倾覆的欹器，就是用来提醒自己不可以骄盈，你们一定要慎之又慎。"朱元璋经常对侍臣们说："朕念及创业的艰难，白天没有空吃饭，晚上也不能安睡。"侍臣们劝说皇上保重龙体，朱元璋说："你们不知道创业之初很艰难，但是守成也很艰难，朕哪里敢怀有宴安之心而忘记创业艰难？"

对于朱元璋开创大明王朝的伟业，历史学家谈迁曾经这样评价：汉高祖手提三尺剑创立汉朝，不过用了五年；而唐高祖起义才用了一年，就建立了唐朝。为何创业看起来似乎很容易？因为汉朝的劲敌只有项羽，其他都不足提；而隋朝末年群雄较弱不堪一击。明太祖高皇帝以一介布衣起义，没有任何经验可以凭借，经营天下，陈友谅就如同项羽那样的劲敌，而张士诚如同窦建德那样难以对付，方国珍和陈友定就如同萧铣和刘黑闼。这相当于综合了汉唐创业过程中的劲敌，经过十七年的艰苦奋战，才有了帝业；而大都城被攻下，元顺帝北逃，势力犹在，创业的艰难，超过了前代百倍，所以明太祖才不敢懈怠，慎重守护这来之不易的大业。

大明王朝终于诞生了，正式登上了历史舞台。这个大明的国号又是如何得来的？在以前朝代的国号中，有些是以开国之君姓氏和家族称呼，比如说陈霸先建立的陈朝；还有的是以地望和徽号称呼国号，比如刘邦最初受封汉王，李渊受封唐国公；也有的国号表达了开国皇帝的理想，如元朝，国号取自《周易》中的"大哉乾元"一句。元朝的国号具有开创性，不再是一种具体的东西，而是采用

第七章 / 日月明新朝开基 /

了抽象意义的表达，这种命名国号的方式影响到了此后的明清两朝。

大明王朝的"明"就是"明王出世"的明，朱元璋依靠红巾军起义，他的部下也基本来自社会下层，所以"明王出世"对于当时的百姓和普通将士来说，具有极大的感召力，他要顾及下层百姓的情绪，将白莲教教义中所宣扬的光明前景带给大家。在朱元璋看来，自己就是明王出世，拯救万民是正统，如果其他人再宣传自己是明王，则是造反叛逆，需要人人得而诛之。另外，儒家经典《尚书》中有"天地之大，日月之明"的意思，就是长治久安，传江山万世之寓意。中国自古以来就有日月崇拜，日月是上天的代表，而皇帝是天子，这样一来，皇帝和明的关系也十分明了了。按照阴阳五行学说，南方为火，北方为水，每个王朝占据五行之中的一个德运，比如秦朝是水德，汉朝是火德，而元朝起自北方大漠，是为水德，明朝起自南方，是为火德。眼下北伐大军进展顺利，攻克元大都指日可待，这正好是以火制水，以明克暗，所以以"大明"为国号，也代表了帝业必然成功，使得儒生和读书人比较满意，可以得到他们的大力拥护。

那么朱元璋为何能以布衣之身开创大明王朝呢？这是一段不可复制的历史奇迹，我觉得主要有以下几点原因：

其一，自从隋唐以后，江南的财富就冠于全国。战争依靠的是财富供给，元朝末年，天下纷争，群雄逐鹿，能者得之，战略地理形势的优势，已经降为其次。自从南宋在江南建都以来，中原的人才大量迁徙南方，江南人才之盛，已经超越了中原的元帝国。朱元璋取得胜利，很重要的一点就是拥有了江南地区物质财富和人才优势。

其二，自从南宋抗击金朝入侵以来，民族意识在南方盛行。元王朝入主中原，对各族人民进行了歧视和压迫，这种潜伏的民族反抗意识，被朱元璋所利用。朱元璋的北伐提出了"驱逐胡虏，恢复中华"

的鲜明口号,就是号召北方地区汉族和其他各族人民脱离元朝统治,这些口号和策略孤立了元朝统治者。

其三,元朝在大都定都,这与宋王朝之前各代一般定都于长安或者洛阳不同。就守势而言,大都不像应天有江淮之险要,而且东南海运是支撑元大都的主动脉。明朝北伐断绝了元朝本部海运和漕运,起到了切断其经济命脉的作用。

其四,朱元璋本人是当时英雄豪杰中首屈一指的杰出战略家。在消灭群雄和元朝的整个战争过程中,朱元璋能高屋建瓴,观察天运人心,深入分析形势,然后掌握各个敌人不同的情况和特点,利用他们的相互矛盾,注意争取暂时的同盟者或者使之保持中立,然后确定主要的打击对象。在某一时间和阶段内,集中力量打击和消灭一个敌人,避免因为四处树敌而陷入被动局面。如攻打陈友谅时,则拉拢东南的方国珍,然后麻痹北方的察罕帖木儿,稳定和牵制东边的张士诚。在消灭张士诚时,则使西方的明玉珍保持中立,然后联合东南方国珍;北伐大军灭元时,提出了扫清外围,断其羽翼,孤立元大都的方案,在战术上实行了各个击破,稳扎稳打,不求速成和军事冒险,从而在战略上深谋远虑,处于主动地位。

其五,朱元璋能重视根据地建设和巩固,一直奉行不务虚名和谋取实效的政策,从而逐渐扩大优势。在渡江之前,朱元璋以应天为中心创立基地,在占领区内建立政权,废除了元朝的一些苛政,发展农业生产,组织军民屯田,从而减轻百姓负担和安定社会秩序。在有了稳固后方和一定物质基础后,逐步向外发展。在北上灭元时,朱元璋虽然统一了南方,兵力对比占据了优势,但是依然采取了稳步前进的方略,使得逐步扩大的占领区和后方连接成一片,从而将补给线控制在自己的势力范围内,可以取得可靠的粮饷供应。因而,每次作战都有足够的把握取胜,并不断巩固和发展已经取得的胜利。

其六,朱元璋善用使用和招揽人才。在当时的群雄乃至元帝国内,朱元璋是拥有人才最多的。文有李善长、刘基、宋濂等，武有徐达、常遇春、冯胜、廖永忠、傅友德、邓愈、李文忠等，这些都是当时天下顶级的人才。朱元璋阵营内可谓群星荟萃。有如此强大的阵容，怎么可能不胜？

最后，朱元璋重视军纪，能得到百姓拥护。这也是他区别于当时的群雄和元帝国重要的一点。

总的来说，朱元璋在制定战略战术、指挥战斗、维持军纪、争取民心和瓦解敌军、利用人才方面都有许多卓越远见和才能，这才使得他战胜了群雄，最终实现了由南向北统一天下的奇迹。

大明王朝建立之后，徐达等北伐大军攻克了元朝大都，元王朝统治中原的历史结束，这也标志着大明王朝最终取代元王朝登上了历史舞台。

大明王朝历时二百七十六年，是国祚长久的大一统王朝。它在政治、经济、文化、军事、外交等方面多有建树，对于中华文化的传承与发展做出了卓越贡献，在历史上留下了浓墨重彩的一页。而朱元璋开创大明王朝的故事也以其创业艰难、富有传奇色彩而广为流传，是一段不可复制的历史奇迹！

后 记

笔者所生活、工作的南京城是一座历史底蕴悠久的城市。每当笔者漫步于南京城中那些古迹之中时，心中便会浮想联翩，仿佛穿越到了那一段段可悲可泣，或辉煌，或耻辱的历史之中。

南京的明文化痕迹比较明显，毕竟自从1368年明太祖定都南京以来，这里曾经作为中国历史上大一统王朝的首都将近六十年。明孝陵、明朝开国功臣墓群、阳山碑材、郑和宝船公园、秦淮河畔、夫子庙、大报恩寺、牛首山、明城墙、明故宫……这座城市见证了大明王朝的诞生与辉煌，那么这样一个伟大王朝是如何诞生的呢？也许很多人并不是完全了解，或只局限于民间传说中的朱元璋和被神话了的刘伯温等人的故事之中，就是身处南京的人们，很多也对这段历史不甚了解。所以笔者觉得有必要对大明王朝开国风云进行一番书写，使得人们对这段近乎传奇的历史有一个大致了解。

由于笔者水平所限，书中如有谬误，也请广大读者不吝赐教。

本书能够出版，由衷感谢国研智库书院。

参考文献

[1] 姚广孝. 明太祖实录. 台北"中研院"史语所校印本，1962

[2][美]牟复礼，[美]崔瑞德. 剑桥中国明代史（1368—1644年）（上卷）. 北京：中国社会科学出版社，1992

[3] 焦竑. 国朝献徵录. 扬州：广陵书社，2013

[4] 过庭训. 明朝分省人物考. 扬州：广陵书社，2015

[5] 孙文良. 明帝列传·洪武帝. 长春：吉林文史出版社，1996

[6] 南炳文，汤纲. 明史. 上海：上海人民出版社，2014

[7] 周龙. 朱元璋大传. 北京：现代出版社，2016

[8] 朱元璋. 明太祖集. 合肥：黄山书社，2014

[9] 黄冕堂，刘锋. 朱元璋评传. 南京：南京大学出版社，2011

[10] 陈梧桐. 洪武大帝朱元璋传. 贵阳：贵州人民出版社，2005

[11] 毛佩琦. 朱元璋二十讲. 沈阳：万卷出版公司，2008

[12] 俞本撰，李新峰笺证. 纪事录笺证. 北京：中华书局，2015

[13] 佚名撰，王崇武校注. 明本纪校注. 北京：中华书局，2017

[14] 陈梧桐. 朱元璋大传. 北京：中华书局，2019

[15] 张德信，毛佩琦. 御制洪武全书. 合肥：黄山书社，1995

[16] 陈梧桐. 朱元璋传. 郑州：河南文艺出版社，2017

[17] 商传. 明太祖朱元璋. 杭州：浙江文艺出版社，2013

[18] 张海英，许瑾，阎鸣. 大明贤后：细说马皇后. 上海：上海

人民出版社，2007

[19] 修晓波，田澍.明太祖朱元璋.北京：学苑出版社，1997

[20] 吕景琳，赵朝.乱世英豪：明太祖朱元璋.哈尔滨：哈尔滨出版社，2014年。

[21] 杨讷.元代农民战争史料汇编.北京：中华书局，1986

[22] 佚名.秘阁元龟政要.北京：北京图书馆出版社，2001

[23] 朱国桢.皇明史概.台北：文海出版社，1984

[24] 黄金.皇明开国功臣录.台北：明文书局，1991

[25] 钱谦益.国初群雄事略.台北：中华书局，1984

[26] 支伟成，任志远.吴王张士诚载记.北京：中华书局，2013

[27] 柯劭忞.新元史.上海：上海古籍出版社，2018

[28] 李建军.徐达传.天津：天津人民出版社，2004

[29] 张德信.明代开国功臣传.合肥：黄山书社，1992

[30] 张廷玉.明史.北京：中华书局，2015

[31] 宋濂.元史.北京：中华书局，2015

[32] 刘宣如，周榜师.明太祖朱元璋传奇.太原：山西人民出版社，1999

[33] 赵恺，顾晓绿.纵横塞北——元末乱世和明帝国的崛起（1328—1398）.北京：团结出版社，2016

[34] 袁和平.明太祖及其布衣天子的开国功.上海：上海科学技术文献出版社，2017

[35] 周锡山.流民皇帝——从刘邦到朱元璋（增订本）.上海：上海锦绣文章出版社，2012

[36] 汤华乐.汤和传奇.北京：作家出版社，2010

[37] 陆深.明太祖平胡录（外七种），北京古籍出版社，2002

[38] 卞敏，刘振华.明朝开国传奇：凤阳僧徒.武汉：湖北人民出版社，1998

[39] 吕立汉.千古人豪——刘基传.杭州：浙江人民出版社，2005

[40] 杨讷.元代白莲教研究.上海：上海古籍出版社，2017

[41] 胡凡，王海燕.刘基大传.哈尔滨：黑龙江人民出版社，1995

[42] 李湖光.明蒙战争：明朝军队征伐史与蒙古骑兵盛衰史.长春：吉林文史出版社，2018

[43] 李林楠.朱元璋的正面与侧面：侍卫亲军眼中的洪武大帝与明初史事.北京：台海出版社，2017

[44] 邓子龙辑.国朝典故.北京：北京大学出版社，1993

[45] 钱谦益.牧斋初学集.上海：上海古籍出版社，1985

[46] 朱元璋.明太祖御制文集.台湾：学生书局，1965

[47] 中国明史学会编.明太祖与凤阳.合肥：黄山书社，2011

[48] 郎瑛.七修类稿.上海：上海书店出版社，2001

[49] 宋濂.宋濂全集.杭州：浙江古籍出版社，1999

[50] 王世贞.弇山堂别集.北京：中华书局，1985

[51] 薄音湖，卫雄编校.明代蒙古汉籍史料汇编（第一辑）.呼和浩特：内蒙古大学出版社，2006

[52] 李诩.戒庵老人漫笔.北京：中华书局，1984

[53] 陈洪谟.治世余闻·继世纪闻.北京：中华书局，1985

[54] 何良俊.四友斋丛说.北京：中华书局，1959

[55] 陆容.菽园杂记.北京：中华书局，1985

[56] 黄瑜.双槐岁钞.北京：中华书局，1999

[57] 叶盛.水东日记.北京：中华书局，1980

[58] 陈建.皇明通纪.北京：中华书局，2008

[59] 沈德符.万历野获编.北京：中华书局，1959

[60] 郑晓.今言.北京：中华书局，1984